JN272139

# 行動心理学

社会貢献への道

岩本隆茂　和田博美 [編]

勁草書房

# まえがき

　私がまだ大学生だった頃,「私のやっていることはまったく役に立たない,お金にもならない.でもおもしろいから研究する.それが高貴な学問だ,貴族の学問だ」と教わったことを鮮明に覚えています.なぜだろう,どうしてだろうという知的好奇心が大切であり,実利は眼中にないといういかにも学究肌らしい言葉であったと思います.

　しかしそれから四半世紀,世の中はめまぐるしく変わり,なぜその研究をする必要があるのか,その研究はどのように社会に貢献するのか,大学や研究者は説明責任を求められるようになりました.文部科学省や日本学術振興会の科学研究費は,国民の血と汗の結晶である税金によってまかなわれています.単におもしろいからという研究者の個人的興味だけでは,研究費を獲得することが困難な時代になっています.程度の差こそあれ,社会に対する説明責任は心理学にも向けられつつあります.私たち基礎心理学や実験心理学を志す研究者も,このような社会の要請に無関心ではいられません.社会貢献を念頭に研究すること,少なくとも社会貢献へのビジョンを示すことが必要ではないでしょうか.

　このたび,勁草書房の富岡　勝様から学習心理学の教科書執筆のお話がありました.そのとき真っ先に頭に浮かんだのは,社会貢献のことでした.これまで多くの大先輩が学習心理学の教科書を執筆してこられた後で,私たちが新たな教科書を出版する意義はまさに社会貢献にあります.学習心理学で培われた理論や技法が,いかに社会に貢献しているか,いかに日常生活の中に生かされているか,その点を伝えたいという強い思いがありました.本書は,第Ⅰ部　歴史的背景,第Ⅱ部　行動をあやつるもの,第Ⅲ部　社会貢献への道から構成されています.私たちが読者に最も伝えたかったことは第Ⅲ部に書かれています.学習心理学が貢献している具体的な研究を取り上げましたので,いかに身

近な学問であるかご理解いただけると思います．この学習心理学を支える理論や原理を解説したのが第Ⅱ部です．その学習心理学の確立へと至る歴史的背景が第Ⅰ部で述べられています．読者の皆さんは，学習心理学の歴史的背景や基礎原理を学びつつ，第Ⅲ部　社会貢献への道に目を通されると，いっそう理解が深まることと思います．

　本書は学習心理学の教科書ですが，あえてタイトルを学習心理学とせず，行動心理学としました．聞き慣れない言葉だといぶかしがる読者もおられるに違いありません．行動心理学とした理由は2つあります．1つは，動物の条件づけ実験や学習理論と直結した"学習"という言葉を避けたかったため，もう1つは，私たちの日常生活に通じ，社会貢献している研究に共通したキーワードとして"行動"のほうがふさわしいと考えたためです．読者の皆さんにはこのような意図をお汲み取りいただき，そのなかから学究への志を同じくする方が現れて，行動心理学（学習心理学）への門戸を叩かれることを願ってやみません．

　なお本書のもう1人の編著者である岩本隆茂先生は，本年3月31日をもちまして北海道医療大学をめでたく定年退職されます．先生は，北海道大学文学部，北海道医療大学心理科学部と，長きにわたり学生の指導・研究者の育成に尽力され，学習心理学や行動療法に関する数々の学術論文と著書を世に送り出して来られました．しかも今なお毎年のように斬新な視点に立つ著書を出版し，旺盛な研究活動を続けておられます．本書も先生のご提案をもとに，先生とともに学習心理学や生理心理学に関する研究に携わってきた若い者たちが集まり，たまたま最年長であった私がまとめ役となって完成させた物です．

　まえがきを結ぶにあたり，これまで先生のご薫陶を受けてきた多くの弟子を代表して，不肖の弟子である私から一言，お礼の言葉を述べることをお許し頂きたいと思います．

　　　　　岩本先生，長い間たいへんありがとうございました．

　先生は，4月から北海道医療大学客員教授として，引き続き院生や後進の教育と研究指導に当たられます．お身体を大切に，これからもご活躍されること

を願ってやみません.

平成 18 年 3 月 31 日

北海道大学大学院文学研究科　　和田博美

# 行動心理学
### 社会貢献への道

## 目　次

まえがき

## I 歴史的背景

### 第1章　学習とは……………………………岩本隆茂　3
1-1. 学習とはなにか・学習研究の意義　3　　1-2. 学習の定義　4　　1-3. 学習研究における被験体　5

### 第2章　学習心理学の歴史……………………岩本隆茂　7
2-1. 心理学のみなもと　7　　2-2. スコラ哲学　8　　2-3. 科学革命とデカルトの心身二元論，動物（自動）機械論　9　　2-4. 連合主義とイギリス経験論　10　　2-5. 進化論と比較心理学　12　　2-6. 比較心理学の誕生　13　　2-7. ヴントの実験心理学とゲシュタルト心理学　14　　2-8. パヴロフの条件反射とワトソンの行動主義の心理学　16　　2-9. 新行動主義の心理学　18　　2-10. 現代の学習心理学　18

## II 行動をあやつるもの

### 第3章　古典的条件づけ………………………宮崎拓弥　23
3-1. 3種類の学習過程　23　　3-2. 馴化と鋭敏化　23　　3-3. パブロフと古典的条件づけ　26　　3-4. 古典的条件づけの基本的手続き　27　　3-5. 古典的条件づけの諸現象　28　　3-6. 古典的条件づけに影響をおよぼす要因　33　　3-7. その他の古典的条件づけの手続き　36

### 第4章　オペラント条件づけ…………………山田弘司　45
4-1. オペラント条件づけとは　45　　4-2. ネコの問題箱実験——オペラント条件づけの原理の発見　46

4-3. スキナー箱によるオペラント条件づけ *47*
    4-4. オペラント条件づけの構成要素——3項随伴性 *48*
    4-5. 強化スケジュール *51*　4-6. 強化しない強化スケジュール——消去 *54*　4-7. 反応形成の工夫 *55*
    4-8. 行動のコントロール機能 *55*　4-9. 刺激性制御——状況に応じた行動を *57*　4-10. 随伴性についての分析 *58*　4-11. 何が強化になるのか——プレマックの原理 *60*　4-12. 古典的条件づけとオペラント条件づけの相互作用 *60*　4-13. まとめ *62*

# 第5章　学習と認識 ……………………………石川　悟 *65*
    5-1. はじめに *65*　5-2. 環境とのやりとり *66*
    5-3. 他個体とのやりとりと学習 *72*　5-4. 知識／表象の学習 *81*

# 第6章　記憶の不思議・忘却の不思議…………和田博美 *85*
    6-1. 記憶とは？ *85*　6-2. 忘却とは？ *96*

# 第7章　学習と記憶の脳内メカニズム…………稲田尚史 *103*
    7-1. 神経のメカニズム *103*　7-2. 神経系の構造と機能 *109*　7-3. 脳研究の方法 *113*　7-4. 学習と記憶の脳神経科学 *121*

# 第8章　動機づけ ………………………………稲田尚史 *127*
    8-1. 人を動かしているものは何か *127*　8-2. 動機づけと視床下部 *135*

## Ⅲ　社会貢献への道

# 第9章　学習理論からみた不登校 ………………森　伸幸 *141*
    9-1. 不登校の現状 *141*　9-2. 不登校の分類 *143*

9-3. 不登校の原因 *146*　9-4. 学習理論による不登校の分析 *151*　9-5. 学習理論に基づく不登校への対応 *155*　9-6. おわりに *160*

## 第10章　ヒトと動物の関係学 …………………… 山田弘司 *163*

10-1. ヒトと動物の関係学とは *163*　10-2. 問題行動とは *164*　10-3. 問題行動の治療方法 *166*　10-4. 問題行動の行動変容 *168*　10-5. オペラント条件づけによる行動変容の原則 *170*　10-6. 実際の行動変容での注意点 *172*　10-7. 古典的条件づけによる行動変容の原則と注意点 *174*　10-8. 実際の適用例 *175*　10-9. まとめ *177*

## 第11章　記憶研究と法心理学 ………………………… 和田博美 *181*

11-1. はじめに *181*　11-2. 情動と記憶 *182*　11-3. 知識と記憶 *185*　11-4. 検索と記憶 *189*　11-5. 社会的影響と記憶 *191*　11-6. おわりに *193*

## 第12章　行動分析と健康被害の予測・評価 …… 和田博美 *195*

12-1. 実験行動分析 *195*　12-2. 有機溶剤トルエンの健康影響——記憶障害の検証 *196*　12-3. 環境ホルモンの健康影響——衝動性の検証 *201*

## 第13章　神経科学的アプローチの将来 ………… 稲田尚史 *207*

13-1. 画像化技術の応用と将来 *207*　13-2. 電気生理学的研究の応用と将来 *210*　13-3. 将来へ向けて *212*

## 第14章　計算論的学習理論と学習心理学 ……… 石川　悟 *215*

14-1. はじめに *215*　14-2. 計算としての学習と心理学 *215*

索引 ·················································································223

# I　歷史的背景

# 第1章

# 学習とは

岩本隆茂

## 1–1. 学習とはなにか・学習研究の意義

　動物や人間の行動は，2種に分類することができる．それは，遺伝情報の1つとして生まれたときから備わっており，その個体の発生段階に対応しながらその時々の刺激提示に対応して不随意的に発現する「生得性行動」(innate behavior) と，その個体の誕生後さまざまな経験を重ねることによって，類似の事態が出現した場合，現在の状況とかつての経験の記憶を比較参照しながら，自らの随意的行動をより適応的に変容させて発現する「学習性行動」(learned behavior) である．

　生得性行動には3種類がある．原生動物の自由行動の場合のように，物理的・化学的刺激勾配のある場にさらされると，予測される方向へ移動反応する「走性」(taxis) と，ネコや人間の瞳孔が光の照射によって自動的に収縮する「反射」(reflex) の2つはかなり単純なもので，さまざまな刺激に対して単純な仕組みによって自己や種の保存を図ろうとする生得性の行動機構である．最後の生得性行動は，見かけは非常に複雑ではあるが，種の保存やその個体の生命維持のために合目的的 (purposive) な一連の行動であり，生まれつきの仕組みによってその種に特有な共通パターンを示す「本能」(instinct) である．本能行動はきわめて巧妙な仕組みからできており，あたかもその個体が熟考した結果の行動のように思われることが多い．系統発生的に低次の動物であっても，きわめて複雑な合目的的な行動を示す場合のあることがよく知られているが，それらはじつは遺伝子によって厳しく規定されている本能行動であるにす

ぎないことがわかってきた．実際に，きわめて巧みな合目的的行動も，ある「解発刺激」（releaser）の呈示に生得的に対応している所定の遺伝子の発動であるにすぎないことが，簡単なテストで暴露されてしまう．

系統発生的に高次な脊椎動物や人間では，行動における生得性のものの比重は，あまり多くはなくなっている．たとえば人間の新生児の場合では，口唇部への接触刺激は本能行動としての「吸啜反応」を引き起こすという事例が著名であるものの，そのほかには現在の人間にとってさほど重要なものはない，と述べている学者も多い．

オオカミによって育てられたアマラとカマラの2人の少女（インドで1920年に発見）や，やはりオオカミによって育てられていたラームー君（インドで1976年に発見．朝日新聞，1985），異常な両親によって便器付き幼児用椅子にくくりつけられ，13年間にわたって部屋の壁と対面させられていたジーニーちゃん（アメリカで1970年に救出．Curtiss, 1977）などの事例から，話をしたり字を書いたりするばかりでなく，歩いたり物体を握ったり事物を見たりすることすら，経験によることがわかってきた．「先天性失明者の開眼手術」後は，眼球のカメラとしての機能は完全に修復されているにもかかわらず，しばらくのあいだは具体的な事物は何一つ見えない．中枢へ送られる映像に対する映像処理機構が経験の積み重ねによって次第に形成・構築されてくるには，数年という長い年月を要する事実は，「知覚学習」（perceptual learning）の1例としてよく知られている（岩本・高橋，1998）．

## 1-2. 学習の定義

学習の定義については，それぞれの立場から多くの提言がなされている．それらの中から代表的なものを紹介すると，以下のようなものがある（岩本ら，1995）．

まず操作主義的立場からは，《学習とは，類似の刺激状況の反復によって生じる比較的永続的な行動の進歩的変容である》（マン，1946）とするものが著名である．この場合，疲労などのような感覚受容器，筋肉実行器の一過性の変化による行動の変容は除外される．また病気などの個体における異常状態や，成

熟などの生物としての成長も除外される.

　一方, 生理心理学的立場からは《学習とは, 随伴的・先行的心理的活動の結果として, 刺激過程と反応過程とのあいだの神経連絡の確立現象である》(カーソン, 1937) という定義が, 代表的なものとされている.

## 1-3. 学習研究における被験体

　このように人間や系統発生的に高次の動物の行動の多くは, 生まれてからの経験的要因によって大きな影響を受けており, 心理学のさまざまな研究領域において学習心理学という領域が, もっとも重要であるといえる. 学習心理学においては, 人間と動物の行動はともに同一の次元の連続体上に位置する, 基本的には等質なものと考えられていることが多い. その結果, 学習心理学における基礎的知見の多くは, さまざまな動物学習実験から見いだされてきた. これらの知見は, 被験動物の種差・個体差などについてある程度の修正が必要であるとしても, 根本的には人間行動の形成・維持・変容の理解のためにきわめて大きな貢献を果たしてきた. 人間行動の理解のためには, 人間を被験体とするのが必ずしも最適であるとは限らない. 被験者の実験環境を厳密に統制することは不可能に近く, 統制しきれなかった実験変数のために, 個体間や反復された測定間におけるデータの分散は大きく, その信頼性は著しく低い.

　一方, 動物を被験体とした場合には, 体外環境 (実験室内の温度や湿度, 騒音レベルなど) はもちろん, 体内環境 (空腹度, 摂取食物の質・量, 遺伝子など) すらもきわめて厳密に統制でき, きわめて少ない反復や個体数であるにもかかわらず, 安定したデータを得ることができる.

**参考文献**

朝日新聞. 1985.「話題」欄"オオカミ少年, 死す"2月24日, 朝刊14版, 7ページ.
Curtiss, S. 1977. *Genie: A psycholinguistic study of a modern-day wild child*". Academic Press. (久保田競・藤永安生訳『ことばを知らなかった少女ジーニー』築地書館, 1992)
岩本隆茂・大坊郁夫・高橋憲男・川俣甲子夫・濱　保久・田山忠行・和田博美・福井

至. 1995. 現代心理学の基礎と応用. Pp. 74-107. 培風館. 東京.
岩本隆茂・高橋雅治. 1998. オペラント心理学：基礎とその応用. 勁草書房. 東京.

# 第2章

# 学習心理学の歴史

岩本隆茂

## 2-1. 心理学のみなもと

　現代における多くの学問の源泉は，古代ギリシア時代に遡ることができるとされている．心理学についてもこの言葉は当てはまる．医学の祖といわれているヒッポクラテス（Hippokrates, 460?–370? BC）は，呼吸にともなって発生する「精気」（spiritus）を心の働きの担い手と考えたが，これは後のルネ・デカルト（Descartes, R., 1596–1650）の「大陸合理論」における「動物精気説」（esprits animaux）に約2000年も先行するものであった．

　プラトン（Platon, 427?–347? BC）の人間の心の働きについての考えは，彼の死後にまとめられた対話編『ティマイオス』などによって，断片的ではあるが知ることができる．それらによると彼の考えは，人間は理性をもって生まれてくるとした点で「生得的観念論」であり，肉体を離れた不滅の霊魂の存在を主張する点で「心身二元論」であった．

　体系的にまとめられた世界で最古の心理学に関連する文献は，プラトンの弟子であったアリストテレス（Aristotle, 384?–322? BC）の残したもので，それらは主として『霊魂論』（*De Anima*）と『自然学小論集』（*Parva Naturalia*）に記載されている．前者は「心」についての基礎的・一般的・体系的記述であるが，後者は個別問題に関する各論的な記述であり，「感覚」，「記憶と想起」，「動機づけ」，「睡眠と夢」などが詳細に論じられており，現在の心理学の主要な領域である感覚や記憶の諸問題についても，深い論究がなされている．彼はさらに「連合」（association）という現象が，人間の思考や認識における重要

な基礎的概念であると考えていたが,「観念連合の法則」(接近,類似,対比)は,のちの経験主義や連合主義の心理学のみならず,現代心理学においても重要な記憶の条件として認められている.これは,心理学と同時に学習心理学も発足していることを示している.アリストテレスは,心の座は人間では心臓にあるとしたが,動物や植物にもそれなりの心があるとした.心の働きの最高のものとして「理性」(reason)をあげたが,それは人間の心のみがその機能を持ち,動物や植物の心には,この機能がないとされていた.

　古代ギリシアにおける自然科学は,観察や測定のための機器などが未発達なため確実なデータに乏しかったが,その背景となっていた多神教社会に特有のおおらかな思想的自由に支えられ,近代科学への源泉を微弱ながらも捉えていたともいえる.つまり古代ギリシアにおける科学思想は,「原科学主義」(proto-scientism)の立場にあったといえよう.事実,アリストテレスの人間の心の働きについての理解は,後により深化した「英国経験論」における「人間白紙(誕生)説」(tabula rasa)にきわめて類似した先行説であった.しかしながら心理学が真に自然科学の一部門となるためには,ヴント(Wundt, W., 1832-1920)による「心理学実験室」の開設(1879)まで待たなければならなかった.

## 2-2. スコラ哲学

　ローマ帝国が古代ギリシアの都市国家群を滅ぼした後,しだいにキリスト教の力が強くなった.テオドシウス大帝(Theodosius, 346-395)の時代には,とうとうローマ帝国の国教となった(391).キリスト教は思想や自然科学に対しても,大きな統制力を発揮するようになってきた.強大なキリスト教の権威の枠組みのなかで,キリスト教の教義を弁証するために煩瑣な論法を用いた「スコラ(学校,学派)哲学」が,しだいに発達してきた.キリスト教と一体化し,宗教界ばかりでなく政治や科学の世界にも強力な権力を持ち込んだのである.スコラ哲学の世界では,心の働きを自由に研究しようとする立場は,《人間の心の働きや行動は,神によって生得的に規定されている》という観点から,異教という名前で押しつぶされてしまった.スコラ哲学は,聖書の記述

に牴触しない領域では優れた業績をあげ，神学者としてはアウグスチヌス (Augustinus, 354-430) やトマス・アクィナス (Thomas Aquinas, 1225-1274) などの巨人を生んだ．しかしながら，人間の心の働きやましてや学習機構についての客観的な研究は，17世紀のデカルトの出現まで凍結されたままであった．

## 2-3. 科学革命とデカルトの心身二元論，動物（自動）機械論

　科学の発展の面では，長い間さまざまな制約によって停滞していたスコラ哲学の壁を切り開いて，科学の研究に近代の視座を持ち込んだ功績者がデカルトである．17世紀は自然科学，とくに物理学の勃興期であったとされている．「地動説」を支持して異教裁判に付せられ，異教徒として火あぶりにされるのを免れるため，表面的には天動説を認めざるをえなかったガリレオ (Galileo, G., 1564-1642) に続いて，ニュートン (Newton, I., 1642-1727) の「万有引力の法則」(1685) と彼などによる「古典力学」の一応の完成は，当時の人々には衝撃的な学説であった．当時の科学者のほとんどは《力学がさらに進歩すれば，物理世界の成り立ちやそれに関連する現象はすべて，きわめて簡明に説明され尽くしてしまう》と熱狂した．17世紀には「（自然）科学革命」が起こったとされているが，その革命をリードしたのは簡明ながらも強固な論理構造をもつ物理学や天文学であり，それらの学問に見られる合理的思考と追試可能な強力な証拠が，既成のキリスト教の権威に対抗する強い力を獲得するようになったのであった．

　このような時代の到来をいち早く読み取り，人間の心の働きについて魅力ある説を唱えたのがデカルトであった．彼は一方ではカトリック教会に対して周到な配慮を行ったが，他方では当時としてはかなり先端的な学説を展開した．彼は自分と同時代人による自然科学における革新の動きをいち早く看破し，当時の物理学や生理学における最新の知見を取り込みつつ，カトリック教会から異端研究者として追求されないぎりぎりの，そして魅力ある学説を唱えたのである．デカルトは，アリストテレスが動物にも人間にも心の存在を認めたのを非難した．またハーベイ (Harvey, W., 1578-1657) によって，心臓は血液を

循環させるための単なるポンプであることが確かめられた研究（1628）をさっそく取り込んで，《心は松果体に座をもち，人間にしかない》とした．しかし力学が十分に発達すれば，動物の運動や行動は不随意的なものだから，すべて予言でき説明できることになるとした．彼は動物や人間の行動について，鋭い見解を示した．彼はヒッポクラテスの「精気論」を近代化して復元した．《人間や動物には，動物精気が流れるためのチューブ（現在でいうと神経のようなもの）のなかに細い糸が通っており，目や耳などの感覚器官が刺激されるとその糸がたぐられ，脳の空室の蓋が開く．すると脳の空室から動物精気がチューブの中に流出してその量が多くなり，筋肉に"引っ込める"という不随意運動が生じる》とした．デカルトによるこの刺激と反射のモデルは，のちのパヴロフの条件反射モデルと対応する点が多いが，じつに約300年も先行していたのであった（岩本・高橋，1987）．

　デカルトは相次いで見いだされた自然科学についての知見に刺激され，それらを彼の著作物に詰め込みはしたが，全面的にスコラ哲学と対決はしなかった．たとえば，《意識する心（精神）は物質ではなく，重量も拡がりもないので自然科学の手法ではまったく研究できない》と規定し，表面的にはスコラ哲学と同一の心身二元論の立場をとった．彼によれば，人間のみが心を持つが，その内容は神から授かり受けた各人ごとの「生得的観念」によって規定されたものである．動物には意識する心がなく物質の集合にすぎないので，その動物の行動機構は力学が発達すると完全に解明されてしまう．動物には心がないから動物の行動はすべて「不随意行動」であって，その研究は聖書の記述には牴触しないとした．

## 2–4．連合主義とイギリス経験論

　心理学における「連合主義」とは，ある観念とある観念，ある観念とある感覚などにおける結びつきを，多くの心理現象の基礎と考える立場をいう（大山・上村，1998）．連合という概念について，プラトンやアリストテレスも言及していることは，本章ですでに述べた．連合についての本格的な研究は，デカルトの時代とほぼ同一時代にドーバー海峡を隔てた英国で盛んになった．ジョ

ン・ロック（Locke, J., 1632-1704）はデカルトの著作物をつぎつぎと読破し，経験論，連合主義の立場から生得的観念論を批判した．デカルトの心が，実際には松果体でどのように振る舞うのかを観察するのは不可能であったため，ロックをはじめとするバークレー（Berkeley, G., 1685-1753），ヒューム（Hume, D., 1711-1776）などの英国経験論者たちは，当時としては有効な研究手段が見いだせなかったこともあって，心の存在についての研究をやむをえず棚上げし，研究しやすい意識的な経験内容の分析に当たった．いわゆる「"心のない"経験的心理学」が発足したのである（能見，1976）．意識的経験はさまざまな観念や感覚から成立するが，そのさいにそれらの観念や感覚が連合を形成するとされた．観念や感覚などの意識内容間における連合の形成という視点が提供されると，それは人間の記憶学習に関係する研究と関連が深いことになる．

エビングハウス（Ebbinghaus, H., 1850-1909）は，初めは歴史学，言語学，哲学に興味を持っており，心理学者としてはもちろん科学者としての基礎訓練さえもまったく受けたことはなかった．しかしフェヒナーの『精神物理学要綱』(1860) に感銘し，「記憶の保持」の実験にその研究法である「精神物理学的測定法」を適用しようとした．エビングハウスの無意味単語を用いた習得と保持の機構についてのさまざまな実験は，基本的には 2 個の無意味綴り間に新しい連合が形成（学習）される過程を，実験によって精緻に解明することであった．彼の実験を連合主義的文脈で理解すれば，学習過程における人間の心の働きを理解しようとする，学習心理学の領域における最初の科学的な連合現象についての研究であったといえよう．

一方，ソーンダイク（Thorndike, E. L., 1874-1949）の行った問題箱からの脱出実験 (1913) は，《学習とは観念間の連合である》とする伝統的な考えとは異なっていた．《この事態における学習とは，問題箱という環境刺激と（脱山をもたらす）自発的なペダル踏み行動間における「結合」(connectionism) である》とし，また動物と人間の学習曲線を比較して，両者では基本的には同一メカニズが作用しているとした．彼は学習に関するいくつかの法則を提案したが，そのなかの「効果の法則」(law of effect) は，《刺激事態と反応との間に変更可能な結合が成立しているとき，その結合によって「満足」(satisfaction)の状態がともなうならば，その結合は強められる》とされていた（満足は，操作的・客観的に定義されていた）．この法則は，現代でも「オペラント条件づけ」を支える大きな基盤となっている．またこの実験は，人間の心の解明に動物を用いたことから，進化論に支援された最初の評価すべき科学的動物学習研究でもあった．

## 2-5. 進化論と比較心理学

　種，さらに世界そのものも，現状に固定したままでいつまでも変化しないという万物創造観は，古代ギリシアの哲学はもちろん，キリスト教やスコラ哲学の核心であった．ルネッサンス以降になると一部の人間の生活に余裕が生まれ，考古学，古生物学，博物学などのさまざまな知的研究活動が盛んになり，またデカルトの動物（自動）機械論の普及によって動物行動の研究も盛んになってきた．化石の比較研究から，古代のウマ（エクウス）の脚は地層が新しくなるにつれて長くなってくることが明確となり，それまでのスコラ哲学における静的な自然観は破綻を見せ始めた．18世紀の終わりごろには，ゲーテ（Goethe, J. W. von, 1749-1832）やエラスムス・ダーウィン（Darwin, E., 1731-1802；チャールス・ダーウィンの祖父）などによって，動物の進化思想について断片的ながらも多くの著述がなされている．

　進化論を最初に体系的な形式で世間に公開したのは，ラマルク（Lamark, J. B. P., 1744-1829）であった．彼の提案した進化論「用不用説」(1808)は，《動物の個体が，一生の間に費やした努力の結果として発達した形質は，遺伝する》というもので，高い所にある若葉を食べるためにキリンの首と前脚がしだいに長くなったと説明した．この考えはカトリック思想が支配的なフランス・アカデミーにはまったく受け入れられず，無神論者と非難され晩年は貧窮のうちに過ごした．

　ダーウィン（Darwin, C., 1809-1882）は4年間にわたるビーグル号による世界一周の航海を終え，持ち帰った資料の整理に没頭した．彼はガラパゴス諸島のフィンチ（ヒワの1種）たちが，生活圏と密接に関係する生物相の相異によって，食物摂取に都合のよい形態にクチバシを変化させていることに気がつい

た．その他の事実もあわせて，彼は《生物の適応形質は，自然の選択によって進化する》という考えに到達していたが，英国国教会（Anglican Church）勢力による異教裁判などを懼れ，その考えをなかなか発表できないでいた．しかし1858年に，ダーウィンには未知の在野の研究者ウォーレス（Wallace, A., 1823-1913）から，ウォーレスが独力で到達した進化論を学会で発表するという手紙を受け取った（Blackman, A. C., 1980）．ダーウィンはついに決断し，ウォーレスと連名で同年7月1日のリンネ学会の例会で，生物の進化の原因として「自然選択説」を発表し，翌年には単名で『種の起源』（On the Origin of Species by Means of Natural Selection）を出版した．予想されたように教会勢力などからの非難や攻撃は激しかったが，友人の著名な生物学者のハクスリー（Huxley, T. H., 1825-1895；小説家，オルダス・ハクスリーの祖父）が代弁者として立ち上がり，進化論の擁護のために宗教的権威や保守的権威と激しい論争を繰り返した．このため彼は"ダーウィンのブルドッグ"と呼ばれた（Hayes, N., 1994）．このように激しい論争が行われていたにもかかわらず，ダーウィンの進化論は急速に受け入れられ，しだいにヨーロッパ諸国や米国にも広まっていった．

## 2-6. 比較心理学の誕生

ダーウィンの友人の1人であった動物学者のロマニーズ（Romanes, G.J., 1848-1894）は，さまざまな動物を解剖してその形態や生理活動を比較する「比較解剖学」に相当する学問として，「比較心理学」（comparative psychology）を提唱した．彼は原生動物から霊長類に至るさまざまな動物における"知的行動"の資料を収集したが，そのなかには飼い主による非科学的逸話などが多く含まれていた．したがってこの時代は逸話時代とも呼ばれた．ロイド・モーガン（Morgan, C.L., 1848-1894）は，比較心理学を厳密な科学の1部門として確立させるために動物の行動を精緻に観察し，愛犬トニーが犬小屋に掛けられている鍵を解錠する行動に「試行錯誤学習」（trial-and-error learning）を見いだした（1864）．また《いかなる行動が行われても，その行動が心的尺度において，より低次の心的機能の結果としても理解できる場合には，

それより高次の心的機能の結果と理解してはならない》とも述べ (1894), これは「モーガンの公準」(Morgan's canon), 正確には「モーガンの吝嗇律」(Morgan's canon of parsimony) として知られている.

## 2-7. ヴントの実験心理学とゲシュタルト心理学

これまでの多くの心理学史において「実験心理学」を確立したのはヴントであり, それは1875年以来彼が哲学教授を務めていたライプチッヒ大学に, 世界で最初に「心理学実験室」を設置した年 (1879) であるとされている. ボーリング (Boring, E.G., 1886-1968) によれば, ヴントの心理学は以下のように要約できる. ①「生理的心理学」を創始した. ②心理学を「経験科学」であるとし, 自然科学の1分野と定義した. ③心理学における固有の研究対象は「意識」. ④「意識」の研究手段は「内観」(introspection) であるとした. ⑤基本的には心身二元論者であったが, 英国経験論の影響も大きく, 「要素主義」(elementalism), 「構成主義」(structuralism) の立場であった.

ヴントたちの実験室では, 連合主義的な課題が内観法を用いて精力的に研究された. 内観研究法そのものはヴントの創始したものではなく, 哲学の分野ではかなり以前から知られたものであったが, 彼はこの研究法に磨きをかけ誕生したばかりの実験心理学におけるきわめて重要な研究法として採用したのであった.

しかし, 当時から内観法に対するさまざまな非難があった. たとえばイギリスの精神科医モーズレイ (Mausley, H., 1867) は, ①内観報告者が異なると, 観察したその内観にほとんど意見の一致が見られない. ②もし一致が見られたとしても, それは単なる厳しい訓練によって, 内観報告者の観察に一定の先入観が形成されているためにすぎない. ③観察すべきものについてあらかじめ訓練や知識を与えられた報告者たちが, 新たな発見を行う可能性は低い. ④内観によって得られた知識が, 実証科学としての一般性をもつことはあり得ない. ⑤人間の行動の多くは意識なしに生じる. などと厳しい批判を行った (岩本ら, 1995).

ドイツを中心にヨーロッパの各地では実験心理学はたちまち受け入れられ,

多くの大学で実験心理学の講義が行われるようになり，心理学実験室の建設が進められた．しかしそれは必ずしもヴント流の心理学研究が盛んになったのではなかった．正確に表現すれば，さまざまな立場からの実験心理学研究がいっせいに展開し始めたのであった．たとえば「作用心理学」（act psychology）の立場で知られているブレンターノ（Brentano, F., 1838-1917）は，ヴントが"意識の内容"を研究対象としたのに対して，"意識の作用"に焦点を当てた．ブレンターノの実験心理学に対する機能主義的，現象学的接近法は，多くの心理学研究者たちに大きな影響を与え，ヴントに対抗するひとつの勢力を形成した．シュトゥンプ（Stumpf, C., 1848-1936）はブレンターノの考えに傾倒し，ブレンターノこそは真の心理学者であるが，ヴントはたんなる現象学者にすぎないとヴントを批判した．

「ゲシュタルト心理学」（Gestalt psychology）の祖とされているエーレンフェルス（Ehrenfels, C. von, 1859-1932）は，図形やメロディーなどの表象は，それを構成している刺激要素の総和ではないとし，それらにおける表象は要素の総和以上に強力な「形態質」を持つとした（1890）．このような心理学や哲学における時代の流れを背景に，エーレンフェルスに哲学を，シュトンプに心理学を学んだウェルトハイマー（Wertheimer, M., 1880-1943）が現れる．彼の研究課題の1つは「仮現運動」（apparent movement）であった．たとえば垂直線分と水平線分の2本を適切な時間間隔（約60ミリ秒）であいついで呈示すると，被験者には垂直線分がしだいに倒れていき，ついには倒れきって水平線分に重なってしまうように感じられた．ウェルトハイマーはのちに「$\beta$運動」と命名されたこの現象を，ヴントの心理学の立場から詳細に検討してみると，意外に説明困難であるのに気づいた．要素主義，構成主義の立場では，すべての意識体験はその感覚要素へと還元できるはずである．つまりその全意識的体験（その仮現運動視の全体）は，その感覚成分（2本の線分）の集合からのみ構成されていなければならない．しかしながらウェルトハイマーの体験した仮現運動の知覚は，個々の感覚要素の集合としては説明できなかった．そこにはまったく存在していない角度の異なる無数の斜めの線分が，くっきりと知覚されたからである．ヴントはなんとかこの難題を切り抜けようとしたが，この2本の線分をどのように厳密に内観しても，得られた感覚（仮現運動の全

体)のすべてを2つの線分のみから構成されているものに還元することはできなかった.ゲシュタルト心理学では,《心的現象はひとつのまとまりをもったゲシュタルトを示す.それはメロディーを構成している音が移調しても円を構成している色彩が変化してもそれらのゲシュタルト質は不変であり,全体は部分の総和以上のものである》とされていた(大山・上村,1998).

ヴントの心理学は,じつは「行動主義の心理学」からも別の側面から攻撃を受けていた.しかしこの両者には「連合主義」という共通する他の側面もあり,行動主義に対してヴントはある程度防戦することができた.しかしゲシュタルト心理学の主張は,ヴントの心理学にとって変容ではなくて革命を迫るものであったから,その攻撃を根本的に防御する方法は見いだしがたかった.

ゲシュタルト心理学では,一般的には知覚研究が盛んであったが,いくつか重要な学習実験も行われている.たとえばケーラー(Koehler, W., 1887–1967)はシュトゥンプに心理学を教わったのち,カナリー諸島で類人猿を被験動物として智恵試験を施し,チンパンジーでは「問題解決行動」は試行錯誤学習ではなく,「洞察」(insight)によって行われることを示した.


## 2–8. パヴロフの条件反射とワトソンの行動主義の心理学

ゲシュタルト心理学の勃興とほとんど同時の1910年代に,ヴントの実験心理学を脅かすもう1つの勢力が現れた.それが「行動主義の心理学」(psychology of behaviorism)である.行動主義の心理学を誕生させた背景には,パヴロフ(Pavlov, I. P., 1849–1936)の「条件反射」(conditioned reflex)(1927)がある.パヴロフは生粋のロシア人生理学者で,学習の領域における彼の優れた業績は,それまでの思弁的な領域に止まっていた連合主義の立場からの研究を,生理的現象を基盤とする実証研究へと拡大させたことである.

彼は,彼に1904年度のノーベル賞をもたらした消化の研究を行っていたさいに,空腹なイヌに肉粉(ミートパウダー)(無条件刺激:unconditioned stimulus; US)を口中内に呈示すると消化液が生得的に分泌される(無条件反射:unconditioned reflex; UR)が,そのさいに無条件刺激の投与と同時に任意の中性刺激を,条件刺激(conditioned stimulus; CS)として何回かUSと対呈示を行

うと，その中性刺激の単独呈示でも消化液が分泌するようになることを偶然に見いだした．この現象は，初めのうちはその原因がよくわからなかったせいもあって「精神分泌」と呼ばれていたが，条件反射の仕組が明瞭になってからは「条件反射」(conditioned reflex ; CR)，あるいは「条件反応」(conditioned response ; CR) と呼ばれた．じつは条件反射という現象は普遍的なものであり，ほとんどの日本人であれば「梅ぼし」という単語を見たり聞いたりすれば（条件刺激），口中に唾液が分泌する（条件反応）という「自然条件づけ」が形成されている．パヴロフの条件反射は，連合現象についての強力な研究法を提供し，学習心理学者たちに大きな影響を与えた．当時の生理学者たちは，この現象を「条件づけ」(conditioning) と名づけ，学習機構全体を生理学的手法によって包括的な立場から解明し得るものであるとした．しかしのちに学習心理学者たちは自発反応に限定される条件づけ（「オペラント条件づけ」(operant conditioning)）を見いだし，そちらの方が日常的にははるかに重要であるとした．一方，パヴロフの条件づけは不随意反応に限定されている「古典（的）条件づけ」(classical conditioning) と名づけられた．

　ワトソン（Watson, J. B., 1878-1958）は，1908 年にボルチモア市近郊のジョンズ・ホプキンス大学の正教授として赴任したが，この大学で素晴らしい評判を取る講義を展開した．彼の教室はいつも超満員で，1919 年にはその年度における"もっとも素晴らしい教授"に選出され，37 歳の若さでアメリカ心理学会の会長に選出された．彼は若いときから心理学に対する実証的研究法を模索していたが，パヴロフの条件反射という現象に大きな影響を受けた．1912 年のコロンビア大学における集中講義のための原稿がまとめられて，翌年には『行動：比較心理学入門』として出版され，そのなかで「行動主義」(behaviorism) という用語を用いて彼の立場が表明された．ワトソンの行動主義は，以下のようにまとめることができよう（岩本ら，1995）．①これまでの心理学が対象としてきた「意識」の研究は，しばらく棚上げする．②意識の研究法としての「内観法」は認めない．③心理学の研究対象として，客観的に測定可能な「行動」のみに限定する（彼の「行動」の定義はかなり広義で，言語は咽喉部における筋肉活動，思考は内潜的（covert）発声反応，情動は内臓筋の活動などとして扱われていた）．④他の自然科学と同様に「追試可能」な実験手続

きを採用．⑤「S（刺激）―R（反応）連合学習」の見地に立ち「行動の予測と統制」を重視するが，そのためにはSとRのあいだにある法則関係を明らかにすればよい．⑥「環境の重視」．人間の行動に影響を与えるものとして，先天性のものと後天性（環境性）のものがある．

　ワトソンは環境の影響を重視し，《わたしに1ダースの乳児と，自由に操作のできる環境を与えてくれれば，それらの乳児をどんなタイプの人間にでも，育ててみせる》と述べた（ワトソン，1930）．ワトソンは私たちの行動の多くは，何らかの原因によって学習されたものであると考えた．乳幼児を被験者として，後に「恐怖条件づけ」に類似した実験を行い（このような研究は，現在は倫理的な見地から禁止されている），恐怖が学習されることを実験的に確かめ，「問題行動」の形成・維持・消去，さらにその治療法である「行動療法」についての理論的枠組を設定した．

## 2-9. 新行動主義の心理学

　ワトソンの活躍によって，行動主義の研究対象や研究方法は自然科学的になった．しかし彼の提案するS―R連合説では，人間や動物などの「有機体」（「生活体」とも訳される）（O; organism）の能動的な働きを反映する成分がまったく設定されていない．このために1930年代から有機体の能動性を取り込み「S―O―R」とする「新行動主義」（neo-behaviorism）が出現した．この立場の代表的な研究者は，トールマン（Tolman, E. C., 1886-1959），ハル（Hull, C. L., 1884-1952），スキナー（Skinner, B. F., 1904-1990）などである．詳細に検討すれば彼らの立場はさまざまであるが，おおまかには以下のような共通点がある（大山・上村，1998）．①能動的な全体的行動を研究対象とした．②動物学習実験を研究の中心とした．③学習行動全体を統一的に説明するグランド・セオリーを構築しようとした．

## 2-10. 現代の学習心理学

　最近の学習心理学における研究動向は多岐にわたっており，さまざまな興味

深い事実が見いだされてきている．それらに共通する点は，どの研究者たちにとっても，学習心理学の領域全体を適用対象とする「グランド・セオリー」を提案しにくくなっていることであろう．

現代の学習心理学の領域に対する行動心理学の立場からの代表的な研究としては，ハーンスタイン（Herrnstein, R. J., 1961）の「マッチング法則」の発見などがある．一方，認知学習心理学の立場からの代表的な研究としては，レスコーラとワグナーによる「レスコーラ＝ワグナー モデル」の提案などが挙げられよう（Rescorla, R. A. と Wagner, A. R., 1972）．

## 参考文献

Blackman, A. C. 1980. *A Delicate Arrangement*. John Hawkins & Associates. New York.
羽田節子・新妻昭夫（訳）．1997．ダーウィンに消された男．朝日新聞社．東京．
Hayes, N. 1994. *Principles of Comparative Psychology*. Erlbaum UK. London.
Herrnstein, R. J. 1961. Relative and absolute strength of response as a function of frequency of reinforcement. *Journal of the Experimental Analysis of Behavior*, 4 : 267-272.
岩本隆茂（監訳）．2000．比較心理学を知る．ブレーン出版．東京．
岩本隆茂・大坊郁夫・高橋憲男・川俣甲子夫・濱　保久・田山忠行・和田博美・福井　至．1995．現代心理学の基礎と応用．pp. 3-27．培風館．東京．
岩本隆茂・高橋憲男．1987．改訂増補　現代学習心理学．川島書店．東京．
大山　正・上村保子．1998．新訂・心理学史．(財) 放送大学教育振興会．東京．
Rescorla, R. A. & Wagner, A. R. 1972. A theory of Pavlovian conditioning : Variations in the effectiveness of reinforcement and nonreinforcement. In A. H. Black & W. F. Prokasy (Eds.) *Classical conditioning II : Current research and theory*. Pp. 64-99. Appleton-Century-Crofts. New York.
能見義博（編）．1976．学習心理学．Pp. 7-12．大日本図書．東京．

# II　行動をあやつるもの

# 第3章

# 古典的条件づけ

宮崎拓弥

## 3-1. 3種類の学習過程

心理学では，学習（learning）は「経験によってもたらされる比較的永続的な行動の変化」と定義される．そのような学習は，次の3つの過程からなると考えられている．1つめは，単純な個々の刺激を繰り返し呈示することに関する学習であり，具体的には馴化（habituation）と鋭敏化（sensitization）に関係している．2つめは，複数の刺激間の関係に関する学習であり，これは古典的条件づけ（classical conditioning）に関係している．そして3つめは，行動とその行動の結果との関係に関する学習であり，オペラント条件づけ（operant conditioning）に関係している．他の形式の学習ももちろん存在するが，学習心理学の領域ではこれら3つの種類の学習を理解し，人間が有する特質を整合的に説明することに力が注がれてきた．本章では3種類の学習のうち，より基本的な過程であると考えられる馴化と鋭敏化，そして古典的条件づけを取り上げる．

## 3-2. 馴化と鋭敏化

静かに机に向かっている最中に，突然大きな音がすれば驚くだろう．これは驚愕反応（startle response）と呼ばれるもので，突然の強い刺激に対して生じる生得的な行動である．次にまた同じ音がしたとする．しかし今度は最初のときほどは驚かない．さらに繰り返し同じ音がしたとすれば，徐々に驚きが小

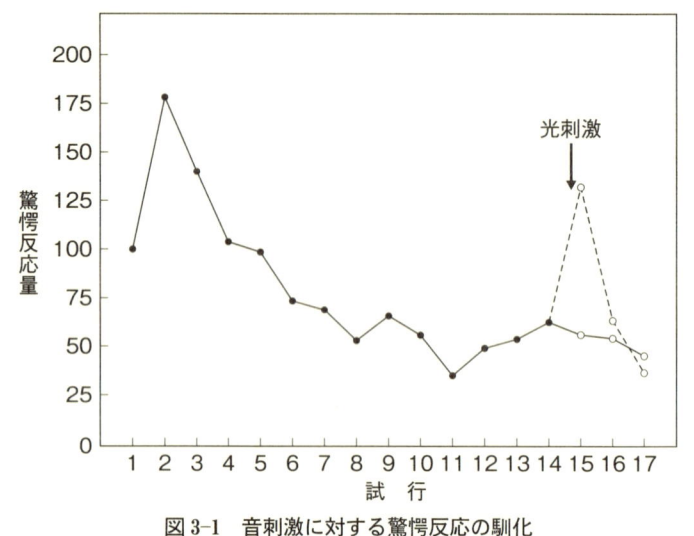

**図3-1 音刺激に対する驚愕反応の馴化**
14試行までは反応が徐々に減少するが，15試行目の直前に光刺激が呈示されると，音刺激への反応が回復する（グローブスとトンプソン，1970）．

さくなっていき，やがてその音は気にならなくなるだろう．このようにある刺激が繰り返し呈示されることで，その刺激に対する反応が相対的に減少していく一連の過程を馴化と呼ぶ．他方で，馴化とは反対にある刺激の繰り返し呈示によって，刺激に対する反応が増大することがある．たとえば動物にコカインなどの覚醒剤を投与すると，投与を繰り返すごとに薬物に対する反応が高まる．このような現象を鋭敏化という．鋭敏化は通常，非常に強い刺激が呈示された場合にのみ観察されるのに対して，馴化はそれよりもはるかに一般的な現象である．また馴化は学習の原始的な形式の1つと見なされており，単純であるがゆえに学習過程の本質を容易に観察することができると考えられている．これらの理由から，単一刺激の学習に関する研究のほとんどは馴化に集中している．本項でも主に馴化に焦点を当てることとする．

図3-1は，1分ごとに呈示される音刺激に対して，ネズミの驚愕反応がどのように馴化していくかを示したものである．刺激呈示を繰り返すとともに反応が減少しており，ネズミは音が呈示されることを学習したといえる．それと同時に14試行目までのデータは，学習以外の要因によって説明することも可能

である．たとえばネズミは繰り返し驚いて跳び上がることで，足の筋肉が疲労し反応することができなくなったのかもしれない．あるいは感覚的順応が生じて感覚機能が低下したために，反応が減少したのかもしれない．また大きな音を聞くことで難聴になってしまい，感覚器が音刺激に反応することができなくなったと考えることもできる．しかしながらこの実験では，15試行目の音刺激呈示の直前に光刺激が呈示されたことによって，反応が一時的に回復しており，これを学習以外の要因によって説明することは困難である．仮に反応の減少が筋肉疲労によるものであったとしたら，光刺激を呈示されたとしてもそれによって疲労が回復することはないので，反応が復活することはない．また感覚器の順応や損傷による説明も同様に不可能である．このようにある刺激に対して馴化が生じた後に，それとは異なる刺激を与えると元の刺激に対する反応が一時的に回復する．これを脱馴化（dishabituation）と呼び，馴化が学習の1種であることを示す現象の1つとされている．

より複雑な形式の学習と比較すると，馴化や鋭敏化のような単一刺激の学習に対して，以前はほとんど注意を向けられることはなかった．これは複数の刺激間に結合が生じるような状況でしか学習は起こりえないと，多くの研究者たちが信じていたためである．しかしとくに馴化に関しては，これまでに考えられていたよりもはるかに複雑な過程であることが認められはじめ，神経科学の分野を中心にしだいに注目を集めるようになってきている．

### コラム：勉強を退屈だと感じないようにするためには

われわれは常に無数の刺激に繰り返しさらされているが，それらすべての刺激に対して反応しなければならなかったとすると，日常生活を送ることなどできない．たとえば部屋の中で本を読んでいる最中に，窓の外から車の通る音が聞こえたとする．もし車が通るたびに騒音に気を取られてしまうのであれば，その都度読書を中断しなければならず，まとまった意味を理解することなどできなくなってしまうだろう．われわれは車の騒音に対して馴化することによって初めて，読書も可能になるのである．このように考えると，馴化は適応的に日常生活を送る上で，きわめて重要な役割を果たしているといえる．

その一方でわれわれが日常生活を送るさいに，馴化がかえって不都合になることも多数存在している．そのなかでも勉強は好例だといえるかもしれない．勉強しな

ければならないのに，あるいは勉強したいと思っているのに，すぐに飽きてしまってなかなか長続きしないという経験をした人は，多いのではないだろうか．それではいったいどのようにすれば，継続して勉強することができるようになるのであろうか．この問題について考えるときには，脱馴化から得られた知見が役に立つかもしれない．

　これまでの研究では，本文で説明したもの以外に少なくとも以下の2つの条件で，脱馴化が観察されることが明らかになっている．1つは馴化した刺激を変化させることであり，もう1つは馴化の状況を変化させることである．これらを勉強の場面に応用するならば，前者は勉強する内容を変えることに相当し，後者は勉強する場所を変えることに相当する．これらのことは英語の勉強ばかりしていると飽きてくるので，次は数学の勉強をしてみようとか，自分の部屋でばかり勉強するのではなく，今日は気分を変えて図書館で勉強してみようといったようなことであり，われわれが普段なにげなく行っていることかもしれない．しかしこれらはいずれも実験的根拠のある，理にかなった方法なのである．勉強を退屈だと感じたときには，意図的に実行されてみてはいかがだろう．

## 3-3. パブロフと古典的条件づけ

　梅干しやレモンを見ただけで，あるいは「梅干し」や「レモン」という言葉を聞いただけで，口の中に唾液が出てくる．また神経症の1種である恐怖症，たとえば不潔恐怖症の場合には，体に触れるさまざまなものが不潔であると感じられてしまうため，それらのものに触れることができなかったり，人から触られることも避けたりする．さらにCMなどの商品広告では，好感度の高いタレントが出演することが多く，好感度の低いタレントが起用されることはない．一見すると，これらの間には何ら共通点などないかのように見えるかもしれない．しかしこれらすべての現象の背後には，その基本的なメカニズムとして古典的条件づけを考えることができる．古典的条件づけはレスポンデント条件づけ（respondent conditioning）と呼ばれることもあり，また発見者の名前にちなんでパブロフ型条件づけ（Pavlovian conditioning）とも呼ばれる．

　パブロフは消化腺に関する研究で，1904年にノーベル賞を受賞したロシアの生理学者である．彼はイヌを被験体として研究を行っていたさいに，非常に興味深い現象に遭遇した．イヌの口にエサを与えると唾液分泌反応が生じる．

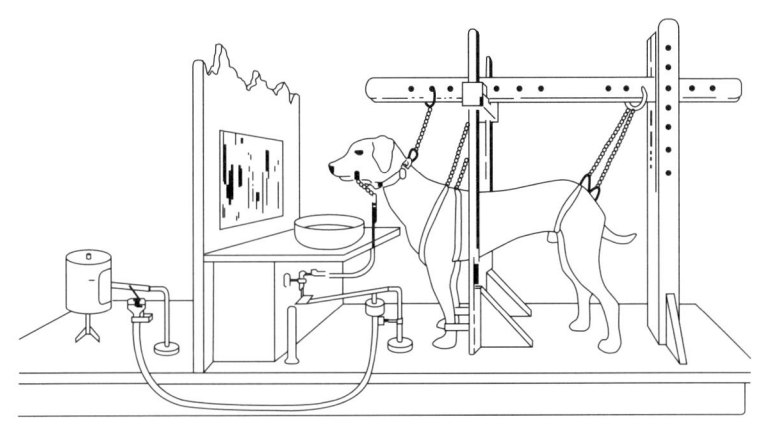

**図 3-2　パブロフが用いた実験装置**
ハーネスに固定されたイヌは，手術によって唾液腺の一部が取り出されてチューブにつながれており，それを通して唾液分泌量が自動的に記録される（ヤーキスとモーグリス，1909）．

　この反応は，何か特別な訓練を受けていなくても生まれながらにして備わっている自然な反応である．しかし研究を進めていくと，イヌはエサを口に与えられる前に，エサ皿を見たり，いつもエサを与えてくれる人を見たり，あるいはその人の足音を聞いただけでも，唾液分泌を生じさせることに気づいたのである．パブロフは，エサを与えられたことによる通常の生理的唾液分泌とは区別して，これを精神的分泌と呼んだ．そして現在では古典的条件づけとして知られるこの現象の解明に，残りの研究生活を捧げたのである．

## 3-4. 古典的条件づけの基本的手続き

　パブロフが行った実験の手続きは以下の通りである．被験体であるイヌはハーネスによって固定されており，また外科的手術によって唾液腺の一部が取り出されて記録装置に取り付けられ，唾液分泌量を測定できるようになっていた（図3-2）．実験の最初の段階では，イヌの口に肉粉を与える．するとイヌは唾液を分泌する．次にメトロノーム音をときおり聞かせる．イヌに対してメトロノーム音を呈示すると，初めのうちは首をかしげたり，音の方向を向いたりする．この反応を定位反応（orienting response: OR）と呼び，馴化してすぐ

```
条件刺激(CS)      →    定位反応(OR)
<メトロノーム音>      <首をかしげる>
           ↘
無条件刺激(US)   →   条件反応(CR)
<肉粉>              無条件反応(UR)
                    <唾液分泌>
```

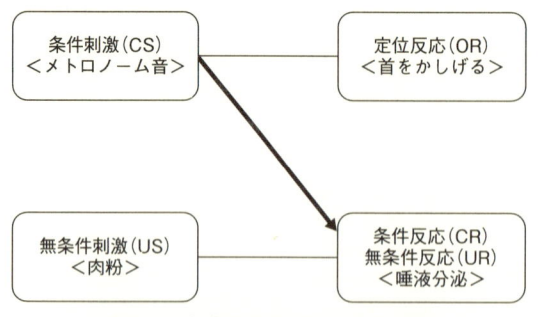

**図3-3 古典的条件づけの成立過程**
条件刺激と無条件刺激の対呈示を繰り返すことによって，条件刺激が条件反応を誘発するようになる．

に観察されなくなる．この手続きによって，メトロノーム音の呈示だけでは唾液分泌が誘発されないことを確認する．次の段階では，メトロノーム音の呈示開始の数秒後に，音を聞かせながら肉粉を与える．このようにメトロノーム音と肉粉の対呈示を繰り返すと，最終的にはメトロノーム音を聞かせただけで，イヌは唾液を分泌するようになるのである．

　肉粉のような刺激は，一定の反応をいつでも同じように生じさせるために，無条件刺激（unconditioned stimulus : US）と呼ばれる．また肉粉を与えたときに生じる唾液分泌のような反応は，無条件刺激とは固有の結合関係にあり，生得的に備わっているものであることから，無条件反応（unconditioned response : UR）という．一方でメトロノーム音のような刺激は，本来唾液分泌に対しては中性であり，無条件刺激との対呈示の結果として唾液分泌を生じさせるようになるために，条件刺激（conditioned stimulus : CS）と呼ばれる．そしてメトロノーム音を呈示しただけで生じた唾液分泌のように，条件刺激によって誘発される反応は，条件刺激と無条件刺激の対呈示の結果によるものであることから，条件反応（conditioned response : CR）という．つまり古典的条件づけとは，本来中性であった条件刺激と無条件刺激の対呈示を繰り返すことによって，条件反応が生じるようになる手続き，あるいは現象のことをいう（図3-3）．

## 3-5. 古典的条件づけの諸現象

### 3-5-1. 獲得と消去

　古典的条件づけでは，条件刺激と無条件刺激の対呈示を繰り返すにしたがっ

て，条件反応がある一定の水準にまで徐々に強まっていく．それぞれの刺激を対呈示する手続きや，それによって引き起こされた事態を獲得（acquisition）あるいは強化（reinforcement）と呼び，条件反応が安定した水準を示す最高値を漸近値（asymptote）という．一度条件づけが成立すると，単に時間が経過するだけでは条件反応が消失することはない．たとえば被験体にベルの音とエサの対呈示を反復して行えば，ベルが鳴ればすぐに唾液を分泌するようになる．ここで訓練を中断し，1ヶ月後に再開したとする．すると先に行った訓練の最後の時点よりも唾液分泌は少ないものの，ベルに対する条件反応が見られる．一方で条件反応が確立した後に，条件刺激を単独で呈示し無条件刺激を呈示しないという手続きを繰り返すと，対応する条件反応は徐々に減弱してゆき，最終的には消失してしまう．このような現象および手続きを，実験的消去（experimental extinction）または単に消去（extinction）という．

### 3-5-2. 自発的回復と再獲得

　消去により条件反応は消失する．しかしその状態は，条件づけが完全に崩壊したり，あるいは条件づけ前の状態に戻ったりしているわけではないことが明らかにされている．先ほどの例と同様に，ベルの音とエサを繰り返し対呈示して唾液分泌の条件反応を獲得させた後に，この条件反応が消失するまで消去する．さらに一定時間休憩した後に，再び条件刺激のみを呈示して消去を行う．もし消去によって条件づけが完全に崩壊したのであれば，ベルの音のみを再呈示したところで唾液分泌が誘発されることはないと考えられる．しかしながらこのような手続きを導入すると，前の消去最終試行では観察されなくなっていた条件刺激に対する条件反応が，最初の数試行において部分的に復活する．これを条件反応の自発的回復（spontaneous recovery）といい，消去によって条件づけが解消されてしまったわけではないことを示す実証例の1つとされている．自発的回復は，消去と休憩を繰り返すとしだいに観察されなくなる

　条件反応が見られなくなるまで完全に消去した後に，再び同じ条件づけを行うことを再獲得（reacquisition）と呼ぶ．再獲得を行うと，最初に条件づけを行ったときよりも条件反応が急速に獲得される．このような現象もまた，消去によって条件づけの前の状態に戻るわけではないことを示している．

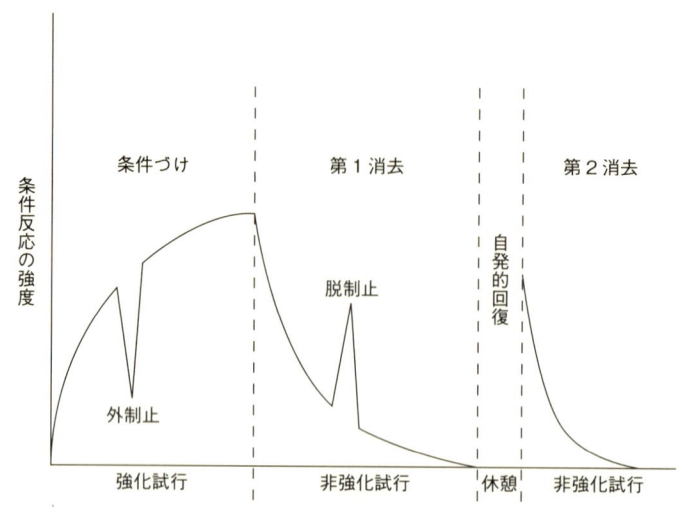

**図 3-4 条件反応の獲得と消去の模式図**

条件づけにより条件反応の強度は徐々に高まるが，無関係な新奇刺激が呈示されることにより外制止が起こり，強度が低下する（条件づけ）．また条件刺激のみを呈示して消去すると反応強度はしだいに低下するが，新奇刺激と同時に条件刺激を呈示すると，脱制止が生じて一時的に強度が高まる（第1消去）．消去手続きを休憩した後に再び消去を行うと，自発的回復が見られる（第2消去）（マゴーチ，1952）．

### 3-5-3. 外制止と脱制止

　条件刺激と同時に，あるいはその直前に，その条件づけの手続きとは無関係な新奇刺激を呈示すると，条件反応は一時的に弱められたり出現しなかったりする．この現象を外制止（external inhibition）と呼ぶ．これとは対照的に，消去の過程で新奇刺激と条件刺激を呈示すると，再び条件反応が復活する現象が観察される．これを脱制止（disinhibition）という（図3-4）．

### 3-5-4. 般化と分化

　古典的条件づけが成立した後に，それまでに無条件刺激と対呈示されたことのない条件刺激と類似した刺激を呈示すると，それらの刺激に対しても条件反応が誘発される．たとえばある音を条件刺激として条件づけを行うと，それとは高さの異なる音に対しても条件反応が見られる．このような現象を刺激般化

(stimulus generalization)，あるいは単に般化（generalization）と呼び，刺激が類似しているほど大きな般化が見られる．図3-5には，ウサギに対して1200 Hzの音を条件刺激とし，眼の近くに与える電気刺激を無条件刺激として，瞬目条件づけを成立させた場合の般化テストの結果が示されている．条件刺激である1200 Hzの音は最も高い割合で条件反応を生じさせるが，800 Hzと1600 Hzの音では，それよりも低い割合でしか条件反応は見られない．それらよりもさらに周波数が離れた400 Hzと2000 Hzの音では，わずかな反応しか誘発されない．このように典型的な般化テストでは，条件刺激からの刺激次元の変化が大きくなるにつれて，条件反応を誘発する割合が減少する般化勾配（generalization gradient）が見られる．般化勾配は，条件刺激のうちのある次元がどれだけ反応を制御しうるかを確かめるためにも用いられる．つまりある刺激次元を変化させて急峻な勾配が得られたならば，その次元は反応を制御する力が強いといえる．それとは反対に勾配がなだらかであれば，被験体はテストしている次元には敏感でないと考えられる．

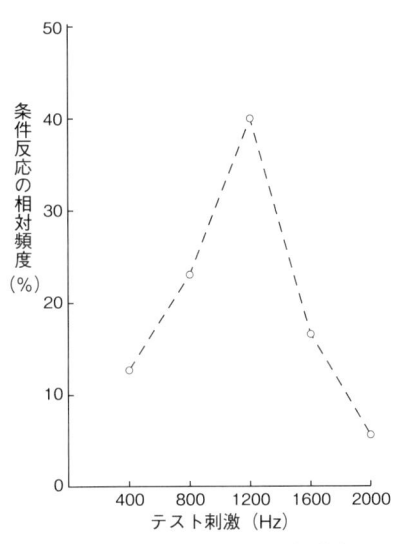

**図3-5 典型的な刺激般化と般化勾配**
1200 Hzの音を条件刺激としてウサギに条件づけを行った．般化テストを行うと，周波数が1200 Hzから離れるにつれて，条件反応が生起する割合が低くなる（ムーア，1972）．

　般化とは逆にある特定の刺激には反応するが，類似した別の刺激に対しては反応しなくなることを分化（differentiation），あるいは弁別（discrimination）という．先のウサギの瞬目条件づけの場合に，1200 Hzの音（CS＋）と電気刺激を対呈示し，1000 Hzの音（CS−）とは対呈示しない手続きを導入すると，1200 Hzの音に対しては条件反応としての瞬目が誘発され，1600 Hzの音に対しては条件反応が生じなくなる．このように複数の刺激の中のある刺激を無条件刺激と対呈示し，残りの刺激を無条件刺激と対呈示しない手続きを分化条件づけ（differential conditioning）と呼ぶ．分化条件づけでは，1200 Hzの

音のように無条件刺激と対呈示される刺激に対する反応はしだいに増大する．しかし 1600 Hz の音のように対呈示されない刺激に対する反応は，初めのうちは般化によって一時的に増大するが，その後減少する経過をたどることが多い．

---

**コラム：実験神経症**

　パブロフとその共同研究者たちは，分化条件づけの手続きを用いて多くの実験を行ったが，そのなかでも非常に興味深い現象が観察されたものとして以下のような実験がある．彼らはスクリーン上に円と楕円を照射し，円（CS＋）に対してはエサを対呈示する一方で，楕円（CS－）に対してはエサを対呈示しなかった．最初の段階で呈示された楕円の縦横比は 1：2 であり，イヌは容易にこの分化を学習し，円が呈示されたときのみ唾液を分泌した．次の段階では楕円の縦横比を 2：3 にして，分化条件づけを行った．最初の段階よりも楕円は円に近づいたが，イヌはこの分化も学習した．次の段階ではさらに楕円を円に近づけてその比率を 3：4 にするといったように，学習が成立するたびにしだいに楕円を円に近づけて条件づけを続けていった．最終段階では，楕円の比率は 8：9 となって円とほとんど変わらなくなったが，楕円に対する反応が円に対する反応よりもわずかに少なく，かろうじて分化することができた．しかしこの分化条件づけを引き続き行うと，分化が失われてしまうとともにイヌは異常な興奮状態となった．さらにイヌの日常生活における行動も劇的に変化し，以前はおとなしかったのに吠えわめいて歩き回ったり，実験室内の装置を嚙み切ろうとしたりするようになった．そして以前は容易に学習することができた円と 1：2 の比率の楕円に条件を戻しても，分化は崩壊していた．パブロフは，このような異常行動が生じたのはイヌに一種の神経症症状が現れたためであると考え，これを実験神経症（experimental neurosis）と呼んだ．

　　　　短径と直径の比は（左より）8：9, 4：5, 3：4, 2：3, 1：2

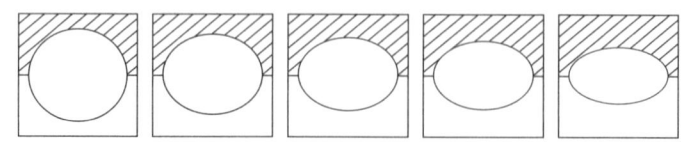

**図 3-6　パブロフの実験神経症の研究に用いられた刺激例**
パブロフはイヌを被験体として，円と図に示されるような楕円の分化条件づけを行った．楕円の比を徐々に変えて円に近づけ，8：9 の比率になってもイヌは何とか分化を学習することができた．しかし訓練を継続するとイヌの行動が異常になり，実験神経症が引き起こされた（ヴァツーロ，1956）．

### 3-5-5. 興奮と制止

パブロフは，古典的条件づけには興奮（excitation）と制止（inhibition）の2つの拮抗する連合過程が関与していると考えた．つまり条件刺激と無条件刺激の対呈示によって条件づけが成立するさいには，条件反応の獲得を促進するように働く興奮性の連合が両刺激間に形成される．一方で消去によって条件反応が消失するときには，獲得によって条件刺激と無条件刺激の間にすでに形成されている興奮性の連合に加えて，両刺激間の条件反応を弱めるように能動的に働く制止性の連合が新たに形成される．制止性の連合は興奮性の連合と拮抗して作用するため，それぞれの働きを相殺し合って反応が消去されることになる．しかしこれだけでは自発的回復などの現象を説明することはできない．そこでパブロフは，制止性の連合は興奮性の連合よりも脆弱であり，時間経過によって早く弱まる特徴を持つと考えた．つまり消去によって相殺し合っていた2つの連合のバランスが時間経過とともに崩れ，興奮性の連合が優位に働くようになる．この考えによって，条件反応が再び観察される自発的回復も説明することができるのである．

## 3-6. 古典的条件づけに影響をおよぼす要因

### 3-6-1. 条件刺激と無条件刺激の時間的関係

古典的条件づけの成立には，条件刺激と無条件刺激の対呈示のさいの時間的関係が極めて重要となる．古典的条件づけにおいて用いられる基本的な手続きには，以下のものがある（図3-7）．

a) 同時条件づけ（simultaneous conditioning） 条件刺激と無条件刺激を同時に呈示し，同時に終了する条件づけである．しかしこの場合は，条件づけの効率があまり高くない．一般的には，条件刺激が無条件刺激よりもわずかに先行して呈示されるものも同時条件づけに含むことが多い．

b) 遅延条件づけ（delayed conditioning） これは延滞条件づけとも呼ばれる．条件刺激の呈示開始後，数秒から数分経過したのちに無条件刺激を呈示する条件づけである．標準的には条件刺激の終了は無条件刺激の終了と一致しているが，無条件刺激の開始と一致しても遅延条件づけに含まれる．条件づけ

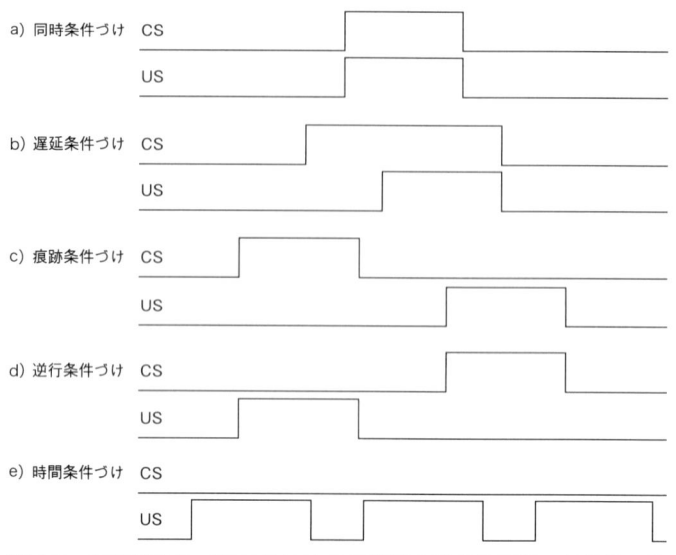

**図 3-7 古典的条件づけにおける条件刺激と無条件刺激の対呈示の時間的関係**

古典的条件づけの手続きは，条件刺激（CS）と無条件刺激（US）の対呈示における時間関係の違いにより，上図の 5 種類に区別される．

の初期段階では，条件反応は条件刺激の呈示開始直後から出現する．しかし条件づけが進むにつれて徐々に遅れはじめ，後期段階では無条件刺激の呈示直前になってようやく出現するようになる．

　c) 痕跡条件づけ（trace conditioning）　条件刺激の呈示終了後，何も呈示しない時間を経てから無条件刺激を呈示する手続きを指す．無条件刺激が呈示されるときにはもはや条件刺激は物理的に存在しておらず，条件刺激の痕跡によらなければ条件づけを成立させることができないと考えられるために，痕跡条件づけと呼ばれる．

　d) 逆行条件づけ（backward conditioning）　これまでに説明してきた条件づけでは，条件刺激の呈示開始は無条件刺激の呈示開始と同時かあるいはそれよりも先行するものであった．この逆行条件づけでは，まず無条件刺激が呈示され，その終了後に条件刺激が呈示される．一般的に両刺激の呈示は重複しない．

　e) 時間条件づけ（temporal conditioning）　時間条件づけでは条件刺激は

呈示されず，無条件刺激のみが一定時間ごとに規則正しく呈示される．条件反応は無条件刺激の呈示される直前に，規則的に出現するようになる．これは1試行前に呈示された無条件刺激からの経過時間が，条件刺激として機能するためであると考えられている．

　これらの条件刺激と無条件刺激の時間的配置によって，条件反応の強さは大きな影響を受ける．最も強固な条件づけを成立させるのは遅延条件づけであり，痕跡条件づけ，同時条件づけの順に続く．一般的に，逆行条件づけでは条件反応の獲得は困難であるとされる．

### 3-6-2. 条件刺激と無条件刺激の質的関係

　古典的条件づけの成立には，条件刺激と無条件刺激の質的関係もまた非常に重要である．ガルシアとケーリング（1966）による味覚嫌悪学習（taste aversion learning）の研究は，それを端的に示している．彼らはネズミを被験体として，以下のような実験を行った．まずサッカリンで味つけされた水と，なめると同時にカチッと鳴る音刺激と光刺激を呈示する水を用意し，それぞれに対する摂取量を測定した．次に，なめると同時に音刺激と光刺激を呈示する味つきの水，つまり味覚刺激と視聴覚刺激を同時に呈示する水を用意した．そのうえで2つの条件を設け，一方の条件ではX線照射か塩化リチウムの注入を，他方の条件では電気ショックを水の摂取ごとに呈示した．その後，味つき水と，音と光刺激を呈示する水のそれぞれに対する摂取量を再度測定した．X線照射と塩化リチウムの注入は，いずれもネズミに吐き気をもよおさせるための操作であった．したがってこの実験では，味つけされた水の味覚刺激，カチッと鳴る音刺激，および光刺激の3つを複合した刺激が条件刺激となり，X線照射か塩化リチウムの注入による吐き気，または電気ショックが無条件刺激となっていた．図3－8には，条件づけ前後の各条件におけるそれぞれの水に対する摂取量が示されている．X線照射か塩化リチウムの注入のような毒性の刺激を無条件刺激とした場合，音と光刺激を呈示する水の摂取量は条件づけの前後でほとんど変わらない．しかし味つけされた水の摂取量は，条件づけによって大きく減少している．それとは対照的に電気ショックを無条件刺激とした場合，味つけ水の摂取量は条件づけの影響を受けないが，音と光刺激を呈示する水の

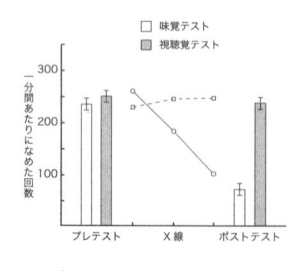

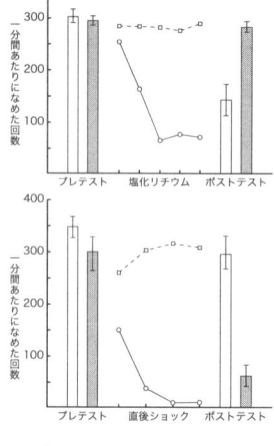

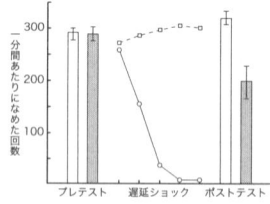

**図 3-8 味覚嫌悪学習の結果**
条件づけ前は，味つけ水，光刺激と音刺激を呈示する水ともに摂取量に違いはない．しかし条件づけ後は，毒性刺激を無条件刺激とした場合には味つけ水の摂取量が，電気ショック刺激を無条件刺激とした場合には光刺激と音刺激を呈示する水の摂取量が，大幅に減少している（ガルシアとケーリング，1966）．

摂取量は，条件づけ後に大幅に抑制されている．これらの結果は味覚刺激と毒性刺激，視聴覚刺激と電気ショック刺激のように，条件刺激と無条件刺激はある特定の組み合わせによって条件づけに対して大きな効果を及ぼすことを示している．条件刺激と無条件刺激の間に見られるこのような性質を，連合選択性（associative selectivity）という．味覚嫌悪学習にはこれ以外にも，条件刺激の呈示終了から無条件刺激の呈示開始までの遅延時間が長時間にわたっても学習が可能である，1試行で学習が成立する，消去が非常に困難である，などの特徴があり，他の古典的条件づけとは大きく異なる．なお味覚嫌悪学習は味覚嫌悪条件づけ（taste aversion conditioning）やガルシア効果（Garcia effect）と呼ばれることもある．

## 3-7. その他の古典的条件づけの手続き

### 3-7-1. 鋭敏化と疑似条件づけ

ある条件刺激とある無条件刺激の対呈示を繰り返すことによって，やがてその条件刺激が条件反応を誘発するようになったとすれば，古典的条件づけが成立したといえそうである．しかしそのような反応が生じたのは，古典的条件づけによるものではなくて，それ以外の条件づけによるものであると考えることもできる．その1つに鋭敏化が挙げられる．すでに説明したように，鋭敏化とは単一刺激の繰り返し呈示によって，刺激に対する反応が増大することであった．したがってその反応の誘発は，複数の刺激間の関係に関する学習で

ある古典的条件づけを持ち出さなくとも，より単純な学習である鋭敏化によって説明することも可能である．同様に疑似条件づけ（pseudoconditioning）と呼ばれる現象によっても，反応の誘発を説明することができる．疑似条件づけでは無条件刺激を単独で呈示し，無条件刺激呈示後に初めて条件刺激を呈示しただけで，条件反応のような反応が誘発される．つまり条件刺激と無条件刺激は一度も対呈示していなくても，条件刺激の呈示に対して条件反応のような反応が生じるのである．

### 3-7-2. 拮抗条件づけ

獲得された条件反応を減弱させるための最も簡単な手続きは消去であるが，拮抗条件づけ（counterconditioning）と呼ばれる手続きによっても，条件反応は消失する．拮抗条件づけでは，条件刺激を他の新たな無条件刺激と対呈示する．これにより条件刺激と新たな無条件刺激との間で獲得された条件反応が，もとの無条件刺激によって引き起こされていた条件反応と競合するようになるため，もとの条件反応が生起しなくなるのである．たとえば，条件反応として唾液分泌反応を誘発するようになっていた条件刺激（音）を，新たに無条件刺激としての電気ショックと対呈示すると，唾液分泌反応は消失して音に対する恐怖反応が生じるようになる．無条件刺激を代えるこのような拮抗条件づけによって，次のような現象が観察されることが明らかになっている．1つめは，新たな条件反応と競合するために，もとの条件反応の消去が急速に進むことである．2つめは，もとの条件反応からの干渉を受けるために，新たな条件反応の成立が遅れることである．

### 3-7-3. 隠蔽

隠蔽（overshadowing）とよばれる現象も，条件反応の誘発を抑制する過程の1つである．それぞれ単独で条件刺激として用いられたときには，十分に条件反応を誘発することが確認されている2つの刺激を組み合わせて，1つの複合刺激をつくる．これを条件刺激として用いると，複合刺激を構成する刺激のなかのある刺激のみが，条件反応を誘発するようになることがある．これは一方の条件刺激が他方よりも条件刺激としての機能が高く，他方の機能を隠蔽

するためであると考えられている．隠蔽が生じるかどうかは，条件刺激の内在的な特性に依存する．

### 3-7-4．ブロッキング

隠蔽と類似した現象に，ブロッキング（blocking）と呼ばれるものがある．ケイミン（1968）は，まず音刺激を条件刺激，電気ショックを無条件刺激として実験群のネズミに対呈示し，条件づけを成立させた．次に音と光の複合刺激を条件刺激とし，電気ショックと対呈示した．最後に光刺激のみを単独で呈示したところ，条件反応は生じなかった．一方で統制群のネズミに対して音と光の複合刺激を条件刺激とし，電気ショックと対呈示した．その後に光刺激のみを単独で呈示すると，条件反応が誘発された．このような結果が示されたのは，音刺激はすでに条件反応を誘発するようになっており，光刺激が付加されても，それと無条件反応との関係の成立をブロックしたためであると考えられる．つまりブロッキングとは，ある刺激に対してすでに条件づけが成立した後に，その刺激と他の刺激の複合刺激で条件づけを試みても，他の刺激に対する条件づけが阻止される現象のことをいう．

### 3-7-5．条件性抑制

すでに説明したように，パブロフは被験体にはイヌを用い，典型的にはその唾液分泌を観察することで古典的条件づけの研究を行っていた．しかし現在では，維持管理がしやすいネズミやハト，ウサギを被験体とすることが多い．また実験手法でも，刺激の制御や反応の測定が容易で，信頼性の高いデータを収集できる手続きが開発されてきた．条件性抑制（conditioned suppression）はその代表的な手続きの1つである．無条件刺激として電気ショックを用いると，被験体は跳び上がったり，鳴いたり，それまで行っていた行動を一時的に止めたりする．この手続きでは，行っていた行動の抑制を利用する．具体的には，レバーを押すとエサが得られるようになっている実験箱の中に空腹のネズミを入れる．するとネズミは，比較的安定した頻度でレバーを自発的に押すようになる（この現象は4章で説明されるオペラント条件づけによるものである）．その後レバー押し反応とは無関連に，光や音刺激を条件刺激，床からの

電気ショックを無条件刺激として対呈示を行うと，条件刺激の呈示によりレバー押しの反応率が低下するようになる．条件づけの指標には抑制率（suppression ratio）が用いられる．抑制率は条件刺激呈示中の反応率をA，条件刺激呈示直前の反応率をBとして，A/(A＋B) で表され，条件性抑制がまったくない0.5から，条件性抑制が最大の0までの値を取る．なおこの手続きにおける被験体は，電気ショックを恐れて反応を抑制しているかのように見える．そのためこの手続きを恐怖条件づけ（fear conditioning）とも呼び，獲得された反応を条件性情動反応（conditioned emotional response：CER），あるいは条件性恐怖（conditioned fear）と呼ぶ．

### コラム：ワトソンとアルバート坊や

　条件性恐怖の条件づけを行った初期の研究に，ワトソンによるアルバート坊やの実験がある．この実験は現在行われている研究ほど洗練されていないが，古典的条件づけと恐怖症との関連で非常に有名である．

　ワトソンとその同僚のレイナー（1920）は，アルバートと呼ばれる11ヶ月の乳児を対象に次のような実験を行った．まずアルバートに白ネズミ，ウサギ，イヌ，毛のついたお面，脱脂綿などを見せたが，まったく恐怖を示さなかった．しかしハンマーで鋼鉄の棒を叩いたところ，その大きな音に対しては泣き出して恐怖を示すことが確認された．そこでこの刺激が無条件刺激として用いられることになった．そして条件刺激には怖がることのなかった白ネズミが用いられた．実験の初日には，バスケットから取り出された白ネズミに手を伸ばして触れた瞬間に，彼の背後で鋼鉄棒をハンマーで叩く手続きを2回行った．1週間後に同じ手続きを5回繰り返すと，アルバート坊やは白ネズミを見ただけで泣き出し，急いではって逃げ出すようになった．この実験によって条件づけられた恐怖反応は，白ネズミに類似したウサギ，イヌ，毛のついたお面や脱脂綿など，条件づけ以前には恐怖を示さなかったものに対しても般化した．さらに1ヶ月後に再びテストしても，恐怖反応が現れた．恐怖症（phobia）と呼ばれる症状を示す人は，人混みや高所，汚れ，暗闇，閉所などに対して非合理的な恐怖を示す．ワトソンはこうした恐怖症も，古典的条件づけによるものであると考えた．現在では，古典的条件づけ以外にも恐怖症を引き起こす原因があると指摘されている．しかしそうしたなかでも，古典的条件づけは恐怖症の主要な要素であると考えられている．

### 3-7-6. 瞬目条件づけ

　唾液分泌のような自律神経系の働きによる反応は，体性神経系の働きによる反応と比較すると遅くて測定するのも難しい．そこで体性神経系の働きによる骨格筋反応を，実験に用いることが多くなってきている．まばたきを条件反応とする瞬目条件づけ（eyeblink conditioning）は，そうした手続きの1つである．瞬目条件づけでは，条件刺激として光や音刺激，あるいは振動による触刺激が，無条件刺激には目への空気の吹きつけや目尻への微弱な電気ショックが用いられる．最近では，古典的条件づけに関わる神経基盤を検討する研究が多くなされるようになってきているが，そのもっとも標準的な手続きがこの瞬目条件づけである．

### 3-7-7. 高次条件づけ

　ある条件刺激が条件反応を十分に誘発するようになった後に，別の新たな刺激とこの条件刺激を対呈示して条件づけを行うと，新たな刺激によっても条件反応が生じるようになる．パブロフは空腹のイヌにメトロノームの音とエサを対呈示し，メトロノームの音刺激に対する唾液分泌を十分に形成した．次に唾液分泌に対して無関連な新奇刺激である黒い正方形を，メトロノームの音と対呈示した．このときエサは呈示されなかった．しかし訓練を続けると，やがて黒い正方形だけでも唾液分泌が誘発されるようになった．

　このときメトロノーム音を条件刺激とし，エサを無条件刺激とした初めの条件づけは，生得的行動を基礎にして形成されたものであり1次条件づけ（first-order conditioning）という．そしてメトロノームの音は無条件刺激と対呈示されたため，1次性の条件刺激（first-order CS）と呼ばれる．後続の条件づけのように，1次条件づけによって条件反応を誘発するようになったメトロノーム音を無条件刺激の代わりとし，新たに黒い正方形と対呈示することによって条件づけることを2次条件づけ（second-order conditioning）という．黒い正方形は，1次性の条件刺激であるメトロノーム音と対呈示されることによって唾液分泌を誘発する機能を獲得したため，2次性の条件刺激（second-order CS）と呼ばれる（図3-9）．さらに，2次性の条件刺激と別の新たな刺激を対呈示することで条件反応が喚起された場合，この条件づけは3次条件づけ

**1次条件づけ**

```
条件刺激(CS1)        <定位反応>
<メトロノーム音>
                    条件反応(CR1)
無条件刺激(US1)      <唾液分泌>
<エサ>
```

**2次条件づけ**

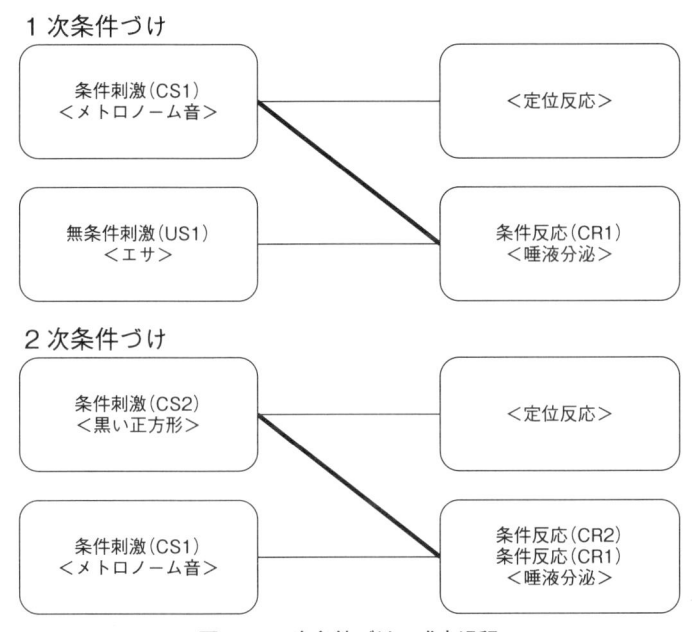

```
条件刺激(CS2)        <定位反応>
<黒い正方形>
                    条件反応(CR2)
条件刺激(CS1)        条件反応(CR1)
<メトロノーム音>     <唾液分泌>
```

図3-9　2次条件づけの成立過程

メトロノーム音とエサの対呈示を繰り返して条件づけを成立した後に（1次条件づけ），黒い正方形とメトロノーム音の対呈示を繰り返すと，黒い正方形により条件反応が生じるようになる（2次条件づけ）．

(third-order conditioning) と呼ばれる．

このようにすでに形成された条件づけをもとにして新たな条件づけを形成することを，高次条件づけ（higher-order conditioning）という．生得的な行動をもとにした1次条件づけは，生活体の生存にとって本質的，かつ重要な役割を果たすが，これのみでより複雑な場面に対して適応的に行動しようとするには困難がともなう．しかし高次条件づけが可能であるために，より高度で複雑な環境や物理条件に対しても，対応することができる．われわれが，「梅干し」という言葉を聞いただけでも口の中に唾液が出てくるのは，高次条件づけが成立しているためであるといえる．また商品広告などで好感度の高いタレントが起用されるのも，この高次条件づけの原理を応用していると考えられる．タレントと商品を対呈示することで，商品に対してタレントと同じ好感情を抱かせることが可能になるためである．

### 3-7-8. 感性予備条件づけ

高次条件づけのうちの2次条件づけと類似した手続きに，感性予備条件づけ (sensory preconditioning) がある．この手続きは，初めに2次条件づけを行ってから1次条件づけを行うといった具合に，1次条件づけと2次条件づけの順序を入れ換えた条件づけである．ブログデン (1939) は，実験の第1段階としてイヌに光刺激とブザーの音刺激を200回対呈示した．次に第2段階として，光刺激と電気ショックを対呈示し，足の屈曲反応の条件づけを行った．最後に，第3段階として音刺激を単独で呈示したところ，この刺激に対しても足の屈曲反応が生じた．感性予備条件づけでは，高次条件づけと同様に無条件刺激と直接対呈示されたことのない条件刺激が，条件反応を誘発するようになる．それに加えて第2段階以降では，条件反応を誘発するようになった光刺激と対呈示されていないにもかかわらず，音刺激が条件反応を生じさせる．したがって，まず光刺激と音刺激の間に連合が形成され，これを媒介として音刺激が足の屈曲反応を誘発させたと考えることができる．


### 参考文献

今田 寛．1996．学習の心理学．培風館．東京．
実森正子・中島定彦．2000．学習の心理――行動のメカニズムを探る．サイエンス社．東京．
Mazur, J. E. 1998. *Learning and Behavior*, 4th ed. Englewood Cliff, New Jersey : Prentice-Hall Inc. 磯 博行・坂上貴之・川合伸幸 (訳)．1999．メイザーの学習と行動 (日本語版第2版)．二瓶社．大阪．
中島定彦 (編)．2003．学習心理学における古典的条件づけの理論――パヴロフから連合学習研究の最先端まで．培風館．東京．
Pavlov, I. P. 1927. *Conditioned reflexes*. Oxford University Press. 川村 浩 (訳)．大脳半球の働きについて上・下――条件反射学．1975．岩波書店．東京．
山内光哉・春木 豊 (編著)．2001．グラフィック学習心理学――行動と認知．サイエンス社．東京．


### 引用文献

Brogden, W. J. 1939. Sensory pre-conditioning. *Journal of Experimental Psychology*,

25: 323-332.
Garcia, J. & Koelling, R. A. 1966. Relation of cue to consequence in avoidance learning. *Psychonomic Science*, 4: 123-124.
Groves, P. M. & Thompson, R. F. 1970. Habituation: A dual process theory. *Psychological Review*, 77: 419-450.
Kamin, L. J. 1968. Attention-like processes in classical conditioning. In M. R. Jones (Ed.), *Miami symposium on the prediction of behavior: Aversive stimulation*. University of Miami Press. Florida.
McGeoch, J. A. 1952. *The psychology of human learning*. Longmans, Green. New York.
Moore, J. W. 1972. Stimulus control: studies of auditory generalization in rabbits. In A. H. Black and W. F. Prokasy (Eds.), *Classical conditioning. II: Current research and theory*. Appleton-Century-Crofts. New York.
Watson, J. B. & Raynor, R. 1920. Conditioned emotional reactions. *Journal of Experimental Psychology*, 3: 1-14.
Wazuro, E. G. 1956. *Die lehre Pawlows von der höheren Nerventätigkeit*. Volk und Wissen Verlag. 住　宏平（訳）. パヴロフ学説入門――大脳生理と精神活動. 1963. 明治図書出版. 東京.
Yerkes, R. M. & Morgulis, S. 1909. The method of Pavlov in animal psychology. *Psychological Bulletin*, 6: 257-273.

# 第4章

# オペラント条件づけ

山田弘司

## 4-1. オペラント条件づけとは

　オペラント (operant) とは，まわりの環境に働きかけ，状況を変えるために意図的に行われる自発的行動や反応のことであり，環境を操作 (operation) する行動を意味する言葉として考え出された造語である．ヒトや動物はさまざまな行動をして，自分のまわりの環境からの刺激に反応し，環境に働きかけている．乳児が鈴を振り回しているのは，働きかけの行動の例である．振り回した鈴から音がするのに驚きながらも，楽しそうに何度も鈴を振り続ける乳児を想像してみよう．この乳児は鈴を振ることによって，鈴に対して自ら操作を行い，音を楽しんでいる．オペラントとは，このような自分にとって何らかの結果をもたらす行動を指しているのである．この例のように，行動の結果が好ましいものであれば，その行動はさらに積極的に行われる．鈴でなくて丸めたティッシュであれば，音がしないので飽きて放り出してしまうかもしれない．行動の結果何も得るものがなければ，行動は消極的になってしまう．もしティッシュのいたずらが厳しくしかられたら，すぐに手を出さなくなるだろう．行動によって嫌な結果がもたらされれば，その行動は強く抑制されることになる．

　ヒトや動物は自分の行動の結果を敏感に認識して状況を把握し，その結果に応じて環境への対応を変えていく能力を持っている．このように自分の行動の結果に応じて行動が変わることを，オペラント条件づけ (operant conditioning) が生じているという．自然界では動物のまわりの環境は絶えず変化する．

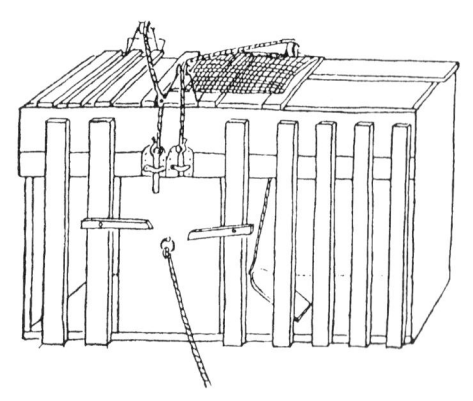

**図4-1 ソーンダイクのネコの実験箱**
ここに閉じこめられたネコは中のひもを引っ張り、さらに扉のかんぬきをはずさないと出られない。これはソーンダイクが試した数種類の中で、もっとも難しい実験箱であった。(ソーンダイク、1889; メイザー、1999より孫引き)

自分自身が移動してみずから環境を変える場合もあるだろうし、自分がとどまっていても他の動物が現れて環境が変化することもある。いつも画一的な行動をすることは効率的ではないし、ときには危険を招くかもしれない。新しいエサ場を探索すれば、これまでより多くのエサを見つけられるかもしれない。ちょっかいを出した相手に手ひどくやり返されたら、次回は知らないふりをして通り過ぎるのが得策である。われわれヒトや動物は絶えずこのような状況に直面していて、そのたびごとにオペラント条件づけによる学習が行われているのである。心理学の研究者は、このような「行動の結果によって行動を変える」仕組みの学習が、古典的条件づけと並んで学習の基本的仕組みであることを明らかにしてきた。そしてその仕組みを模した実験状況を設定して動物やヒトにオペラント条件づけを行い、学習にともなうさまざまな現象や法則性を解明してきた。すでに1970年代には心理学の分野での知見がまとめられており(レイノルズ、1975; ホーニグとスタドン、1977)、それが現在も動物の行動実験手法として、医学、獣医学、動物行動学などの分野で参照されている。

### 4-2. ネコの問題箱実験——オペラント条件づけの原理の発見

1890年代、当時米国ハーバード大学とコロンビア大学の大学院生だったソーンダイクは、ネコを箱に閉じこめ、そこから脱出する様子を観察してネコの学習過程を分析した(ソーンダイク、1889)。オペラント条件づけの本質を明らかにしたこの研究は、「ネコの問題箱実験」として知られている。ソーンダイクは、脱出の難易度が異なる数種類の問題箱を作製し、ネコを閉じこめては脱

出までの時間を測り，それを何試行も繰り返して学習効果を測定した．図4-1はもっとも難易度の高い問題箱であり，天井からぶら下がっているひもを引っ張り，ドアについているかんぬきをはずして外に出られる．実験結果は，ときには前の試行よりも脱出までの時間がかかることもあるが，全体としては脱出までの時間がしだいに短縮していた．もっと易しい問題箱の場合には結果は明瞭である．初めて入れられたときにはさまざまな行動をし，たまたま適切な行動が行われて脱出するため時間がかかる．しかし同じ問題箱を体験するうちにしだい時間が短縮され，最終的には入れられると即座に脱出できるようになる．この学習はさまざまな行動を試して問題を解決する方法なので，試行錯誤（trial and error）学習と呼ばれる．この実験でソーンダイクは，行動（ひもを引っ張るなど）が好ましい結果（脱出でき，エサが得られる）をもたらすならその行動は頻繁に行われるようになり，そうではない行動は行われなくなるという，効果の法則（law of effect）を提案した．

## 4-3. スキナー箱によるオペラント条件づけ

　実験装置も含めて，オペラント条件づけの実験手続きを体系化したのがスキナーである．1920年代，米国ハーバード大学の大学院生だったスキナーは，ソーンダイクの実験ほどには人手がかからず，それでいて行動と結果との関係を簡単に設定できる自動化された実験装置を工夫していた．その最終的な完成形がスキナー箱（Skinner box）と呼ばれる実験箱である．代表的なスキナー箱として，ネズミ用とハト用を図4-2に示した．ネズミ用スキナー箱は，正面パネルにレバーとエサの受け皿と，手がかり用ランプが付いている．レバーを押すとその信号がパネル背後の機器に伝わり，自動給餌器を制御して錠剤状のエサ（ペレット）を受け皿に落とす仕組みになっている．

　色や形態の識別能力が高いため，ハトもオペラント条件づけの実験によく使われる．ハト用のスキナー箱には，前面のパネルに丸い半透明のプラスチックの板（キー）と，エサ（混合穀物）を給餌するためのエサ受け皿が付いている．キーつつき反応に応じて，決められた秒数だけエサが受け皿に落とされる仕組みになっている．ネズミとハト，どちらの実験箱も防音暗室の中に入れて使う

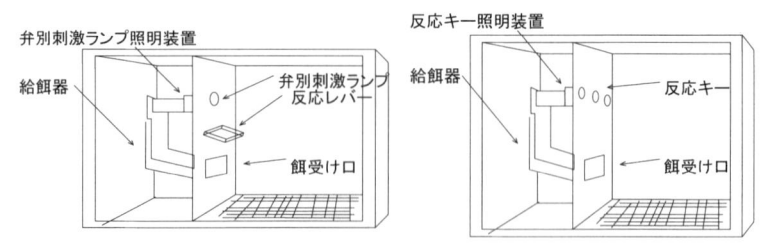

**図4-2 ネズミ用スキナー箱（左側）とハト用スキナー箱（右側）**

ネズミ用スキナー箱の正面パネルには，レバーとエサの受け皿が取り付けられている．弁別刺激用のランプがついている場合もある．ハト用スキナー箱の正面パネルには，プラスティック製の半透明の反応キーとエサの受け皿が付いている．弁別刺激のランプがついている場合もある．どちらのスキナー箱にもパネルの背後には給餌器や照明装置が置かれている．

ため，箱の中に室内灯が付いている．また視覚情報や聴覚情報を呈示できるよう，信号用ランプや信号用のスピーカーを備え付けることもある．レバーやキーは通常1つだけであるが，実験の内容によっては2つ以上付けて，複雑な手続きに対応している．

これらの実験装置は自動的に実験が行えるように工夫されており，人手が最小限ですむようになっている．この装置のおかげで実験が効率化し，さらに実験手続の客観性が保証されることになり，オペラント条件づけの研究が大いに進展することになった．心理学だけでなく，農学，医学，獣医学などさまざまな領域で，ヒト，サル，魚類，昆虫，家畜動物を含むさまざまな動物を対象として，オペラント条件づけの実験が行われている．

## 4-4．オペラント条件づけの構成要素——3項随伴性

この実験箱ではさまざまな実験を行うことができる．実験ではネズミはあらかじめダイエットで体重制限をし，空腹にしてから実験箱に連れてこられる．ネズミは初めて実験箱に入れられると固まって動かなくなり，脱糞や排尿をしたり，隅にじっとしてしまう．しかし時間がたつと，箱の中を歩いたりひっかいたり，なめたりし始める（探索行動）．前面パネルのレバーは突き出しているので，偶然手が触れて押し下げてしまうこともある．すると即座にエサが受け皿に落ちてくる．コトンという音がするので，そちらの方を向き注目する

(定位反応).エサを見つけると空腹なのでよく食べる.このような偶然のレバー押しが何度か行われるうちに,レバーを押してエサを得ることに専念するようになる.実験者の立場からは,ネズミにレバー押しという行動を条件づけさせたことになるが,ネズミの立場からは,自分にはオペラント条件づけ学習の能力があるといいたいだろう.

この状況には,オペラント条件づけの基本的要素3つのうち,2つが含まれている.1つはレバー押し反応である.この場合の反応は条件反応のような非随意性反応ではなく,自分から意図的に行う反応であり,随意反応(voluntary response)と呼ばれる.もう1つは反応して得たエサであり,反応に対する報酬と呼ばれたり,結果と呼ばれる.そしてこれら2つの要素をつなぐ関係は,「反応したときだけエサを与える」であり,このことは単純に,「特定の随意反応—結果」の関係と図式化される.さらに,青色のランプが点灯しているときだけエサの機械を動かすことにして,それ以外のときには停止させると,そのうちネズミは青いランプがついているときだけレバー押しをするようになる.このランプのことを手掛かり刺激とか弁別刺激(discriminative stimulus)と呼び,第3の要素とされる.これら3要素がオペラント条件づけの基本要素であり,その関係を表した「弁別刺激—反応—結果」の関係のことを3項随伴性(three item contingency)という.

ここでオペラント条件づけで使われる専門用語を紹介する.オペラント反応とは意図的な随意反応のことであり,オペラント行動ということもある.刺激とはエサ,光,音など,周囲の環境から五感で感じられる対象すべてを指す用語である.エサや電気ショックのように,意図的な反応を強めたり弱めたり変化させる刺激は,反応を強化する機能を持っていることから強化子(reinforcer)と呼ばれる.強化子は単に強化(reinforcement)とも呼ばれ,エサのように欲しいと望まれる正の強化子(positive reinforcer)と,電気ショックのようになければいいと望まれる負の強化子(negative reinforcer)に分けられる(表4-1).正の強化子は報酬(reward)と呼ばれることもある.どのような刺激が強化子であり,何がそうでないか,何が正の強化子で,何が負の強化子であるかという区別は簡単ではない.これが正の強化子,これが負の強化子と最初から固定的に決められるものでもない.刺激に対する反応を観察

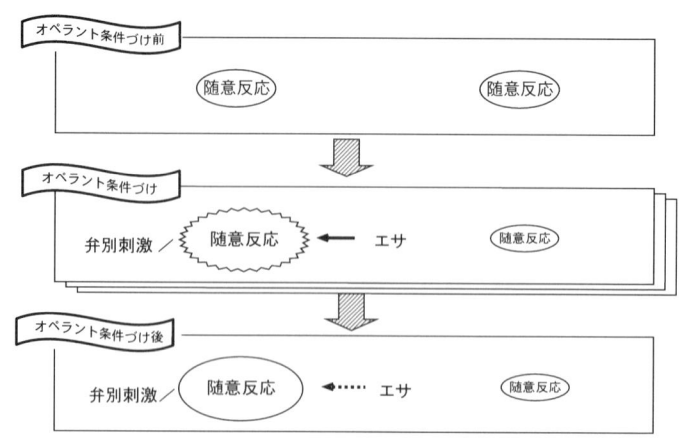

**図 4-3　オペラント条件づけの仕組み**

随意反応にエサを随伴させることで，その反応頻度は増加し，他の反応は抑制される（中段）．いったん条件づけができあがると，わずかなエサでも反応が維持される（下段）．特定の刺激（光や音）を示しながらこのような操作をすると，その刺激が反応すべき状況であることの手掛り情報になる．このような刺激を弁別刺激と呼ぶ．

**表 4-1　反応と刺激との関係による正・負の強化，正・負の罰の分類とその例**

| 強化と罰の種類 | 条件づけにより実現したい反応 | 利用する刺激と報酬性 | 反応に対する刺激の呈示・非呈示 |
|---|---|---|---|
| 正の強化 | 好ましい反応を増加させたい | 好ましい | その刺激を与える |
|  | （「お手伝いをする」を増加） | （お菓子をあげる） | （お手伝いをすると，お菓子をあげる） |
| 負の強化 | 好ましい反応を増加させたい | 好ましくない | その刺激を与えない |
|  | （「勉強する」を増加） | （おもちゃを取り上げる） | （勉強すると，おもちゃを取り上げられない） |
| 正の罰 | 好ましくない反応を減少させたい | 好ましくない | その刺激を与える |
|  | （「テレビを見る」を減少） | （こづかいをあげない） | （テレビを見ていると，こづかいをあげない） |
| 負の罰 | 好ましくない反応を減少させたい | 好ましい | その刺激を与えない |
|  | （「けんかをする」を減少） | （お菓子をあげる） | （けんかをすると，お菓子をあげない） |

強化とは反応を増加させる手続き，罰とは反応を減少させる手続きをさす．強化はさらに，反応に好ましい刺激を与えることで反応を増加させる正の強化と，好ましくない刺激を与えないことで反応を増加させる負の強化に分けられる．罰は，反応に好ましくない刺激を与えることで反応を減らす正の罰と，好ましい刺激を与えないことで反応を減らす負の罰に分けられる．

して初めて決められることであり，しかもその反応は個体により状況により違う可能性もある．たとえば，空腹であればエサは強化子として機能するが，満腹のときは見向きもされず，そのときそのエサは強化子とはいえないことになる．

　この他の用語として，実験の方法を示す用語や結果の表示のしかたに関する専門用語がある．「呈示する」とは強化子を与えたり，光や音などの刺激を示すことを指している．反応頻度とは単位時間当たりの反応数で，たとえば1分あたりのレバー押し回数のことをいう．オペラント水準（operant level）とは，条件づけを行う前の反応頻度のことであり，ベースライン水準と呼ぶこともある．条件づけが行われたかどうかは，反応頻度がオペラント水準よりも高く変化した，または低く変化したことで判断される．

## 4-5．強化スケジュール

　反応に対して強化子を与える規則に関しては，さまざまな設定が可能である（図4-4）．どのような反応に対して強化を与えるかという規則の集合全体は，強化スケジュール（reinforcement schedules または schedules of reinforcement）と呼ばれている．レバーを押すたびにエサを与えるといった，反応と強化を1対1で対応させる規則は全強化スケジュール，または連続強化（continuous reinforcement）スケジュールと呼ばれる．自動販売機は連続強化スケジュールが行われているよい例だろう．これはもっとも単純な強化スケジュールであるが，世の中自動販売機のように，こちらの行動に対していつも必ず約束された結果が帰ってくるわけではない．携帯用カサを持って出かける行動を考えると，雨に濡れずにすんだというように強化が得られることも，雨が降らずかさばって重かっただけというように，強化が得られない場合もある．このように反応の一部に対して強化が与えられるが，残りには与えられない規則を部分強化（partial reinforcement）スケジュール，または間欠強化（intermittent reinforcement）スケジュールと呼んでいる．

　これまでのオペラント条件づけの研究で，さまざまな部分強化の規則が考案されてきた．部分強化スケジュールを代表する2種類は，反応数を規則に組み

| | | | | |
|---|---|---|---|---|
| 強化に反応が必要 | 反応抑制ルールなし | 連続強化スケジュール | | |
| | | 部分強化スケジュール | 経過時間ベース | 固定間隔強化スケジュール |
| | | | | 変動間隔強化スケジュール |
| | | | 反応数ベース | 固定比率強化スケジュール |
| | | | | 変動比率強化スケジュール |
| | | 複合強化スケジュール | | 並列強化スケジュール |
| | | | | 連鎖強化スケジュール |
| | 反応抑制ルールあり | | | 低率分化強化スケジュール |
| 反応に関係なく強化 | | | | 定時強化スケジュール |
| | | | | 変時強化スケジュール |
| 反応を強化しない | | | | 消去スケジュール |

**図 4-4 オペラント強化スケジュールの分類**
通常，強化を得るには反応が必要である．積極的な反応だけを要求する強化スケジュールと，一定時間反応を抑制する必要がある強化スケジュールがある．連続強化スケジュールは反応ごとに強化を与えるが，部分強化スケジュールでは，前の強化からある時間が経過すると強化が準備される（経過時間ベース）ものや，前の強化からある回数の反応が行われると強化が準備される（反応数ベース）強化スケジュールがある．複合スケジュールには，上記の強化スケジュールを2つの反応レバーに対応させて同時に行う（並列強化スケジュール）ものと，次々と切り替えて行う（連鎖強化スケジュール）ものがある．反応がなくても強化を行う強化スケジュールがあり，この場合でも反応が自発される．

込んだ比率（ratio）強化スケジュールと，前の強化から次の強化が準備されるまでの時間に規則を設けた間隔（interval）強化スケジュールである．たとえば前の強化から3回目の反応にだけ強化子を与えるスケジュールは，固定比率（fixed ratio,; FR）強化スケジュールである．3回目，5回目，2回目，4回目というように，何回目の反応であるかランダムに変動するのが，変動比率（variable ratio; VR）強化スケジュールである．間隔強化スケジュールには，前の強化の後30秒たつと強化が準備され，それ以降の最初の反応が強化される固定間隔（fixed interval; FI）強化スケジュールや，強化の準備までの間隔が10秒，30秒，50秒，20秒とランダムに変動する，変動間隔（variable interval; VI）強化スケジュールがある．比率強化スケジュールでも間隔強化スケジュールでも，ランダムに変動するタイプの強化スケジュールの方が，反応

頻度が一定になりやすい．

　現在強化スケジュールの実行はコンピュータの制御により行われるが，これらの強化スケジュールが考案された当時は，実験の制御は単純な論理回路の組み合わせで行われていた．その仕組みに制約があったために，このような比較的単純な強化スケジュールが標準的になったのである．その後これら以外にもさまざまな強化スケジュールが考案され，さまざまな現象が明らかにされてきた．たとえば低反応率分化強化（differential reinforcement of low rates ; DRL）スケジュールは，強化後一定の時間だけ反応をしないでいることが次の強化の条件になっている．早まって反応してしまうと強化子の準備がリセットされて，一定の時間だけ強化子がお預けになってしまう．これはエサを得るため反応したいが我慢もしなければならない状況である．DRLスケジュールでハトを訓練した実験では，ハトは強化子を得ると実験箱の中をぐるりと回って時間をかせぎ，ほどよく時間が経過したところで次の反応をする，というような定型的な行動パタンが見られる．まるで実験箱の中を回って歩くことが必要だとでも思っているようである．このように本来の強化条件とは無関係な定型化した行動が現れたとき，迷信行動（superstitious behavior）と呼んでいる．理屈は通らなくても結果的に強化に結びつく行動は，やめにくいものである．試合に臨むときには右足からグランドに入るといった，客観的には勝敗と無関係に思われる行動でも，本人にとっては重要な意味があるのだ．

　さらに複雑なものとして，2つ以上の強化スケジュールを同時平行，または次々と行う手続きがある．並列強化（concurrent reinforcement）スケジュールは，前面パネルに反応レバーを2つ設置し，それぞれのレバーに対して異なった強化スケジュールが設定され，同時並行的に異なった強化スケジュールを行う．それぞれのレバーごとに異なった行動パタンが現れる．連鎖強化（chained reinforcement）スケジュールは，2つ以上の強化スケジュールを次々に交代して行う手続きである．どの強化スケジュールが行われているか，弁別用の刺激でわかるようにされる．

　通常，強化スケジュールは条件を満たした反応をしたときに強化が与えられる．しかし例外的に定時（fixed time ; FT）強化スケジュールや変時（variable time ; VT）強化スケジュールでは，反応の有無にはまったく関係なく，

設定された時間ごとに強化が行われる．興味深いことは，定時強化スケジュールでは DRL 強化スケジュールと同様の定型的な行動が出現することである（スキナー，1948）．

## 4-6. 強化しない強化スケジュール——消去

　消去（extinction）スケジュールは強化スケジュールの一種とされているが，他の強化スケジュールとは違い反応に対していかなる強化子も与えない．消去スケジュールは単独で行われることはなく，必ず他の強化スケジュールの訓練の後に導入される．消去スケジュールにより，反応頻度が強化スケジュール訓練以前のオペラント水準に戻っていく．反応に対して正の強化が与えられているならば，消去スケジュールによって反応がオペラント水準まで低下していく．反応することで嫌悪的な結果が避けられているときも，消去スケジュールではその回避反応が低下する．一方，反応に対して罰を与えている場合，消去スケジュールによって反応はむしろ最初のオペラント水準まで増加することになる．

　正の強化子を用いて訓練した後，消去スケジュールを行うと，その間に反応頻度はしだいに低下する．では1日おいてから再び消去スケジュールを再開したとき，反応はどうなるだろうか．この1日の間に反応への強化が行われていないことを考えると，反応頻度はさらに低下していると思われる．しかし実際には，再開時の反応頻度は前日の実験終了時よりも高くなる．この現象は自発的回復（spontaneous recovery）と呼ばれる．反応頻度は反応を自発する力と反応を抑制する力が加算された結果であり，消去スケジュールでは自発傾向が弱まると同時に抑制が強まる．しかし次の日には抑制が解除されるため，結果的に反応頻度が高まるのだと考えられている．

　連続強化スケジュールの後の消去スケジュールと，部分強化スケジュール後の消去スケジュールのどちらで，反応の低下が素速いだろうか．連続強化スケジュールでは反応に必ず強化子が与えられていたので，関係が強固になっていて低下しにくいだろうと思える．実際にはむしろ，部分強化スケジュールの後の方で反応が低下しにくい．この逆説的な現象は部分強化消去効果（partial reinforcement extinction effect: PREE）と呼ばれる．これら以外にもさま

ざまな強化スケジュールが考案されており，関心のある方は類書を参照されたい（岩本と高橋，1987）．

## 4-7. 反応形成の工夫

ネズミのオペラント条件づけの説明のさいに，実験箱のネズミはレバーを偶然押すことがあると仮定していた．しかし通常，ネズミのレバー押しオペラント水準は極めて低く，偶然レバーを押す可能性は低い．実験の際には偶然を待ち続けるのは，非効率的である．そこで，オペラント水準が極めて低い反応を条件づけるための工夫が考案されてきた．

逐次接近法（successive approximation）は反応形成（shaping）とも呼ばれ，目的とする反応を最初から強化しようとするのではなく，最初はオペラント水準が高く簡単にできる反応を強化する．その反応ができるようになったら，それより少し目的に近い反応を強化するように変更し，それができたら…，としだいに目的の反応に近づけ，最終的に目的の反応を強化する方法である．ネズミの場合なら最初はレバーの方を向いただけで強化し，うまくレバーの方を向くようになったら，次はレバーに近寄ったら強化する．さらにレバーに触ったら強化するようにし，最後はレバーを押したときに強化するよう工夫する．逐次接近法は，できることから始めて少しずつ目的の反応に近づけていくので，無理のない方法である．そのため条件づけの過程全体を通して反応が強化されることが多く，非強化という嫌悪的な経験が少なくてすみ，実験状況に嫌悪感が持たれにくくなる．

## 4-8. 行動のコントロール機能

### 4-8-1 嫌悪刺激による条件づけ

オペラント条件づけの重要な特徴は，行動をコントロールする強力な機能があることだった．ネズミにレバーを押させる，ハトにキーをつつかせる．これらは行動をコントロールしていることになる．これまで紹介したオペラント条件づけの目的は，低頻度の反応を高頻度にするというものであった．後片づけ

をしたらご褒美がもらえる場合や，薬を塗るとかゆみがなくなる場合，いずれも反応が増えるような行動コントロールの例である．ただし前者の例は，反応することで好ましい刺激が得られる正の強化（positive reinforcement）であり，後者は反応することで嫌悪的な刺激が少なくなる負の強化（negative reinforcement）と区別される．

　一方いたずらが頻繁なのをやめさせたい場合はどうだろうか．この場合，高頻度の反応を少なくしたいことになる．いたずらをしたら叱ったり，おやつを後にするといったやり方が考えつく．前者の対応は嫌悪的な刺激を与える方法で正の罰（positive punishment）と呼ばれ，後者の対応は正の強化をなくしたり遅らせたりするやり方で，負の罰（negative punishment）に分類される（表4-1参照）．

### 4-8-2　罰の利用についての注意

　強化を使う場合に比べて，罰を使って反応をコントロールすることは難しい．それは，強化の場合特定の限られた反応頻度が高まり，それ以外の反応が抑制されるのに対して，罰は特定の反応を抑制するが，してもかまわない反応は不明瞭だからである．ある反応が抑制されることで他の反応が誘発される可能性があるとき，どのような反応が誘発されるかコントロールできない．お菓子を食べさせないように叱ったら，目の前ではしなくなったが，こっそり外で食べるようになったという場合である．また嫌悪的な刺激は一般に不快な気分を生み出し，その場面が嫌悪されるようになるという欠点もある．結果的にその状況でいかなる学習もしなくなる可能性がある．

---

#### コラム：学習性無力感

　これは何をやっても無駄だとでもいうように，行動が抑制されてしまう現象である．もともとセリグマンが，共同研究者たちとイヌを使った実験で発見した現象である（オバーミアーとセリグマン，1967；セリグマンとマイアー，1967）．実験では，シャトルボックス（shuttle box）と呼ばれる中央を低いしきりで左右に仕切った装置が使われた．床は鉄製のグリッドになっていて，左右の床に別々に電気ショックをかけられるようになっていた．ブザーが鳴った後に，イヌがいる方の床にだけ電気ショック（嫌悪刺激）をかける．仕切りをまたいでもう一方の床に行けば，

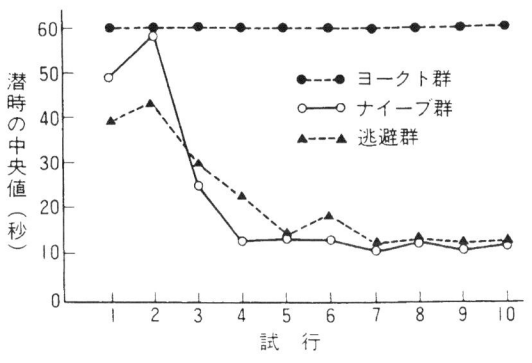

電気ショックから逃避（escape）できる仕組みである．通常イヌはブザーが鳴っただけで仕切りをまたぎ，嫌悪刺激を回避（avoidance）するようになる．ところがこの条件づけをする前に，どちらの床にも電気ショックを流して逃避も回避もできない経験をさせておくと，回避学習の成績が著しく低下してしまう（図4-5）．まるで絶望して無力感に襲われている

**図4-5 イヌの学習性無力感の実験結果**
電撃の回避学習で，逃避学習の経験がある逃避群や，初めて行うナイーブ群のイヌは，回避学習が進み回避までの潜時が短くなる．しかし逃避・回避不可能な電気ショックを受けていたヨーク群では，学習が進まない（森, 2002）．

ようなので，学習性無力感，学習性絶望感（learned helplessness）と名付けられた．この現象はヒトのうつ状態のモデルとも考えられ，ヒトを対象とした実験も行われた．そしてこの現象の特徴が，やる気の低下，やっても無駄だという無力感，不安や無気力であることが明らかにされた．

一方ヒトの場合には，学習性無力感のなりやすさに個人差があることがわかった．そこでこの個人差を考慮した改訂版学習性無力感の理論が提案された（アブラムソンら, 1978）．それによれば，嫌悪刺激を受けた原因を考えるスタイルに個人差があり，抑うつ的原因帰属（悪い結果は自分のせいだ，いつもそうだ，どこでもそうだ）をするヒトは，ネガティブな結果を予期したりコントロール不可能だという予期をしやすく，抑うつになりやすいと想定された．現在ではこの改訂版にそって研究が行われている．

## 4-9. 刺激性制御——状況に応じた行動を

ネズミのスキナー箱実験で，ブザー音を呈示しているときは部分強化スケジュールを行い，青いランプを呈示しているときには消去スケジュールを行うと，ネズミはブザー音のときだけ反応するようになる．このように強化スケジュールの手掛かりとなる刺激を与えて反応をコントロールすることを，刺激性制御（stimulus control）という．この手掛かりとなる刺激を弁別刺激（discriminative stimulus）と呼ぶ．食堂ではよくても教室では携帯電話を許さないというように，状況によって行動を許可，あるいは禁止したい場合，目につくような統一サインを作製して場所ごとに区別して張り出せば，行動を制御しやすくなる．

ところで上記の弁別を学習ずみのネズミに，ブザー音のかわりにベルの音を聞かせると反応はどうなるだろうか．想像のとおり，ベル音がブザー音と似ているので，同様の反応が生じる．このような現象は刺激般化（stimulus generalization）と呼ばれる．

## 4-10. 随伴性についての分析

### 4-10-1. 隠れた関係を暴け

ある米国の幼稚園での話である（バンデューラ，1971）．遊び時間に1人だけみんなと一緒に遊ぼうとしない子どもがいた．それを見て先生が誘っても一緒になりたがらず，孤立している．この困った状況をなんとか改善して，みんなと遊ぶようにさせたい．幼児期に身につけてほしい能力の1つは社会性，つまり他者とうまくやっていく能力であり，その典型的な場面が遊びの場面である．では，なぜ孤立行動が持続しているのだろうか．オペラント条件づけの専門家が観察して分析したところ，孤立している子どもに先生が声をかけることが強化になって，孤立行動が維持されていると判断された．そこで孤立していても話しかけないことで，反応と強化との随伴性（contingency）を断ち切ることにした．さらにこの子が少しでもみんなの方に注意を向けたら微笑みかけることにして，接近する行動を強化することにした．この対処法が効果的でついにはみんなと遊ぶようになり，最終的には先生からの強化も必要なくなった．この話は効果があると思ってした行動が，かえって問題行動を強化していた例である．日常での強化の随伴性は実験室とは違い，隠れていてわかりにくいものである．

### 4-10-2. 条件性強化――見えない随伴性関係

反応が強化されるとその反応頻度が影響を受けるというのが，オペラント条

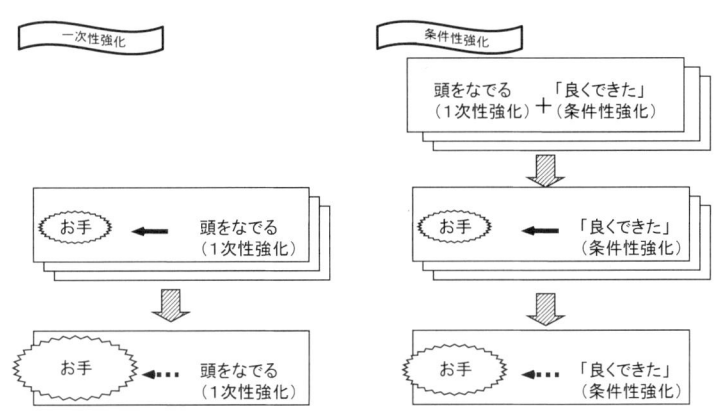

**図 4-6 条件性強化の図式**

左の場合，頭をなでることはもともと行動を強化する機能を持っており，1 次性強化と呼ばれる．右の場合，「良くできた」といっても行動を強化することはできない．しかし頭をなでながら「良くできた」と何度もいいきかせると，「良くできた」というだけで強化として作用するようになる．これは「良くできた」という言葉が，行動を強化する機能を持った条件性強化に変化したためである．

件づけの基本図式であった．「おすわり」の合図で腰を落としたら食べ物を少しあげるという手続きを続ければ，イヌは「おすわり」を学習する．この食べ物のように条件づけに直接有効な刺激のことを，1 次性強化子（primary reinforcer）と呼び，1 次性強化子による強化を 1 次性強化とか直接強化と呼ぶ．
さまざまな行動の中には，1 次性強化子が見あたらないのに維持されているものがある．たとえば，「いい子だね」と声をかけられるだけなのに，「おすわり」をしているイヌの場合である．理由はいくつか考えられる．もともと 1 次性強化子で部分強化が行われていたため,「おすわり」行動が消去しにくい可能性や，「いい子だね」と声をかけられること自体，このイヌにとっては強化子になっている可能性である．じつはもともと強化子の機能がない刺激でも，条件づけの手順を工夫すれば強化子にできる．「いい子だね」と声をかけて食べ物をあげる対呈示の手続きを繰り返した後で，「おすわり」のしつけを始めてみると，「いい子だね」と声をかけることが「おすわり」をさせる強化子の役割を果たすのである．このようにもともと強化子の機能がなかったのに，対呈示により強化子の機能をもつようになった刺激を 2 次性強化子（secondary reinforcer）とか，条件性強化子（conditioned reinforcer）と呼んでいる

(図 4-6).

　さまざまな日常行動が条件性強化子によって維持されている．代表的な条件性強化子はお金である．お金は食べられないし楽しく遊べるわけでもないので，1次性強化子ではない．しかしお金を貯めて，お菓子を買ったりおもちゃを買ったりすることが分かると，お金をもらうことが嬉しくなる，すなわち強化になるのである．お金は蓄えておけるという特徴のある強化子でもあり，このような性質の条件性強化子をとくにトークン強化子（token reinforcer）という．

## 4-11. 何が強化になるのか──プレマックの原理

　正の強化子は反応を強める働きを持つものと定義されていた．ではこれは正の強化子，これはそうではないというリストが作れるだろうか．個人や個体によって好みが違うかもしれないので，誰にもあてはまる一般的なリストは無理だろう．では個人ごとにリストを作成するのなら可能だろうか．ある子どもにお手伝いをしたらクッキーをあげることで，お手伝いをさせることができたとき，この子にとってクッキーは正の強化子である．一方ケーキを食べたらクッキーをあげるという条件では，ケーキを食べる頻度は前と変わらなかった．すなわちこの子はクッキーよりケーキの方が好きなので，クッキーではケーキを食べる行動を強化できないのである．このような強化の相対化現象を法則としてまとめたのが，プレマックの原理（Premack's law）である（プレマック，1965）．より反応頻度が高い反応で，より反応頻度が低い行動を強化できる．つまりより魅力的な行動を使ってより魅力的でない行動を強化することはできるが，その逆は無理だということである．リストを作るとすれば，個人ごとに強化の相対的順番を示すものになる．現在この強化相対原理が，もっとも一般的な強化原理として認められている．

## 4-12. 古典的条件づけとオペラント条件づけの相互作用

　本書でも他の本でも，条件づけ学習は古典的条件づけとオペラント条件づけに分けられ，別の章が割り当てられて説明されている．そのため学習にはどち

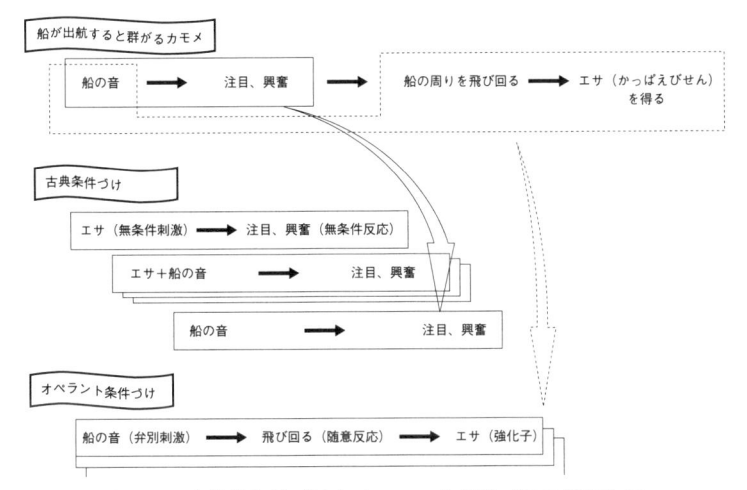

**図4-7 古典的条件づけとオペラント条件づけの相互作用**
カモメはエサと船の音との関係を，古典的条件づけによって学習する．船の音を聞くと興奮と注意が高まり，このとき飛び回るとエサを獲得できる．カモメは正の強化によるオペラント条件づけによって，船に群がる行動を学習する．

らか一方だけが関係していると思われがちだが，現実には両方の条件づけが同時に関わっている場合が多い．北海道の天売島・焼尻島へ向かう連絡船は，出航して霧笛を鳴らしながら港を出ると，カモメたちの歓迎を受けることになる．そしてデッキから乗船客がかっぱえびせんを投げると，飛びながら空中でパクリと食べる芸を見せてくれる．このカモメたちの行動は，どちらの条件づけ学習でも説明できる．客が投げるエサが正の強化となって，船の周りを飛び回る行動が維持されていることは明らかであり，オペラント条件づけが関与しているといえる．それだけでなく，出航する際の霧笛の音やエンジンの音に続いて，エサが与えられていることに注意してほしい．音とエサが対呈示されていて，古典的条件づけの図式も成立しているのである．霧笛やエンジンの音が条件刺激となって，興味，興奮，喜び，食欲という条件反応が喚起されている可能性がある（図4-7）．この条件反応は，オペラント反応としての飛び回る行動に対して，促進的な効果をもたらすことになるだろう．これは古典的条件づけとオペラント条件づけが同時に生じていて，かつ促進的な関係になっている例である．両条件づけが同時に起きている場合の関係についてシュワルツ（1989）は，

反応促進と反応抑制の組み合わせで4通りの関係が考えられると指摘している．たとえばエサを正の強化子としてネズミがレバー押しをしているときに，ブザー音と電気ショックを対呈示する古典的条件づけを行うと，ブザー音が鳴り始めるとレバー押しのオペラント反応が抑制されるようになる．これは条件性情動反応（conditioned emotional response）として知られている．これはオペラント条件づけによる反応促進傾向が，古典的条件づけによる反応抑制傾向の影響を受けている例と考えられる．

## 4-13. まとめ

オペラント条件づけとは，効果の法則や反応と強化との随伴性をもとにした学習原理である．随意行動をコントロールする強力な機能があり，しつけや問題行動の修正にも利用されている．強化となる刺激は状況によりさまざまであり，また条件性強化の現象があるため，現実の行動をオペラント条件づけの観点から分析する場合には，強化の随伴性について慎重な分析が必要である．逐次接近法は反応形成の有効な技法であり，オペラント水準の低い反応でも条件づけを可能にする方法である．


### 参考文献

今田寛．1982．学習の心理学．培風館．東京．
実森正子・中島定彦．2000．学習の心理：行動のメカニズムを探る．サイエンス社．東京．
Mazur, J. E. 1998. *Learning and Behavior*, 4th ed.　Englewood Cliffs, New Jersey: Prentice-Hall. 磯博行・坂上貴之・川合伸幸（訳）．1999．メイザーの学習と行動　日本語版第2版．二瓶社．大阪．
森二三男（編著）．2002．心理学――基礎と応用　第2版．医歯薬出版．東京．
山内光哉・春木　豊（編著）．1985．学習心理学：行動と認知．サイエンス社．東京．

### 引用文献

Abramson, L. Y., Seligman, M. E. P., & Teasdale, J. D. 1978. Learned helplessness in humans: Critique and reformulation. *Journal of Abnormal Psychology*, 87: 49

-74.
Bandura, A. 1971. *Social Learning Theory*. General Learning Press. New York.
Honig, W. K. & Staddon, J. E. R. 1977. *Handbook of Operant Behaviour*. Prentice-Hall. Englewood Cliffs. New Jersey.
岩本　隆茂・高橋　憲男．1987．現代学習心理学——基礎とその展開．川島書店．東京．
Overmier, J. B., & Seligman, M. E. P. 1967. Effects of inescapable shock upon subsequent escape and avoidance responding. *Journal of Comparative and Physiological Psychology*, 63: 28-33.
Premack, D. 1965. Reinforcement theory. In D. Levine (Ed.), *Nebraska symposium on motivation*. Vol. XIII. Pp. 123-180. University of Nebraska Press. Lincoln.
Reynolds, G. S. 1975. *A primer of operant conditioning*. Scott Foresman. Glenview. 浅野俊夫（訳）．1978．オペラント心理学入門——行動分析への道．サイエンス社．東京．
Schwartz, B. 1989. Interactions between Pavlovian and operant conditioning. In *Psychology of learning and behavior* 3rd ed. pp. 216-245. Norton. New York.
Seligman, M. E. P. & Maier, S. F. 1967. Failure to escape traumatic shock. *Journal of Experimental Psychology*, 74: 1-9.
Skinner, B. F. 1948. 'Superstition' in the pigeon. *Journal of Experimental Psychology*, 38: 168-172.
Thorndike, E. L. 1889. Animal intelligence: An experimental study of the associative processes in animals. *Psychological Review Monograph Supplements 11*, No. 2, Whole No. 8.

# 第5章

# 学習と認識

石川 悟

## 5-1. はじめに

　ヒトやヒト以外の動物（以下動物）の学習能力は，どのような場面で役に立つのだろうか．常に変化する自身の周りの環境や，自身以外の個体とのやりとりにおいて，特に大きな役割を果たすと思われる．この章ではそのようなやりとりの場面で，ヒトや動物が見せる学習能力について紹介する．

　ヒトや動物が生活している環境は，時間の流れに伴い常に変化する．通い慣れたコンビニエンス・ストアにいつもと異なる時間に行ってみると見慣れたレジの前の行列がないことに驚いたり，いつの間にか暖かくなって思いもかけない場所の桜の木に気づいたりする．今乗ろうとしているいつもの電車は，『同じ』電車だけれど昨日乗った電車とは違うことをみんな知っているし，手の中のお気に入りの缶コーヒーは，昨日飲んだ缶コーヒーではないがいつもと『同じ』味であることを知っている．

　他者／他個体とのやりとりでも同じことに気づく．自分の友達の顔をすぐに忘れてしまうようなことはなく，次の日に会ったときすぐに「〜さん／君」とわかる．同時に，「あ，今日の洋服は昨日と感じが違うな」，「髪，染めたんだ」とか，「今日は機嫌悪そうだな」，「お，なんかいいことあったみたい」等々，いつもと変わったところに気がつくこともある．

　このように私たちは環境や他者（他個体）とやりとりする上で，『同じ／違う』を状況に応じて適切なやり方で切り分け，その切り分けにしたがって環境の中で振る舞っている．「『同じ／違う』を状況に応じて適切なやり方で切り分

ける」ことが，ヒトや動物が学習すべき最も大切なことである，と考えられる．それでは，ヒトや動物はどのような事象に対して『同じ／違う』を判断したり，その『同じ／違う』の判断に必要な知識を学習するのだろうか，そしてその学習はどのように進むのだろうか．

## 5-2. 環境とのやりとり

　ヒトや動物が環境に対して働きかけやりとりするには，環境の状況がどのようになっているのか知ることが大切になる．環境の状況を知り理解することを，ひとまとめにして認識（recognition）と呼び，認識のしかた，つまり環境や環境中の事象を認識する方法は，『同じ／違う』の判断に必要な知識であり，ヒトや動物はそれを学習しなければならない．それでは事象の認識の簡単な例から順を追って紹介しよう．

### 5-2-1. 弁別学習

　最も簡単な『同じ／違う』の判断は何だろうか？　いろいろと考えられるが，まず図形の形や色合い，あるいは音や臭い，味を取り上げてみよう．手始めに「正方形」から考えてみる．4つの直角がありどの辺の長さも同じ図形だ．ではもう1つ，「正五角形」を思い浮かべてみる．字の通り角が1つ増えて5個になる．この2つ，ヒトはきちんと区別する．紙に書かれてなくても，頭の中で区別をつけられる．このようにあるものをあるものから区別することを弁別（discrimination）と呼ぶ．図形だけではなく色や音，臭いや味，手触りといったそれぞれの感覚様相（sensory modality）ごとに，さまざまな対象を弁別できる．ではなぜ私たちはそれらを弁別できるのだろう？

　それは学習のおかげだといえる．小学生の頃，あるいはもっと前に誰かにきっと教えてもらっているはずだ．こっちは正方形，こっちは正五角形よ，というふうに．このような学習のおかげで正方形と正五角形を認識し弁別できる．

　このような弁別学習を動物も同じようにおこなう（藤田，1998）．もちろんネズミやハトは，正方形がどんな形なのかなどということを知っても嬉しいわけではない．けれども環境に存在するさまざまな事象，たとえば巣に戻るときの

目印やエサの臭いの弁別を学習することは，動物にとってもとても大切なことである．

さて弁別ができるようになると，ヒトや動物は『同じ／違う』の判断ができるようになる．学習した正方形とは大きさの違う正方形を見たときでも，すぐに正方形だとわかり，正五角形とは違うと判断できる．でも正方形が極端に大きすぎたり小さすぎたりしたときには，正方形か正五角形かの判断に悩むに違いない．このように学習した知識に基づいて環境中の新しい事象を認識し，『同じ／違う』を判断することを般化（generalization）と呼ぶ．般化のしかたは，弁別を学習した事象によって変っていく．たとえば正方形と正五角形の弁別を学習すると，両者の違いである角の数や辺の数にしたがって『同じ／違う』を判断するが，正方形と塗りつぶされた円の弁別を学習したときには，線で囲まれた図形かどうかという特徴にしたがって『同じ／違う』を判断する．つまり，弁別を学習した状況によってその後の行動は影響を受ける．

ところでこの弁別や般化には，動物の種ごとにそれぞれ得意不得意がある．とくに生まれ持って決められている得意不得意を，生物学的制約（biological constraint）と呼ぶ．ヒトもさまざまな得意不得意を持っている．鼻はイヌと比べたら全然利かず微かな臭いの違いを弁別できないし，超音波帯域の音を弁別するようなコウモリのように高い音を聞くことはできない．逆に目は比較的利くようで色や形の弁別は得意である．ヒトも含めて一般に霊長類（サルの仲間）は目による弁別が得意で，アジアに住むニホンザルやアカゲザル，アフリカのヒヒ，南米で暮らすフサオマキザル，ヒトに最も近縁な霊長類であるチンパンジーも，図形の弁別を上手におこなう（トマセロとコール，1997）．

### 5-2-2. カテゴリの弁別

正方形と正五角形を弁別したりいつものバス停を見つけたりするような，環境の中から特別な何かを弁別することは決まった状況ではとても便利である．でも常に変化していく環境では，特別な何かだけを頼りにしているとうまく振る舞えなくなってしまうことがある．たとえば旅行に出かけた街でバスに乗ろうと思っても，バス停の形がいつもと違っていたら見つけられない．そんなときには，よく似た形のものを探すことで無事に見つけられたりする．何度もそ

んなことを繰り返すうちに，いつの間にか「バス停ってこんなもの」というまとまった印象を持つようになり，最初のうちは「バス停」と思っていなかったただの看板もちゃんと「バス停」として見わけられるようになる．このように細かな部分が違っている個別の事例を，事例同士の類似性に基づいてまとめたものをカテゴリ（category）と呼び，個別の事例をカテゴリにまとめることで環境にあるたくさんの事象を効率よく認識している，と考えられる．

　ヒトは「バス停」や「ポスト」だけではなく，「椅子」，「机」，「本棚」などの事象について『同じ／違う』を判断し，さまざまなカテゴリに基づいて環境を認識している．時々，椅子か机か迷ってしまうこともあるけれども……．したがってどのようなカテゴリを知っているか，あるいはどのようなカテゴリを学習したかを調べると，ヒトや動物がどのように環境を認識しているか知ることができる．あなたのそばにいるイヌやネコは，どのように環境を認識しているのだろう．私たちと同じだろうか？

　残念ながらイヌやネコについての実験的研究は少なく，はっきりしたことはわからない．しかし心理学の研究によく登場するハトやサルではどのように環境を認識しているのか少しずつわかってきた．調べ方はこのようにする．最初に光っているキーをつついたり押したりできるようにする（オペラント条件づけ）．その後で，ヒトの姿が写った写真や写っていない写真をキーに映して，ヒトの姿があったときにだけ強化する．すると動物は，ヒトが写っているかいないかを弁別するようになる．弁別学習ができた後で今まで見たことのないいろいろな写真を見せ弁別の般化を調べると，動物がどんな「ヒト」カテゴリを学習したのかわかる．また弁別学習の速さを比べることで，そのカテゴリを動物があらかじめ持っていたのか，あるいは実験場面で初めて学習したのか見当をつけられる．

　「ヒト」だけではなく，「木」や「水面」，「同種の個体」などヒトが作ったものではない自然界の事象や，「建物」，「アルファベットのA」，「果物」，あるいは「絵画の作風」など，ヒトによって作られた事象もカテゴリとして学習する（シャトルワース，1998）．目の前にある物体が食べられるものかどうか，ということも学習する（渡辺，1997）．このようなカテゴリに基づいた環境認識は目に見える決まった形をした事象に限られない．同種の仲間が出す声や決まっ

た個体の声,あるいはヒトや同種の個体が見せる顔の表情など,他個体とのやりとりに必要な事象もカテゴリとして認識し『同じ／違う』を判断できる(藤田,1998).

このようにカテゴリを学習し,学習したカテゴリに基づいて環境中のさまざまな事象を認識し『同じ／違う』を判断することで,ヒトや動物はスムーズに環境とのやりとりを行っている.環境とのやりとりだけではなく,生活をともにする仲間とのやりとりに必要な情報(表情や音声など)もカテゴリとして学習し,そのカテゴリを他個体とのやりとりに常に使用しているのだ.

### 5-2-3. 概念の弁別

正方形や似たものをまとめたカテゴリの弁別について見てきた.ところで「ヒト」は,見た目だけで他の事物から弁別されるのだろうか？「マネキン」はどうだろう.姿形がとても似ているのに「ヒト」ではないとすぐわかる.等身大のポスターもそうだ.ライブのチケットを予約しようと思ってサービスセンターに電話をした時も,聞こえてきた「ヒト」の声がテープの案内かどうか,やりとりをするとすぐにわかる.姿形だけではなくて声やしぐさ,あるいは手触りなど視覚以外の感覚様相から得られる情報から「ヒト」を認識したり,やりとりを続ける中で感覚様相からもたらされた情報の時間的な変化によって,「ヒト」について『同じ／違う』の判断をしている.このように,異なる物理的特徴(physical property)や物理的な記述が難しい特徴によって表現された事象を概念(concept)と呼び,カテゴリより大きな集合として扱うことができる.「動物」や「植物」,あるいは「海」や「遊園地」などは概念のよい例だ.

概念に基づいて認識したり『同じ／違う』の判断をするには,カテゴリや事象の弁別のようにやはり学習が必要になる.「ペンギン」を初めて写真で見たときを思い出してみよう.写真だけではどんな声で鳴くのか,どうやって歩くのか,飛んだり泳いだりするのかわからない.動物園や水族館で声を聞いて幻滅したり,ガラス越しに泳ぐ姿をみてやはり「鳥」だと思ったりする.間近に見ることで「ペンギン」あるいは「鳥」の仲間について学習し,「ペンギン」や「鳥」について『同じ／違う』を判断できるようになる.

ヒト以外の動物も環境の中の事象を概念として学習する．あなたのそばにいるイヌやネコは，飼い主である「あなた」の見た目と声そしてなでてくれる手を決して別々に憶えるわけではなく，まとまった「あなた」として認識しているはずだ．

　実験室では異なる特徴を持った刺激をたくさん出すことで概念を学習させることができる．複数の概念を学習させたいときには，特定の概念がスクリーンに映っているときにそれぞれの概念に対応するキーや図形をつついたり押したりするようにして学習させる（見本合わせ法 Matching-to-Sample procedure）．このような方法を使って，動物もヒトと同じように「動物」と「乗り物」という概念を学習し，学習した概念に基づいて『同じ／違う』を判断できることがわかってきた（石川ら，2005）．

---

### コラム：さまざまな概念獲得

　動物が概念を学習できる，あるいは概念を持っているということは，初期の心理学者にとっては非常な驚きでした．見本合わせ課題を用いると，被験体となった1頭の動物にたくさんの概念を教えられます．概念と概念に対応する図形やキー（シンボルとも呼びます）を用意すればよいのです．石川ら（2005）は，フサオマキザルに異なる4種類のシンボルと4種類の違った概念を写真として用意し，それらの概念同士の弁別学習をさせました．ある個体は［航空機，船舶，魚類，鳥類］，べつの個体は［大型自動車，二輪車，肉食哺乳類，草食哺乳類］を，という具合です．フサオマキザルは飼育施設生まれなので，学習に用いたそれぞれの概念の本物の姿は見たことがありません．それにも関わらず，被験体となったフサオマキザルは4種類の概念を獲得しました．目にした物の何かの特徴にしたがって，概念を学習することがわかったのです．動物は色や形を区別するだけでなく，まるでヒトと同じように写真を見，ヒトと同じように環境を認識することができるのです．このような研究を通して，ヒトの知性とは何か，ヒトとはどのような生き物なのか考えてみるのは面白いと思いませんか．

---

　ヒトの言葉の獲得を調べてみると，単語の意味はこのような概念に相当し，単語はこれらの概念に対応づけられたラベルである，と考えられる．満1歳になる頃からヒトはいろいろな言葉を話し始めしだいにその数を増やしていく．最初は大きな動くものは何でも「ブーブー」だったのが，いつの間にか「バ

ス」,「トラック」になっていったり,新幹線を『こっちは「つばさ」,これは「はやて」』と大人にもわからないものを弁別し『同じ／違う』を判断する.同じような言葉の利用は,チンパンジー（松沢,1991）やチンパンジーにごく近い仲間のボノボ（サヴェージ-ランボーとルーウィン,1994）,ヒトの声真似が得意なヨウム（オウムの仲間）（ペッパーバーグ,1999）（図5-1）,また最近ではイヌ（カミンスキーら,2004）で報告されている.チンパンジーやボノボはヒトと同じ音声を発声することが得意ではないので,単語を表す絵文字（lexigram）が書かれたキーボードを使って質問に答える.ヨウ

図5-1　ヨウムの言語訓練
（ペッパーバーグ,1999）

ムやイヌの場合は,実験者の話す内容を聞き取り質問の答えを持ってきたり音声で答える.

　言葉の大きな特徴は,具体的な事象を示す概念だけではなくじかに見たり聞いたりすることができない抽象的な概念を表現できる点である.数や時間,自分とやりとりする相手や相手同士の関係,あるいは気持ち（悲しい,楽しい）や心の状態など,さまざまなものが表現できる.心についてはまた後で考えることにし,まず数,あるいは量について見てみよう.

　数の大小や量の多少の認識はヒトや動物にとって非常に大切である.どの場所にたくさんの食物があるか,今の場所よりも短い時間で多く採餌するにはどうしたらよいかを知るには,数,あるいは量の概念に基づいた認識が必要になる.ヒトは学習によって数字を扱えるようになるが動物はどうだろう？　野外での研究は少なく十分なことはわかっていないが,実験室環境では,リスザルが目の前にあるリンゴのかけらの大小について『同じ／違う』を判断できること（アンダーソンら,2000）や,チンパンジーが数の大小や量の多少の判断だけではなく,足し算や引き算をすることも報告されている（トマセロとコール,

1997).

　社会的なやりとりをする相手との関係についてはどうだろう．私たちは親子や親戚，あるいは上司と部下，先生と生徒，先輩と後輩，友人，親友など，「社会的関係」を概念として認識し，その概念に基づいて安定した社会的なやりとりを築いている．ヒト以外の霊長類における相手との社会的やりとりでは，やりとりする相手の母親が誰かによってやりとりのしかたが変わることや，一緒に生活しているグループのメンバーかどうか判断して生活していることが野外の観察から報告されている（トマセロとコール，1997）．実験的には，マカクザルが親子間の関係を認識していることが示されている．また，子どもの間は許された社会的な関係を無視した振る舞いが成体（成人）になると許されず強い制裁が与えられることを考えると，ヒトだけではなく動物も社会的なやりとりの中で，「親子」や「順位」のような概念を学習し利用するようである．

## 5-3. 他個体とのやりとりと学習

　ここまでヒトや動物の環境の認識のしかたとさまざまな事象に対する『同じ／違う』の判断，およびそれらの学習について見てきた．ではどのような学習の過程がこれらの知識の獲得を支えているのだろう？　まず思い浮かぶのは，古典的条件づけやオペラント条件づけの枠組みの中で，個人（個体）がそれぞれ個別に連合学習を行い獲得するという学習の過程である．実験室で訓練を受けながら学習するのが最たる例だろう．もう1つ，ヒトや動物の学習の過程には「他者からの学び」という側面を考えることができる．他者（他個体）の行動を見てそこから有用な知識や行動を学ぶ，という学習過程である．

### 5-3-1. 社会的学習

　個人や個体が他者（他個体）から知識や行動を学ぶことを，社会的学習（social learning）という．とくに他者のやっていることを見て学ぶ場面が多く含まれるため，観察学習（observational learning）とも呼ばれる．子どもの頃のことをちょっと思いだしてみよう．お母さんの化粧道具をいろいろ引っ張り出してきてお化粧の真似ごと，しなかっただろうか？　あるいはお父さんの靴

を履いて会社に出かける真似をした覚えはないだろうか？　兄弟／姉妹のいる人だったら，お兄ちゃんのやっていることの真似ばかりしていたとか，妹に何でも真似されていやだったとかいった思い出のある人もいるかもしれない．これらは社会的学習のとてもよい例だ．ではこの社会的学習はどのような過程で成立しているのだろう？

　社会的学習が生じる場面を考えてみる．兄弟姉妹でも親子でも仲間同士でもよいのだが，ひとまず親子の場合にしてみよう．

　お母さんが化粧をしている様子を，女の子が見ています．お母さんが出かけた後，留守の間に鏡台の前でごそごそしています．口紅を見つけると鏡を向いて，そ〜っと唇を塗り始めました．後で怒られなければよいけれど……．

　このような場面に登場するのは，観察者（observer）である女の子，呈示者（demonstrator）であるお母さん，そして観察者が学習し再現する行動（口紅を塗る）と行動に使われる道具（鏡や口紅）である．観察者は，自分がしたことのない行動を呈示者がしている状況を眺めた後で同じようにやってみようとする．このときいったいどんな学習過程が起こっているのだろうか？

　a）局所強調　まず，鏡の前に口紅が置いてある場面でお母さんが何かをしているのを見ると，口紅を塗るという行動が自然に生じやすくなる，それで呈示者と同じことをする，という過程を考えることができる．呈示者が何をやっているか，どうやっているかということを観察者が理解するのが大切なのではなく，他者（他個体）がいる場面で他者と同じ行動をとれる環境が整っているかどうかを重視する．このような過程は局所強調（local enhancement）と呼ばれ，学習する行動とよく似た行動を観察者が行ったことがあるかが重要である．シジュウカラの仲間が牛乳瓶の蓋を開けてしまう（コラム参照），といった動物で報告されている社会的学習の事例の多くは局所強調という学習過程として説明できるのではないかと考えられている．

**コラム：シジュウカラの観察学習**

**図 5-2 シジュウカラの観察学習**
(シェトレワース，1998)

1920 年代，イギリスのある町で玄関先の牛乳瓶の蓋が破られるといういたずらが起きました．牛乳瓶，ってわかりますか？　今ではあまり見る機会はなくなってしまいましたが，温泉や健康ランド，あるいは牧場で飲んだことがある人もいるでしょう．蓋をポンと開けるあれです．昔の話ですから，蓋は紙ではなく金属の薄い膜で覆われていました．ある朝，それがペリッとめくられていたのです．そのいたずらはやむどころか，どんどん被害が広がっていきます．犯人を捕まえようとみんなで探しますがなかなか見つかりません．それもそのはずです．犯人はヒトではなかったのです．牛乳が配達されると小さな鳥が1羽やってきて，瓶の口に止まり，器用に蓋の端をつつき始めました．何が起こるのか見ているとやがてふたに穴が開き，そこから蓋をめくっていたのです．それで小鳥が何をしていたのかというと，牛乳の上に浮かぶクリームを食べていたのでした．被害を受けたのが1軒だけではないですから，同じことができる鳥はまだ他にもいるはずです．ではどうやってこの蓋破りは広がったのでしょうか？　他個体のやることを見ていたのでしょうか？　局所強調でこの行動が広がった理由を説明できそうです．牛乳瓶についている破られた蓋はきらきら光ってとても目立ちます．誰か1羽がたまたま破ってしまうと，他の鳥は破れた蓋からそのおこぼれにあずかれます．1度味をしめたら後は簡単ですね．同じように光っているものを探して，破れていなかったら自分で破ってしまえばよいのです．このようにしてあっという間に，たくさんの鳥に牛乳瓶の蓋破りが流行したのでした．

b) **社会的促進**　呈示者となりそうなお母さんや他者（他個体）と一緒にいることで観察者の行動の幅が広がり，その結果呈示者と似た行動を取るようになるという過程も考えられる．局所強調と同じように，呈示者のやっていることを観察者が理解することは重視せず，他者（他個体）と関わることそのものが他者と同じように行動する要因であるとする．この過程は社会的促進（social facilitation）と呼ばれ，局所強調と同じように観察者が似た行動をあらかじめできていることが大切である．

c）目標模倣　これまで考えてきた2つの過程は，観察者が呈示者をどのように見ているかという点をあまり重視せずにそれ以外の要因に着目していた．でも口紅を塗ろうとしている女の子の場合は少し様子が違っている．女の子は，お母さんが何をやっているかどうやっているかとてもよく見る．よく見ていても女の子がとても幼かったら口紅をつけようとしてもうまくできない．中身を上手に出せなかったり，出し過ぎて途中で折ってしまったり，あるいは塗れたけれど唇からはみ出して顔中口紅だらけになってしまったりするだろう．女の子が自分の唇をお母さんと同じように朱くしたつもりでいても，お母さんと同じように上手に塗れてはいないだろう．やり方は違っているけれど，同じ結果あるいは似た状態を手に入れるような学習を，目標模倣（goal emulation）と呼んでいる．この場合呈示者であるお母さんが何をやっているか，どのような結果を手に入れたかが重要になり，観察者が呈示者と同じようにできたかどうか，という点は重視しない．

d）真の模倣

おや，この女の子はとてもじょうずに，まるでお母さんのように口紅を塗っています．しかもこれまでこんなことしたこともないのに……．

他者から何かを学ぶ社会的学習の場面として，すぐに思い浮かぶのはこんな状況ではないだろうか．誰かがやっていることを真似，まったく同じように同じことをする，そんな意味でこの子がやったことを真の模倣（true imitation）と呼ぶ．しかしこの「真の模倣」をこれまで述べてきた3つの過程と明確に区別することは，じつはとても難しい．「真の模倣」なのかどうか確かめるには，これまでやったことのない行動を観察者が見ただけでできる必要がある．でも観察者の行動が「これまでやったことのない行動」かどうか確かめるのはとても難しく，環境や他者からまったく影響を受けていないこともなかなか確かめられない．「真の模倣」とは何かということを明らかにすると同時に，「模倣」という社会的学習が他者とのやりとりの中で果たしている機能について理解することがこれからは大切である．

e）社会的学習の基盤　最後にもう1つ，社会的学習には欠かせない大切な

ものについて考えてみよう．なぜ女の子は，お母さんと同じようにお化粧したいのだろう？　どうしてお母さんの真似をしたがるのだろうか？　そんなこと訊かれても，してしまうのだからしょうがない．確かにその通り．してしまうのだ．このような傾向は霊長類のように，自分と同じ種の個体と生活をともにする動物で強く表れ，とくにヒトできわだっている．このような傾向を持つ社会的学習を BIOL（bonding-and identification-based observational learning：結びつきと同一化を基盤にした観察学習）（ドゥ・バール，2001）と呼び，他者（他個体）と社会的に親和的関係を築きたい，あるいは他個体と同じ状況でありたいという強い思いが，社会的学習を導き維持することを強く動機づけていると考えられる．女の子は，お母さんと同じことをすることでお母さんとの繋がりを今まで以上に強くできるのだ．さらに，社会的学習をとりわけ強くおこなうヒトにおいては心理的な状態を共有したいという強い動機を持っているのではないか，と考えられている（トマセロら，2005）．真似をしている女の子は，お母さんのお化粧する気持ちと同じ気持ちを持っているに違いないのだ．このような動機，思いそのものが社会的学習を導いている．

### 5-3-2．さまざまな模倣

社会的学習と一口にいっても，いくつもの特徴を考えることができた．実際の社会的学習では，他者とのやりとりの中でこれらの特徴がさまざまに混じり合って現れる．ここでは，社会的学習のなかでも「他者（他個体）と同じ振る舞いをする」という広い意味の模倣に着目し，ヒトや動物が他個体とどのようなやりとりをしているのか見てみよう．

a）新生児模倣　生まれたての赤ちゃん，何もできなくて眠っているか泣いているか，あとはおっぱいを飲んでいるか，それしかできないと思っていないだろうか？　赤ちゃんが目を覚まして機嫌よくしているときに，赤ちゃんの目の前で大きく口を開けてみよう．口を開ける前に赤ちゃんとアイコンタクトすることを忘れないように．うまくいくと赤ちゃんがあなたの口の動きに合わせて，一緒に口を開いてくれることがある（図5-3）．舌を出したり，唇を突き出したりしても，同じことをする．生まれてからわずか42分後でも赤ちゃんが口の動きを真似したという報告もある．このような模倣は新生児模倣（neonate imitation）と呼ばれ，ヒトの赤ちゃんだけではなく，ヒトと同じ霊長類であるチンパンジーの赤ちゃんも同じように他者の口の動きの真似をする（明和，2004）．でも不思議なことに，この模倣は生まれてしばらくたつと（ヒトでは生後2ヶ月ぐらい）消えてしまう．大人のようには目が見えていない，そして自分のしたいことを主体的に考えているとは思えない

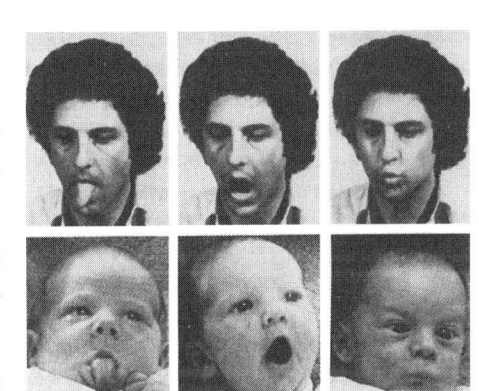

**図 5-3　新生児模倣（ヒト）**
（明和，2004）（オリジナルはメルゾフとムーア，1977）

生まれてすぐの赤ちゃんが，どのようにして他者を模倣するのかその仕組みはまだわかっていない．しかし他者（他個体）を認識し他者から何かを学ぶための基本的な能力は，ヒトを含む大型類人猿にあらかじめ用意されているのかもしれない．

b）**身体の動きの模倣**　身体の動きを真似するのは模倣の最も単純な例である．新生児模倣も口の動きという身体の動きの模倣になっている．子どもと向かい合って座り，子どもに真似してもらう場面を考えてみよう．頭を触る，肩を触る，目を触る．子どもにも同じしぐさをしてもらう．「一緒に同じようにやろう，真似してね」というと，喜んで一緒にやってくれる．ここで耳をつかんでみる．耳は2つ，手もちょうど2本ある．右耳を右手でつかんでみる．向かい合って座っている子どもはちょうど鏡のように，左手で左耳をつかむはずだ．かわりに左手で左耳をつかんでも，上手に右手で右耳をつかんでくれる．ではちょっと難しくして右手で左耳をつかんでみる．子どもはどうするだろう？　6歳ぐらいまでの子どもの場合，半分ほどの子が右耳を右手でつかんでしまう．右耳をちゃんとつかんでいるのに，そのつかんでいる手がお手本とは違ってしまうのだ（ガティスら，2002）．どうしてだろうか？　これはどちらの耳をつかんだらよいかという「目標」と，つかむ手はどちらかという「やり方」，その両者を別々に決めなければならない目標模倣の良い例である．子どもは「目標」と「やり方」のそれぞれについて，他者とやりとりしながら学習

していくのだ．

---

**コラム：イルカの模倣**

**図 5-4　イルカの身体模倣**
(ハーマン，2002)

　身体の動きは種が違っても模倣されることがあります．イルカについて集中的に研究を進めている大学がハワイにあります．この施設のイルカは，ヒトの身体に対応した自分の身体部位を使ってヒトの動作，あるいは姿勢の真似をします．ヒトが胸を張って背中を反らせば，同じようにイルカも水に半分浮かんで背中を反らせます．ヒトが足を持ち上げるとイルカもシリビレを水から持ち上げます（図5-4）．ヒトとイルカでは身体の姿形が全く異なっているにもかかわらず，対応する身体の部位がわかるのは何かとても変な感じがしますが，非常に柔軟に他者と自身を対応づけられるのがイルカの特徴なのかもしれません．

---

　c) 道具の使用　「目標」と「やり方」を他者とのやりとりの中で学習するのは，ヒトだけではない．チンパンジーは，採食や飲水など生活の中で道具を使うが（松沢，2001）（図5-5），ヒトのように他者（他個体）とやりとりしながらの学習が必要である．西アフリカに住むチンパンジーは堅い殻の中にある実を食べるために石器を使う．石で殻を叩き割って中の実を取り出す．大人のチンパンジーは上手に石器を使うが，こどものチンパンジーは上手にはできない．最初は大人の周りで殻を踏んづけたり手で叩いてみたりするが割れるわけではない．正しいやり方はまだわかっていないけれど割ろうとしていたのだから，きっと「殻を割ると実が食べられる」という「目標」は学習したにちがいない．
　その後しばらくは，大人のそばに座って大人が割る様子を眺めたり，大人が

割った実のおこぼれをつまみ食いしながら割り方を学んでいく．そのうち子どものチンパンジーは，石を持って堅い殻を叩くことができるようになる．でも上手に石を殻に当てられなかったり，石が小さすぎたり大きすぎたり，殻を置く場所がまずかったり，まだ大人のようにはできない．上手に割るためにはほど良い大きさの，そし

図5-5　チンパンジーの道具使用
(明和，2004)

て殻が転がってしまわないようなちょうど良いくぼみがある石の上に殻を置いて，そこでちょうど良い力加減で石を叩きつけなければならない．上手に割れるようになるのは5歳ぐらいからで，それまで大人のやっていることを見ながらそして自分で練習しながら「やり方」を学んでいく．今まで石器を使ったことのないチンパンジーは目の前に石器があっても教えられない限り使えないことから，道具を上手に使うためには道具使用の「目標」とその「やり方（使い方）」について他者（他個体）とのやりとりによって学習することが必要である．

### 5-3-3. 他個体の意図の認識と心の理論

最後に，他者（他個体）とのやりとりをするときに最も大切なことについて考えよう．私たちヒトや動物はなぜ目の前にいる何かが，社会的にやりとりをする相手だとわかるのだろう？　そしてやりとりをする相手が今何をしているのか，何をしようとしているのか，なぜわかるのだろう？　そんなの当たり前だ，顔や身体を見たらすぐにヒトだとわかる，と思うかもしれない．でも目の前のマネキンに対して社会的なやりとりをすることはない代わりに，顔も身体も見えないメールを使って立派に社会的なやりとりをする．それでは社会的なやりとりがどのように成り立っているのか考えてみよう．

見るからに重そうな机を動かそうとしている人がいる．手伝いましょうか，と声をかけてみても周りがうるさくて声が届かない．とにもかくにも手伝って

第5章　学習と認識　79

みようと，机の片方の端を持ち上げてみる．でも最初はタイミングが合わずに失敗してしまった．やっと持ち上がったものの今度はどっちに持って行くのかがわからない．でも相手のやっていることをしばらく見ていると，「あ，あっちか」とわかってくる．こんなときいったい何が起こっているのだろうか？

どうやらヒトや動物は，しばらくの間相手のしていることを観察することで，相手が何をしようとしているか，そして次にどのようなことをしそうかという情報，すなわち相手の意図を読み取っているらしい．意図と見なせる相手の行動の目標を，過去の行動や振る舞いから予測しているのだ．最初相手の意図がわからないうちは重い机を一緒に動かせなくても，そのうち一緒に上手に動かせるようになっていく．同じようにヒトの乳幼児でも相手の意図を予測することができる．わざと意図的に意地悪をされたのか，アクシデントで好ましくない状況が起こってしまったのかちゃんとわかる（ウェルマンとフィリップス，2001）．では，相手の意図を正しく予測する仕組みはどのようなものだろうか？

予測にはこれまで経験したさまざまな知識を役立てているはずだ．「あの時にはこうだった」，「この場合はああだったなぁ」という経験を積むことによって，他者の目標がだんだんわかってくる．つまり社会的なやりとりをする相手がどのような存在か，どのようなことをする他者なのか，自分の経験を通して学習するのだ．学習によって他者（他個体）についての知識を得，その知識に基づいて「今，相手が何をしようとしているか，次に何をするのか」予測する．このようなやり方で他者の意図が予測できると，相手と上手に社会的やりとりを行えるようになる（遠山ら，2003；ウォルパートら，2003）．

ヒトは他者の意図を読むだけではない．他者がどんなことを知っているのか，他者がどんな気分でいるのかということを想像しながら他者とやりとりをしている．他者が外から観察できない内的な状態を持っており，それに基づいて行動していると考えることは「心の理論」（プレマックとウッドラフ，1978）と呼ばれ，他者とのやりとりでは重要な役目を果たしていると考えられている．たとえば，「じゃんけん」をするときに相手の裏をかいて勝とうと思ったら，『相手が「自分が何を出す」と考えているか』ということを想像することが必要になる．

このように他者とのやりとりには，相手が考えていることを予測しながら自分と相手についてあり得る状況を想像しその上で自分がどうしたらよいか決めることが重要であると考えられる．このとき相手の考えていることをできるだけ正確に予測するには，まず相手を観察して今の相手にもっともふさわしい心の状態（内的状態）を推定することが必要である．じゃんけんでいえば，相手がこちらの裏をかこうとしているのか，それとも何も考えていないのか，あるいは裏の裏をかこうとしているのか，相手のでかたを考えてみるわけだ．うまく相手の内的状態が推定できたら，次は相手が実際にやりそうなことを推定してみる．じゃんけんで実際に出す手が「グー」なのか「パー」なのか予測するのだ．そして何をしそうか予測できると自分が何をしたらよいか決めることができる．他者をよりよく理解したりスムーズに社会的なやりとりを進めるためには，相手の内的状態を正しく予測するための学習が常に必要なのである．

## 5-4. 知識／表象の学習

　環境そして他者（他個体）とのやりとりの中で，ヒトや動物がどのように環境を認識しているのか見てきた．変化していく環境や他者と不自由なくやりとりするには，環境や他者に関するさまざまな情報を用いた認識が必要だった．その認識を得るためにヒトや動物は常に学習しているのだ．環境をより良く表現し，他者の今の状況を認識して内的状態を予測できるような学習が必要である．この学習によって認識のための知識，あるいは表象が「心」に蓄えられると考えられる．したがってこの学習の過程を明らかにしていくこと，これが学習心理学の大きな目標なのである．
　じつは，この問題は心理学だけではなく，他の学問分野からも興味を持たれている．脳認知神経科学という学問領域は，ヒトの心の働きがどのように脳内に表現され処理されているか明らかにすることを大きな目標としている．とくに脳がどのように新しい知識を獲得し，ヒトの普段の生活に役立つように使うのか解明しようとしている．この問題はこれまで考えてきた「心」が学習する仕組みと，まさに同じ物である．
　もう1つの学問分野は，認知発達ロボティクスと呼ばれる近年とくに注目さ

れている学問領域である．ロボティクスとついているように，ヒトのように動く人工的機械，つまりロボットを作ることが大きな目標になっている．ヒトのように動く人工的な「心」の仕組みは，ヒトのように環境や他者とやりとりができなければいけない．そのためには，ヒトや動物が環境や他者とやりとりする仕組みを知ることが必要なのだ．

　これらの学問領域では，環境をより良く表現し他者の今の状況を認識して内的状態を予測できるような学習を，環境や他者（他個体）を表現する「モデル」を獲得することであると考えている（詳しくは第14章参照）．これまでヒトの「心」の中の表象，あるいは知識と呼んできたものの獲得・学習を，「モデル」の学習という形でとらえ，その学習の仕組みを明らかにしようとしている．心理学だけではなくこれらの学問領域と融合した研究を進めることで，ヒトの「心」の学習がどのようなものか，そしてヒトの心がいかなるものかを明らかにしていけるだろう．

### 参考文献

Byrne, R. & Whiten, A. 1988. *Machiavellian Intelligence*. Oxford University Press, New York. 藤田和生・山下博志・友永雅己（監訳）．2004. マキャベリ的知性と心の理論の進化論．ナカニシヤ出版．京都．

Byrne, R. & Whiten, A. 1997. *Extensions and Evaluations*. Cambridge University Press, Cambridge. 友永雅己・小田　亮・平田　聡・藤田和生（監訳）．2004. 新たなる展開．ナカニシヤ出版．京都．

実森正子・中島定彦．2000. 学習の心理．サイエンス社．東京．

Mazur, J. E. 1998. *Learning and Behavior*. Englewood Cliffs, New Jersey : Prentice-Hall Inc. 磯　博行・坂上貴之・川合伸幸（訳）．1999. メイザーの学習と行動（日本語版第2版）．二瓶社．大阪．

### 引用文献

Anderson, J, R., Awazu, S., & Fujita, K. 2000. Can squirrel monkeys (Saimiri sciureus) learn self control? A study using food array selection tests and reverse-reward contingency. *Journal of Experimental Psychology* : Animal Behavior Processes, 26 : 87-97.

de Waal, F. 2001. *The ape and the sushi master*. Basic Books, New York. 西田利貞・藤井留美（訳）．2002. サルとすし職人．原書房．東京．

藤田和生. 1998. 比較認知科学への招待. ナカニシヤ出版. 京都.
Gattis, M., Bekkering, H., & Wohlshlager, A. 2002. Goal-directed imitation. In A. N. Meltzoff & W. Prinz (Eds.), *The Imitative Mind* (pp. 183-205). Cambridge University Press, Cambridge.
Herman, L. M. 2002. Vocal, Social, and Self-Imitation by Bottlenosed Dolphins. In K. Dautenhann & C. L. Nehaniv (Eds.), *Imitation in Animals and Artifacts* (pp. 63-108). MIT press, Massachusetts.
石川 悟・黒島妃香・藤田和生. 2005. フサオマキザルにおける階層的概念の獲得とシンボル使用. 認知科学, 12: 142-152.
Kaminski, J., Call, J., & Fischer, J. 2004 Word Learning in a domestic dog : Evidence for "Fast Mapping". *Science*, 304: 1682-1683.
松沢哲郎. 1991. チンパンジーから見た世界. 東京大学出版会. 東京.
Matsuzawa, T. (Ed.) 2001. *Primate origins of human cognition and behavior*. Springer-Verlag. Tokyo.
明和政子. 2004. なぜ「まね」をするのか. 河出書房新社. 東京.
Melzoff, A. N. & Moore, K. 1977. Imitation of facial and manual gestures by newborn infants. *Science*, 198: 75-78.
Pepperberg, I. M. 1999. *The Alex Studies : Cognitive and communicative abilities of grey parrots*. Harvard University Press, Massachusetts. 渡辺 茂・山崎由美子・遠藤清香 (訳). 2003. アレックススタディ. 共立出版. 東京.
Premack, D. & Woodruff, G. 1978. Does the chimpanzee have a theory of mind? *The Behavioral and Brain Sciences*, 1: 515-526.
Savage-Rumbaugh, E. S. & Lewin, R. 1994. *Kanzi, the ape at the bring of the human mind*. John Wiley & Sons, New Jersey. 石館康平 (訳). 1997. 人と話すサル「カンジ」. 講談社. 東京.
Shettleworth, S. J. 1998. *Cognition, Evolution, and Behavior*. Oxford University Press, New York.
Tomasello, M. & Call, J. 1997. *Primate Cognition*. Oxford University Press, New York.
Tomasello, M., Carpenter, M., Call, J., Behne, T., & Moll, H. 2005. Understanding and sharing intentions : The origins of cultural cognition. *Behavioral and Brain Sciences*, 28: 675-735.
遠山修治・入森隆司・岡 夏樹・森川幸治. 2003. 協調タスクにおける他者の意図の認識と学習 電子情報通信学会技術研究報告, 102 (730): 101-106
渡辺 茂. 1997. ハトがわかればヒトが見える. 共立出版. 東京.
Wellman, H. M. & Phillips, A. T. 2001. Developing Intentional Understandings. In B. F. Malle, L. J. Moses & D. A. Baldwin (Eds.). *Intentions and Intentionality*. MIT press, Massachusetts.
Wolpert, D. M., Doya, K., & Kawato, M. 2003. A unifying computational frame-

work for motor control and social interaction. *Philosophical Transactions of the Royal Society of London. Series B, Biological Sciences*, 358: 593–602.

# 第6章

# 記憶の不思議・忘却の不思議

和田博美

　学習や記憶と耳にしただけで，多くの大学生は灰色の（？）受験生時代を連想するだろう．とくに記憶という言葉は，英単語や歴史の年代を必死で暗記した体験と結びついており，もう聞きたくないと思われているかもしれない．しかし生物にとって，学習（learning）とは経験によって行動を変化させることであり，自然界に適応し，厳しい生存競争を生きぬいていくための重要な能力である．学習によって生じた行動の変化は，一時的なものではなく長期にわたって持続する．これは記憶（memory）の働きによるものである．自然界の情報を取り入れ，保持し，必要な時にいつでも取り出して利用できるようにするのである．

　だがせっかく記憶した情報も，永続的に保持されるものもあれば消失してしまうものもある．忘れたほうが都合のよい記憶もある．この章では，記憶と忘却の不思議な世界を学習する．

## 6-1. 記憶とは？

　記憶は符号化（encoding），貯蔵（storage），検索（retrieval）の3つの段階から構成されている．符号化とは，自然界から入ってきた様々な情報を，情報処理できるような形式に変換することである．符号化された情報が消失しないように保持するのが貯蔵であり，必要に応じて情報を引き出すのが検索である．

図6-1 3段階の記憶

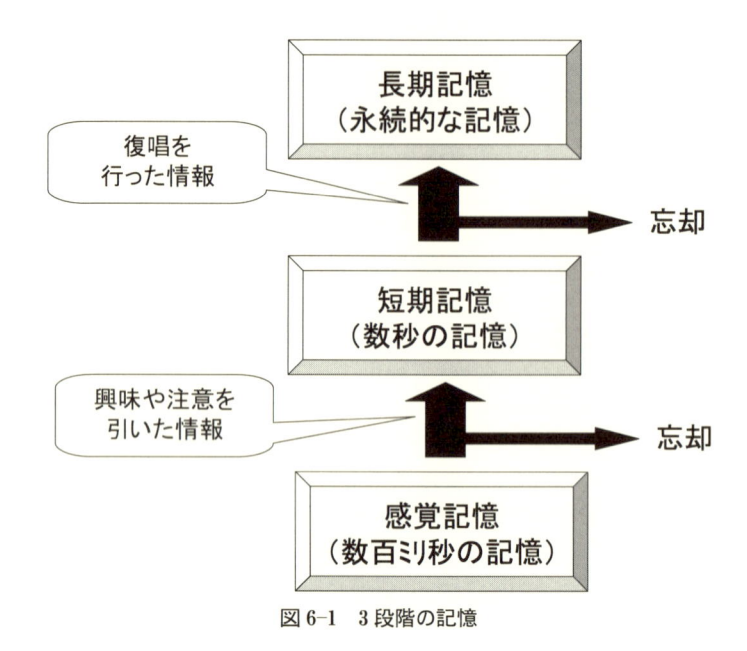

### 6-1-1. 3段階の記憶

　記憶は貯蔵時間の違いから，3段階に分けることができる（図6-1）．最も短時間で数百ミリ秒程度持続するのが感覚記憶（sensory memory）である．これに対し，電話をかけるときの番号など数秒間続く記憶は，短期記憶（short-term memory）と呼ばれている．短期記憶から永続的に続く記憶に移行したものが，長期記憶（long-term memory）である．

　a）感覚記憶　自然界の情報は最初に目や耳などの感覚器官から入力し，そのままのかたちで数百ミリ秒程度保持される．たとえば目の前を猛スピードで走り去った車の色や車種，ナンバーやドライバーの特徴などは，ごく短時間保持されている．しかし特別なことがない限り（その車が人をはねた，スーパーカーだったなど），すぐに忘れてしまう．感覚記憶は膨大な量の情報を貯蔵できるが，ごく短時間の間に消失する．

　b）短期記憶　感覚記憶の中で興味を持ったり注意を引いた情報は，すぐには消失しない．この記憶は短期記憶と呼ばれ，数秒間持続する．短期記憶の貯蔵量は限られており，一度に憶えることができる量を記憶の範囲（memory span）という．ランダムな数字の列を示された場合，人間が一度に記憶できる数字の数は 5〜9 個である．これはちょうど電話番号に相当する．一度に記憶できる数字の範囲 7±2 は，マジカル・ナンバーと呼ばれている．

ところが 123223323423…… のような数列を，(123)，(223)，(323)，(423)，……のように（ ）の中を一つのまとまりとして憶えると，はるかにたくさんの数列を記憶できる．この（ ）の中のように意味のあるまとまりを，チャンク（chunk）という．情報をチャンクにまとめることで，記憶の範囲を飛躍的に増大することができる．

c) 長期記憶　しかし短期記憶も時間とともに減衰し，いずれは消失する．努力して勉強しても，試験までに忘れてしまっては何にもならない．短期記憶の情報が長期間にわたって持続するには，その情報を繰り返し復唱（rehearsal）して永続的な記憶に移行する必要がある．これが長期記憶である．自分の名前や生年月日，家族のこと，学校で学んだ知識などは長期記憶である．

長期記憶には私たちが個人的に体験した出来事や社会的な事件，たとえば「いつ」，「どこで」，「誰が」，「何をした」といったエピソードに関する記憶（episodic memory）や，言葉や数字の意味，一般的知識のような意味に関する記憶（semantic memory）がある．これらはいつでも意識して思い出すことができる記憶で，顕在記憶（explicit memory）ともいう．テストで問われるのは顕在記憶である．一方，繰り返し練習して習得した知識や運動技能は，意識して思い出さなくても私たちの行動に役立っている．自転車に乗るときに乗り方を思い出すことはないし，自動車を運転するときも，教習所で習った手順を思い出す必要はない．意識的に思い出すことがなくても，運動技能や課題遂行に促進的に作用する記憶を，潜在記憶（implicit memory）という．記憶障害の患者は，体験や出来事の記憶（顕在記憶）を思い出せなくなるが，潜在記憶は影響を受けないことがわかっている．顕在記憶と潜在記憶は，異なった貯蔵メカニズムによって支えられていると考えられている．

### 6-1-2. ワーキング・メモリーとリファレンス・メモリー

短期記憶という言葉は，情報を数秒間貯蔵するという意味で用いられてきた．しかし人間は情報を単に貯蔵するだけではない．たとえば医療場面では，医師

や看護師は患者の訴えや顔の表情を記憶にとどめ，その内容を解析して患者の意図やニーズを読み取りながら対応している．人間は情報を保持するだけでなく，積極的に活用して状況を理解したり，先を予測して相応しい対処行動を取ったりしている．このようなことから，最近ではワーキング・メモリー（working memory）という言葉を使用することが多い．

---

### コラム：記憶と寿命とダイエット

世の中ダイエット・ブームである．様々なダイエット法や食品が宣伝され，試してみた人は多いだろう．肥満は生活習慣病を生み，健康に良くないことがはっきりしている．たとえば実験用のネズミに好きなだけ食べさせると，長生きしない．2年も経たないうちに短命に終わるネズミもいる．一方食事を制限したネズミは3年以上の長寿で

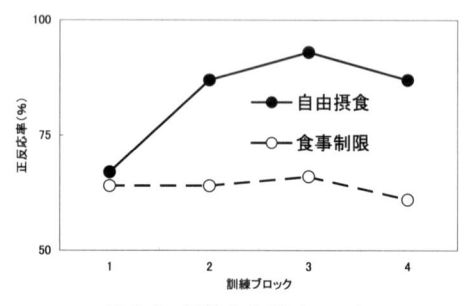

**図 6-2 記憶力とダイエット**
（柳井ら，2004 を改変）

ある．太り過ぎの人にはダイエットが必要かもしれない．しかしダイエットをすると，記憶力が悪くなるという注目すべき報告がある．

柳井ら（2004）はすきなだけエサを食べさせた自由摂食ネズミと，食事制限を加えたネズミの2グループを作り，モリス型水迷路（Morris Water Maze）課題で記憶力を調べた．モリス型水迷路とは，水を張ったプールにネズミを入れ，水面下に隠された逃避台（水から上がれる台）を探させる課題である．ネズミは周囲にある家具や照明器具の配置から，逃避台の位置を記憶する．水に入れられるとこの記憶をたよりに泳ぎはじめ，逃避台にたどり着くようになる．この課題を生後2年目に実施したところ（ネズミにとって生後2年目は老齢期にあたる），自由摂食ネズミは90％以上逃避台に泳ぎ着くようになった（図6-2）．しかし食事制限を加えたネズミは成績が良くならなかった．ちなみに自由摂食ネズミの体重は800 gに達し，食事制限を加えたネズミの体重は280 gであった．

肥満は寿命を縮め，過度のダイエットは記憶力を低下させる．つまり太り過ぎずやせ過ぎず，が一番よいのかもしれない．

---

ハトを使った記憶の実験を考えてみよう．ハトにある図形（たとえば●か

▲) のどちらか一方を見せ，いったん隠す．しばらくしてから●と▲を同時に見せ，ハトが最初に見た図形と同じ図形をつついたら，報酬（エサ）を与える．この訓練を続けると，ハトは最初に見た図形の特徴をワーキング・メモリーに貯蔵し，後に示された図形の特徴と比較して正しい図形をつつくようになる．最初に見せる図形は●と▲がランダムに変化するため，ワーキング・メモリーの情報は毎回更新しなければならない．これに対し，最初に見た図形と同じ図形をつつけばエサがもらえるという規則は，この実験を通して変わることがない．この情報は単に長時間貯蔵されるだけではなく，これまでに見たことのない図形が用いられた場合にも適用され，積極的に活用される．このような情報の記憶はリファレンス・メモリー（reference memory）と呼ばれている．

### 6-1-3. 記憶を測定する

　記憶を測定する典型的な方法は学力テストだろう．学力テストは言葉の意味や一般的な知識，歴史的な出来事のような顕在記憶のテストに適している．しかし意識に上らずとも行動に影響する潜在記憶は，どのように測定できるのだろうか．

　a) 顕在記憶の測定　心理学の実験では文字や図形を被験者に記憶させ，一定時間経過した後でどれくらい覚えているか測定する．このときどんな文字があったかどんな図形があったか，思い出すままに回答させるのが自由再生法（free recall）である．これに対し，示された順番どおりに回答させるのが系列予言法（serial anticipation）である．再認法（recognition）では文字や図形を示し，これらが以前に見たものかどうか判断させる．新しい文字や図形も加えて判断させる場合が多い．手掛かりを与えて記憶した文字や図形を思い出させるのが，手掛かり再生法である．認知症の診断に用いられる長谷川式簡易知能検査（Hasegawa's Dimentia Scale）では，「桜，猫，電車」といった言葉を記憶させ，どんな言葉があったか後で答えさせる（自由再生法）．ここで思い出せなかった患者には，「植物です」「動物の名前です」「乗り物ですよ」などといった手掛かりを与えて回答させる（手掛かり再生法）．これら3つの方法で記憶を測定したときの成績は，手掛かり再生法＞再認法＞自由再生法＞系列予言法となる．

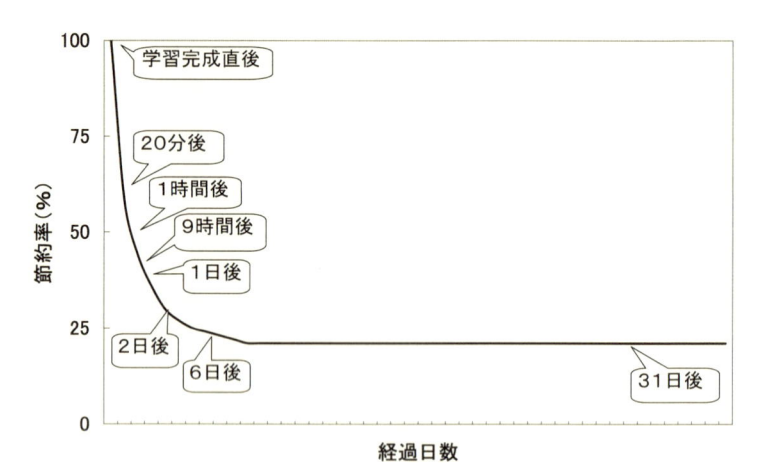

図6-3 エビングハウスの忘却曲線

(節約率(%) = {(最初の学習に要した時間または試行数−再学習に要した時間または試行数)÷最初の学習に要した時間または試行数}×100
(エビングハウス,1885)

1、事前呈示
　被験者が偶然目にするように単語を見せる。
　　例　たまごやき
　　　　ほっかいどう

2、プライミング・テスト
　事前に示した単語と新しい単語を一部空欄にした状態で見せ、思いついた単語を回答させる。
　　例　□まご□き　　　正解　たまごやき
　　　　□ほ□じ□　　　　　　にほんじん
　　　　□っか□ど□　　　　　ほっかいどう
　　　　き□ぎ□す　　　　　　きりぎりす

　事前に見せた単語の正答率のほうが、新しい単語の正答率より高くなる。

表6-1　プライミングと潜在記憶の測定

　記憶の研究を行ったエビングハウスは、最初の学習にかかった時間や試行数が、後に再び学習したときにどれくらい減少したかを測定した(図6-3)．これは節約率と呼ばれ、最初に学習した記憶がどの程度保持されていたかを示す．エビングハウスは自身被験者となり、様々な経過時間後に節約率を測定した．その結果，記憶の保持量は最初急激に低下し、1〜2日経過するとほぼ一定になることが明らかになった．

　b) 潜在記憶の測定　意識して思い出すことのない潜在記憶を測定するには、プライミング(priming)という方法を用いる．まず被験者に記憶する単語を

## コラム：記憶を見る！

脳科学の普及と関心の広がりには目をみはるものがある．心理現象の根源ともいえる脳を理解することは，心理学者にとって胸踊る挑戦であろう．脳科学がこれほどの隆盛をきわめた一因に，脳の画像化をあげることができるだろう．なかでも機能的核磁気共鳴画像法（functional magnetic resonance imaging；fMRI）や脳磁図法（magnetoencephalography；MEG）は，記憶，言語，思考などを司る脳部位を，被験者に苦痛を与えずに測定することができる．しかも医師や診療放射線技師のような国家資格を持たない心理学者にも，操作することができる．心理学の研究手法として，fMRI や MEG を取り入れる研究室も少なくない．

空間記憶の符号化，貯蔵，検索にともなう脳活動を測定した研究がある（松澤, 2003）．まず被験者は，画面に点灯した3つのスポットの位置と点灯順序を記憶した（符号化）．その後しばらくしてから（貯蔵），スポットがどの位置にどの順序で点灯したか思い出し（検索），その通りに眼球を移動するよう求められた．この課題を行っている最中に fMRI で脳活動を記録した．その結果，スポットの位置を憶える符号化の段階では，空間的な情報を処理する頭頂葉が活動した（図6-4 上）．次の貯蔵段階では右半球の前頭前野が活動し（図6-4 中），検索中は再び頭頂葉が活動した（図6-4 下）．符号化と検索時には，眼の動きとともに後頭葉や前頭眼野にも活動が観察された．これらのことから前頭前野が指令を出し，空間情報を頭頂葉に貯蔵すると考えられる．後頭葉は眼の動きを制御する場所と思われる．

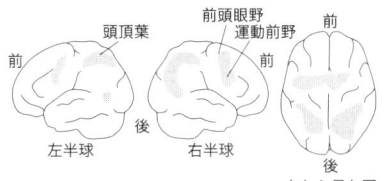

符号化しているときの脳活動

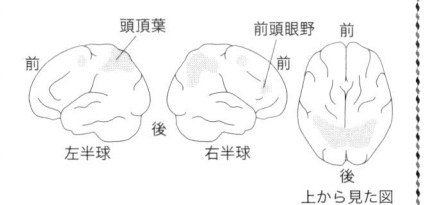

貯蔵しているときの脳活動

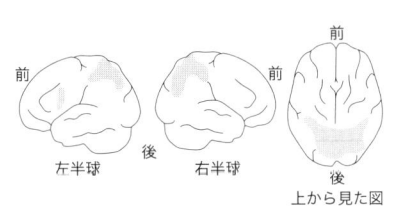

検索しているときの脳活動

**図 6-4　記憶を見る**
（松澤大樹，2003 を改変）

見せるが，記憶のテストであることを気づかれないようにする（偶然目に触れるよう，単語を書いた紙を実験室に貼っておく）．次にこれらの単語に新たな単語を加え，言葉の一部を隠した状態で見せる（表6-1）．被験者に隠した部分を考えて思いついた言葉を回答させ，事前に目にした単語と新しく追加した単語の正答率を比較する．これまでの研究から，事前に単語を見せたほうが正答率は高くなる．これは潜在記憶によるものと考えられている．

### 6-1-4. 記憶の不思議

「効果的な記憶法（楽して憶えられ，いつまでも忘れない方法）があればいいのに」．学生なら誰でも考えたに違いない．一方で「学問に王道なし」とも言われている．いつの時代も学問は努力して身につけるものらしい．「楽して」とまではいかないが，工夫次第で無駄を減らし，効率よく記憶することができる．記憶術と呼ばれる方法はその典型であろう．ここではいくつかの記憶法と，記憶の不思議を紹介する．

a) 効果的な学習法　学習は繰り返し行うことによって完成し，記憶も復唱することによって短期記憶から長期記憶に移行する．この繰り返し学習や復唱を，短期集中的に行うのが集中学習（massed practice）である．これに対し時々休憩を入れ，時間をかけて少しずつ学習するのが分散学習（distributed practice）である．試験の前日集中的に勉強するのと，毎日少しずつ勉強するのとでは，どちらが効果的だろうか？

10個の無意味な単語を記憶する課題では，連続して学習するより休憩時間を入れると効率がよい．これは休憩によって疲れや緊張がとれるためである．また記憶が短期記憶から長期記憶に移行するには，ある程度時間が必要になる．休憩時間を取ることで，長期記憶化が促進されると考えられている．一般的に分散学習のほうが集中学習より勝っている．勉強も一夜漬けより，毎日少しずつ努力したほうが身になりそうである．

課題を最初から最後まで通して学習する方法を，全習法（whole method）と呼ぶ．課題をいくつかのブロックに分割し，それぞれを学習した後で全体を通して学習するのが分習法（part method）である．クラシック曲を練習したり，舞台のセリフや演技を練習するなど複雑で膨大な学習の場合には，分習法

を用いたほうが効果的なこともある．しかしできる限り一つにまとめ，全習法で学習したほうが効率的であるといわれている．

b) 学習の転移　学習した内容は記憶として貯蔵され，後の学習場面で利用される．このとき先の学習成果が後の学習に影響を与えることを，学習の転移 (transfer) という．学習の転移には2通りあり，先の学習が後の学習を促進するように作用するのが，正の転移 (positive transfer) である．たとえば英語をマスターした人は，ドイツ語やフランス語もマスターしやすくなる．自転車に乗れるようになった人は，バイクの運転もすぐ習得するだろう．反対に先の学習が後の学習を妨害するように作用するのが，負の転移 (negative transfer) である．バドミントンの選手がテニスに転向すると，上達するのに時間がかかる．これはバドミントンとテニスで，手首やラケットの使い方が異なるためである．

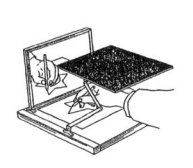

**図6-5　知覚―運動協応学習**
鏡映描写装置に星型図形（右図）を置き，鏡に映った図形を見ながら枠からはみ出さないように鉛筆でなぞる（左図）．初めに逆手で2回，次にきき手で8回，さらに逆手で2回実施する．図形を1周するのに要した時間と，枠からはみ出したエラー数を測定する．1回目の逆手は所要時間も長く，エラー数も恐ろしく多い．しかし4回練習しただけなのに，最後にはきき手と同じ所要時間やエラー数でなぞれるようになる．これはきき手で行った練習成果が，正の転移を起こしたためである．
（村田，1983；心理学実験指導研究会，1985）

学習の転移が顕著に現れるのは，一方の手足で習得したことが他方の手足にもおよぶ両側性の転移 (bilateral transfer) である．もともと右ききだった野球選手が，練習によってスイッチヒッターになったり，きき足が左だったサッカー選手が，右足でもボールを操れるようになるのも両側性の転移である．両側性の転移は知覚―運動協応学習で観察できる（図6-5）．右手で学習したことは脳の左半球に入力し，左右の半球をつなぐ神経線維を通って右半球に伝えられる．この情報が左手の運動に促進的に作用すると考えられる．きき手を失った患者がリハビリによって反対側の手を使えるようになるのも，両側性の転移が働くためである．

c) レミニッセンス現象　記憶は学習した直後に最も良く保持されており，時間がたつにしたがって減衰する．ところが学習した直後より，ある程度時間

が経過したほうが良く思い出せる場合がある．これがレミニッセンス（reminiscence）現象である．学習のさいには，正しい反応と同時に誤った反応や妨害反応も学習される．しかし誤反応や妨害反応は弱いため，急速に減衰する．その結果，後になるほど正反応が出現しやすくなるのである．

レミニッセンス現象には2種類あり，意味のある言葉の記憶は学習直後より数日後に向上する．これをバラード―ウイリアムズ（Ballard-Williams）現象という．無意味な言葉のつづりでは，数分程度の短い時間の後で記憶が向上する．こちらはワード―ホヴランド（Ward-Hovland）現象という．

d）フラッシュバルブ・メモリー　大事件や大災害の記憶は人の心に強烈に焼き付けられ，長い間忘れられることはない．ブラウンとクリフ（1977）は，ケネディ大統領やキング牧師の暗殺事件について人々の記憶を調査した．その結果，事件を知った時に自分がどこにいたか何をしていたかなど，その時の状況を良く記憶していたのである．彼らはこのような記憶をフラッシュバルブ・メモリー（flashbulb memory）と呼び，その時の脳活動によって神経学的変化が生じると考えた．

しかしフラッシュバルブ・メモリーについては不明な点が多い．世間の関心を引いた事件や災害は，マスコミに取り上げられ繰り返し報道される．その結果復唱が起こり，記憶されやすくなるという考えかたもある．いずれにしても心に焼きつくような強烈な出来事は，長く記憶に残るらしい．

e）記憶術　ビデオやカメラは，撮影された被写体を正確に記録することができる．しかし記憶はビデオやカメラと異なり，事実をそのまま貯蔵するわけではない．入力してくる様々な情報を符号化し，意味を与え，分類したり関連づけたりしながら記憶する．このような情報処理によって，より多くの情報をより確かな記憶として貯蔵できるのである．

たとえば無意味な数字でも，意味ある文章にすると記憶しやすくなる．受験生のときに，「火縄くすぶるフランス革命（1789年）」，「いい国造ろう鎌倉幕府（1192年）」のように年代を憶えたことがあるだろう．テレビのコマーシャルでも，仕事の内容を表す文章で電話番号を意味付けするものを見かける．意味付けによって視聴者に憶えてもらえるためである．

また先に紹介したチャンクのように，情報をいくつかのまとまりに分けるこ

鉱物の名前

サファイア、青銅、鉄、粘板岩、プラチナ、真鍮、ルビー、鉛、大理石、金、花崗岩、銅、エメラルド、銀、鋼鉄、アルミニウム、石灰岩、ダイヤモンド

体制化された記憶

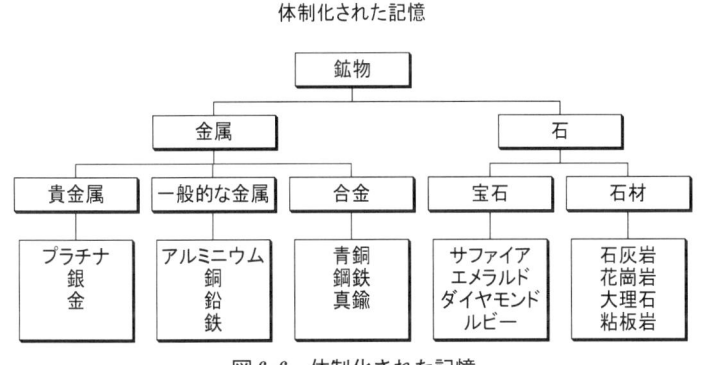

```
                    鉱物
              ┌──────┴──────┐
            金属            石
         ┌───┼───┐       ┌───┴───┐
       貴金属 一般的な金属 合金  宝石    石材
       プラチナ アルミニウム 青銅  サファイア 石灰岩
       銀      銅          鋼鉄  エメラルド 花崗岩
       金      鉛          真鍮  ダイヤモンド 大理石
               鉄                ルビー    粘板岩
```

図 6-6　体制化された記憶
（バウアーら，1969 を改変）

とで記憶の範囲を広げることができる．9桁の数字308495762を，3億849万5762などと記憶するのはたいへんである．しかし3桁ずつまとめて（308），（495），（762）とすれば記憶しやすくなる．

　記憶する項目を分類し，類似したものや同じグループに属するものをまとめると記憶しやすくなる．これは体制化（organization）と呼ばれる．バウアーら（1969）の実験では，記憶する項目として鉱物の名前が用いられた（図6-6）．これらの名前をランダムに見せたらどうだろうか．一度に憶えるのはかなり困難だろう．しかし同じ特徴をもった鉱物どうしをまとめ階層化した場合には，憶えやすく感じるだろう．実験結果も，ランダムに見せた場合より体制化したほうがずっとよい成績を示した．

　膨大な量の情報──演説や物語など──を効果的に記憶する方法に，記憶術（mnemonics）がある．古代ローマの哲学者キケロは，記憶術を駆使して演説を行っていたことが知られている．彼の方法は，会場の柱に演説内容を結びつけるものであった．壇上から演説するさいに会場の柱を見下ろし，柱のひとつひとつに結びついた内容を思い出しながら演説を行ったのである．このように

見慣れた場所や部屋の様子をイメージし，そこに配置されている物や家具に記憶すべき内容をひとつづつ結びつけるのである．この方法は場所法（method of locations）と呼ばれている．たとえば公園をイメージしてみよう．まず入口にある公園の看板が目に入ってくる．左手には鉄棒があり，右手には滑り台．滑り台の奥にブランコと砂場．公園の中央には噴水があり，いちばん奥には大きな桜の木が植えてある．次にこれらの遊具や物体に記憶すべき項目を結びつけるのである．体制化のところで用いた鉱物の名前（図6-6）を取り上げてみよう．入口にある「看板」は「サファイア」でできており，左手の「鉄棒」には「エメラルド」の飾りがついている．………．「砂場」には「ダイヤモンド」が埋められていて，「桜の木」には「ルビー」の実がなっているという具合に記憶する．思い出すときには公園を散歩しているところをイメージし，入口に来ると「サファイアの看板」があり，左側には「エメラルドの鉄棒」，………，いちばん奥には「ルビーの実がついた桜の木」というふうに順々に鉱物の名前を思い出すのである．イメージ化は，記憶を向上させる上で有効な方法である．

## 6-2. 忘却とは？

一度獲得した情報は，長期記憶に移行しない限り永続するわけではない．記憶として貯蔵されないものもあれば，時間経過とともに消滅する記憶もある．またある記憶は消滅したわけでもないのに，思い出せない場合がある．このように，記憶内容を消失したり思い出せなくなることを忘却（forgetting）と呼ぶ．

### 6-2-1. 忘却の不思議

忘却はなぜ起るのか．その原因を明らかにするため様々な実験が行われてきた．忘却の理由として，次のようなことが考えられている．

a）固定の妨害　入力した情報は直ちに長期記憶になるわけではない．長期記憶になるには多少の時間を必要とする．この間に何らかの妨害刺激が加えられると，記憶が妨げられ失われることになる．

迷路のゴールにエサを置き，ネズミにその位置を学習させてみよう．たとえ

学習しても，その記憶はまだ長期記憶に移行していない．この間に電気ショックを与えたりスコポラミン（scopolamine）という向精神薬を注射すると，記憶が阻害される．記憶が長期記憶に移行するのを，電気ショックやスコポラミンが妨害するためである．ネズミはゴールの位置を忘れ，迷路の中をさまよい歩くことになるのである．

b）自然崩壊　情報を記憶すると，脳内に記憶痕跡（memory trace）が形成されると考えられている．この記憶痕跡は放っておくとしだいに減衰し，時間とともに消滅する．これが自然崩壊である．受験のために必死で憶えた英単語や歴史の年代も，大学に入学して使用しなくなると忘れていくのである．

c）干渉　パーティなどで自己紹介をする．最初の人は○○さん，次が△△さん，その次が□□さん，…．ところが次々に名前を紹介され，全員の紹介が終わった頃には誰が誰だかわからない，ということもしばしばである．記憶した内容どうしが混乱し，思い出せなくなる現象を干渉（interference）と呼ぶ．

2文字からなる10個の無意味なつづりを，示された順に記憶する実験がある．系列学習（serial learning）と呼ばれるこの記憶実験では，記憶した順番によって憶えやすさに違いがでる．すなわち最初と最後に憶えたつづりは記憶が良く，順番が中央付近のつづりはなかなか憶えられない．これが系列位置効果（serial position effect）である（図6-7）．自己紹介では最初や最後に紹介された人の方が憶えやすく，順番が中央付近の人は憶えにくい．これはたくさんの項目を順に記憶しようとすると，古い記憶内容（先に憶えた記憶内容）が新しい記憶内容（後から憶えた記憶内容）を妨害するためである．これを順向抑制（proactive inhibition）と呼ぶ．反対に新しい記憶内容も古い記憶内容を妨害する．これを逆向抑制（retroactive inhibition）と呼ぶ．最初の記憶項目は逆行抑制の影響を受けるが，順行抑制の影響はない．最後の記憶項目は順行抑制の影響を受けるが，逆行抑制の影響はない．これに対し中央付近の記憶項目は前から順向抑制の影響を受け，後ろからは逆行抑制の影響を受ける．加えて最初の項目は初めであるため憶えやすく（初頭効果；primacy effect），最後の項目は憶えたばかりなので記憶に残りやすい（新近性効果；recency effect）．その結果，最初や最後の項目は記憶に残りやすく，中央付近の項目は記憶しにくくなるのである．

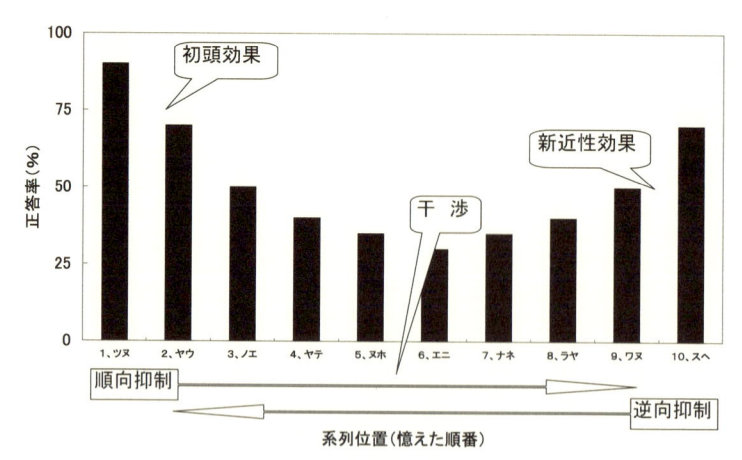

図6-7 系列位置効果と干渉

干渉は記憶する内容が類似しているほど生じやすい．試験勉強を効果的に行うには，暗記科目を最初か最後に行う．最後に行った場合は，逆向抑制を受けないようすぐ眠るとよい．内容の類似した科目を続けて勉強するのを避け，異なった内容の科目を組み合わせたほうが干渉も起きにくい．

d) 検索の失敗　記憶を思い出すことができないからといって，必ずしも憶えたことが消滅したわけではない．先に紹介した長谷川式簡易知能検査のように，たとえ記憶した単語（桜，猫，電車）を思い出せなくても，「花の名前です」，「動物です」，「乗り物です」などと手掛かりを与えると思い出すことがある．これは記憶が消滅したのではなく，単に思い出せなくなっていたに過ぎない．つまり記憶の検索に失敗したためと考えられる．適切な手掛かりさえ与えられれば，記憶を思い出すことができるのである．

e) 抑圧　長い人生には思い出したくない出来事や，忘れてしまいたい記憶もあるだろう．幼少時に虐待やいじめを受けた記憶，戦争や災害で肉親を失った悲しみの記憶．このような記憶を思い出し意識に上らせ続けると，不快な感情（罪悪感，羞恥心，悲しみ，憎しみ）にとらわれて心の平安が失われる．精神分析学を確立したフロイトは，不快な記憶や感情から自我を守る無意識の働きを，防衛機制（defense mechanism）と呼んだ．基本的な防衛規制の1つが，不快な記憶や感情を無意識に押し込める抑圧（repression）である．抑圧

された記憶や感情は意識から締め出され，思い出すことはない．しかし消滅したわけではなく，無意識の中に心の傷（コンプレックス；complex）として

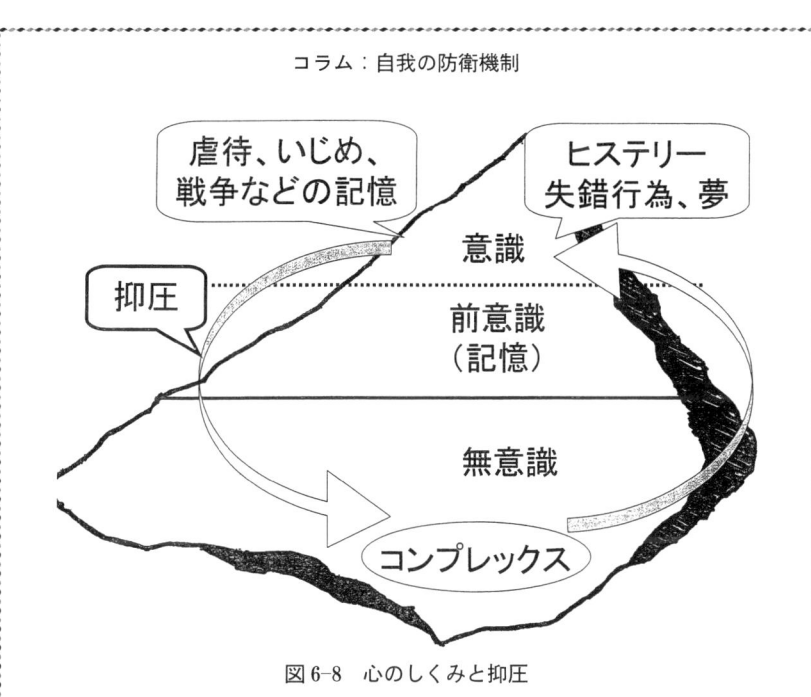

---

**コラム：自我の防衛機制**

（図中ラベル）
- 虐待、いじめ、戦争などの記憶
- ヒステリー 失錯行為、夢
- 抑圧
- 意識
- 前意識（記憶）
- 無意識
- コンプレックス

図 6-8　心のしくみと抑圧

　日常生活で体験する様々な出来事の中で，羞恥心，悲しみ，性欲など不快な感情を引き起こす記憶は無意識へ抑圧される．ひとたび抑圧された記憶や感情は，良心や道徳心の働きにより検閲を受けるため，意識に上ることはない．そのため何ごともなかったように生活することができる．ところが何かのきっかけで抑圧された記憶や感情が意識に上り，その人の身体や行動に影響をおよぼすことがある（図 6-8）．ヒステリーは抑圧された感情が身体反応に転化し，医学的には異常がないのに手足が麻痺して動かない，声が出ないなどの症状が現れる．うっかりいい間違ったり，聞き間違ったりするのが失錯行為である．日頃から良く思っていなかった知人の葬儀で，「本日はおめでとうございました」などとあいさつすることになる．性欲などの衝動的な欲望は夢に現れることが多い．そのさい良心の検閲によって歪曲されたり，シンボルに形を変えたりする．ナイフを持った男に襲われる夢，空家に忍び込んで金庫をこじ開ける夢では，ナイフは男性性器，金庫は女性性器のシンボルである．

残存する．このコンプレックスが何かのおりに意識に上り，ヒステリー，失策行為，あるいは夢になって現れる．

　抑圧は心の平安を維持し，自我を守る無意識のメカニズムである．日常生活の中で有効に機能している．しかし無意識の働きであることから，本人も自覚しないまま習慣化することがある．その場合，現実逃避や責任逃れなどの問題行動が生じることもある．

### 6-2-2. 病的な忘却

　犯罪や戦争などで強い心理的ショックを受けると，一時的に記憶を失うことがある．交通事故で脳に損傷を受けたり，アルツハイマー病によって病的変性が生じた場合にも記憶障害が起る．ショックや脳損傷によって生じる忘却を健忘症（amnesia）という．健忘症にはそれ以前の古い記憶が失われる逆向性健忘（retrograde amnesia）と，それ以後の新しい記憶を保持できなくなる前向性健忘（anterograde amnesia）がある．

　a）心因性の記憶障害　強いストレスやショッキングな出来事によって，一時的に記憶を失うことがある．脳に異常は見られず，心理的な原因によって生じる記憶喪失を心因性の記憶障害と呼ぶ．心因性の記憶障害は苦痛となる出来事から逃避するために生じ，抑圧によって記憶を失ったものと考えられている．

　街中をさ迷っているときに保護され，「自分が誰だかわからない」と訴えるケースがある．家庭や職場に問題があり，突然失踪する場合もある．発見された時には全く異なった人間として暮らしており，以前の自分を思い出すことができない．戦争や犯罪被害に遭ってショックを受けると，その体験がトラウマとなることもある．心の平安を取り戻し落ち着いたように見えても，何かのきっかけで記憶が蘇り，恐怖，身体の震え，不眠に悩まされたりする．

　b）器質性の記憶障害　ケガや病気で脳がダメージを受け，記憶を失うのが器質性の記憶障害である．

　H. M. のイニシャルで知られるこの患者は，てんかんの発作に苦しめられていた．治療のため，27歳の時に両側の側頭葉を切除する手術を受けた．切除された部位には，記憶にとって重要な海馬（hippocampus）が含まれていた．術後，H. M. は記憶障害を訴えるようになった．なかでも手術後の新しい出来

事を憶えられず（前向性健忘），自分が住んでいる場所や自分の世話をしてくれる人のことを記憶できなかった．手術前の古い記憶は比較的良好に保たれており，人格や知能も正常であった．

　N. A. はフェンシングの剣が誤って鼻腔に入り，脳を貫通するというケガを負った．幸い生命に別状はなかったが，以来その日あった出来事を思い出すことが困難になった（前向性健忘）．しかし過去の記憶は良好に維持されていた．後の検査によって視床（thalamus）の一部に損傷が見つかった．

　一方物忘れというと，認知症を連想する人も少なくないだろう．年をとると誰でも記憶力が低下する．しかしアルツハイマー病（Alzheimer disease）による認知症は，脳の病的変性が原因で起こる．初期には今日が何日なのか，自分がどこにいるのかわからなくなる見当識障害（disorientation）が現れる．外出して迷子になったり，サイフを置いた場所を忘れて，「泥棒が入った」とか「嫁がとった」などと訴えることもある．病状が進むと衣服の着脱，火の始末，食事の後片づけができなくなり，家族や知人の顔を見ても誰だか思い出せなくなる．数年〜10数年の経過を経て末期状態にいたり，精神機能が失われ会話や意思疎通も困難になる．

## 参考文献

道又　爾・北崎充晃・大久保街亜・今井久登・山川恵子・黒沢　学．2003．認知心理学．有斐閣．東京．
篠原彰一．1998．学習心理学への招待．サイエンス社．東京．
高野陽太郎（編）．1995．認知心理学2　記憶．東京大学出版会．東京．
梅本堯夫・大山　正・岡本浩一．1999．心理学　心のはたらきを知る．サイエンス社．東京．
山内光哉・春木　豊（編著）．2001．グラフィック学習心理学．サイエンス社．東京．

## 引用文献

Bower, G. H., Clark, M. C., Lesgold, A. M., & Winzenz, D. 1969. Hierarchical retrieval schemes in recall of categorized word lists. *Journal of Verbal Learning and Verbal Behavior*, 8: 323-343.
Brown, R. & Kulik, J. 1977. Flashbulb memories. *Cognition*, 5: 73-99.
Ebbinghaus, H. von. 1885. *Über das Gedachtnis*. Duncker und Humdoldt. Leipzig.

宇津木　保（訳）．1978．記憶について．誠信書房．東京．
松澤大樹（編著）．2003．目で見る脳とこころ．日本放送出版協会．東京．
村田孝次．1983．教養の心理学．培風館．東京．
心理学実験指導研究会（編）．1985．実験とテスト＝心理学の基礎（実習編）．培風館．東京．
Yanai, S., Okaichi, Y., & Okaichi, H. 2004.　Long-term dietary restriction causes negative effects on cognitive functions in rats. *Neurobiology of Aging*, 25: 325–332.

# 第7章

# 学習と記憶の脳内メカニズム

稲田尚史

## 7-1. 神経のメカニズム

　人の脳は約100億個の神経細胞（neuron）の集合体である．神経細胞の基本的な形態は，核を持つ細胞体（soma）とそこから木の枝のように突き出た複数の樹状突起（dendrite），および1本の長く伸びた軸索（axon）からなる．軸索は髄鞘（myelin shealth）と呼ばれる絶縁物で覆われたものと，髄鞘を持たないものとがあり，それぞれ有髄神経・無髄神経という．有髄神経では髄鞘間に軸索が露出した部分があり，これをランビエ絞輪という．軸索の終末部分はいくつかに枝分かれしており，その先端は他の神経細胞の樹状突起にある小さな棘（樹状突起棘；dendritic spine）と，シナプス（synapse）と呼ばれる構造で結合している．神経細胞の働きは多様であるが，基本的には外界からの刺激やシナプスによって伝えられた刺激を受けて，その情報をさらに他の神経細胞へと伝えることである．神経細胞は複雑に結合してネットワークを構成している．神経細胞ネットワークの活動により情報が伝えられ，蓄えられて，さまざまな行動が生み出されるのである．

### 7-1-1. 神経の生理学的メカニズム

　神経細胞は外界やシナプスから刺激を受けると，一過性の急激な電気活動を生じる．これを活動電位（action potential），または神経インパルスと呼ぶ．活動電位は，特定のイオンを透過させる通路とアデノシン3リン酸（ATP: adenosine triphosphate）をエネルギーとするイオン・ポンプの働きによっ

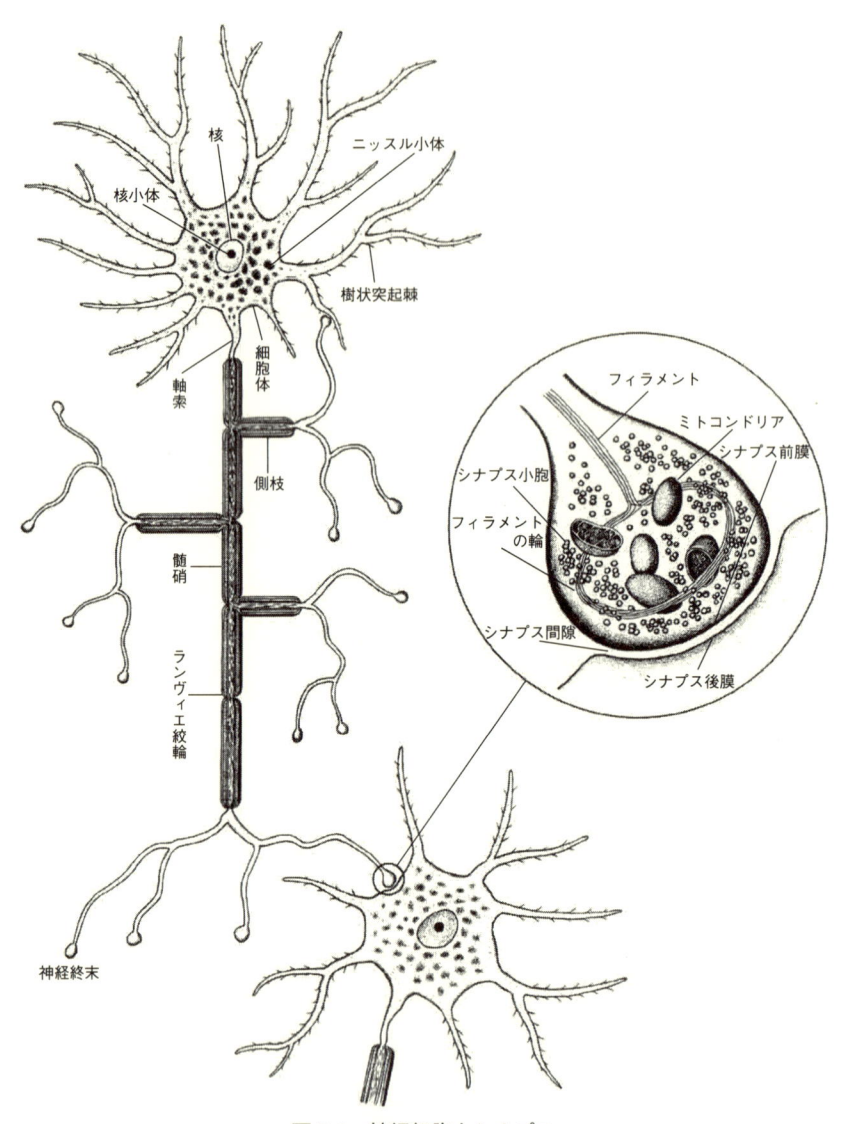

**図 7-1　神経細胞とシナプス**
神経細胞と神経細胞の連結部分であるシナプスの代表的構造を示す．神経細胞は1対1の結合をしているわけではなく，複数のシナプスで複雑に結合している．（塚田，1977）

て発生する．発生した活動電位がシナプスに到達すると，接続している神経細胞の受容体（receptor）に対して神経伝達物質（neurotransmitter）が放出され，隣接する神経細胞の活動がコントロールされて情報が伝えられていく．

### 7-1-2. 静止膜電位

神経細胞は，細胞膜により細胞内部と外部とを区切られた閉じた袋状の形態をもち，通常，細胞内ではカリウムイオン（$K^+$）濃度が高く，細胞外ではナトリウムイオン（$Na^+$）濃度が高い状態となっている．そのため細胞内部では，細胞外部に比べ 70 ミリボルト程低い値が保たれている．これを静止膜電位（resting membrane potential）という．

細胞膜には特定のイオンを透過させるイオン・チャンネル（ion channel）と呼ばれる通路があり，その代表的なものは $Na^+$ イオンを透過する $Na^+$ チャンネルと，$K^+$ イオンを透過する $K^+$ チャンネルである．通常の状態では $Na^+$ チャンネルのほとんどは閉じており，$K^+$ チャンネルの大部分は開いている．チャンネルによって細胞膜の選択的イオン透過性が保たれている．そのために $K^+$ の濃度の高い細胞内から，濃度の低い細胞外への拡散が生じることになる．しかし細胞内外の $K^+$ 濃度が均等になるまで，$K^+$ の拡散が続くわけではない．細胞外の $Na^+$ からの反発力と，$K^+$ 流出により生じた細胞内の負電荷からの引力によって，一定量の流出後に安定し細胞内外に電位差が生じる．これが静止膜電位である．しかし少数の $Na^+$ チャンネルが開いていることと，$Na^+$ が細胞内へ侵入しようとする電気的な力が非常に強いことから，そのままではしだいに細胞内 $Na^+$ 濃度が増大する．その結果 $K^+$ も細胞外へ出て行くことになるので，最終的には電位差が 0 となってしまう．そうならないのは，細胞内

**図 7-2 イオン・ポンプの働き**

カリウムイオンは軸索内から軸索外へと流出するが，イオンポンプの働きにより軸索内へと戻される．また，軸索内へ流入したナトリウムイオンは，同じく軸索外へと戻され静止膜電位が発生する．（岡市，1995）

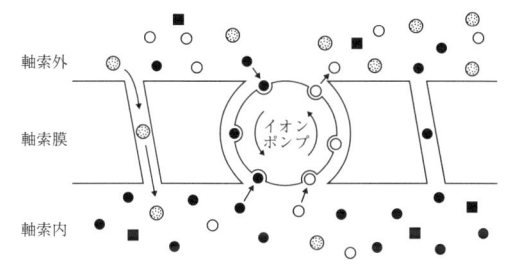

○ ナトリウムイオン（$Na^+$）膜をほとんど通過できない
● カリウムイオン（$K^+$）
◎ 塩素イオン（$Cl^-$）　膜を通過できる
■ 蛋白質イオン（$A^-$）膜を通過できない

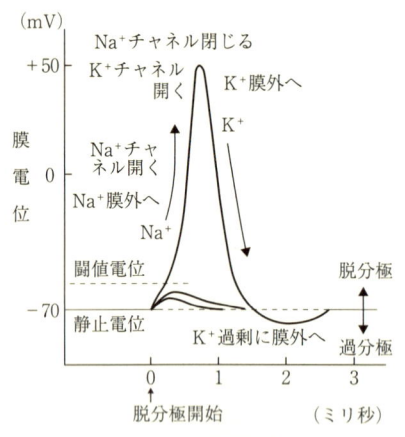

の$Na^+$を細胞外に排出し，$K^+$を細胞内に戻すイオン・ポンプ（$Na^+$－$K^+$ポンプ）が作用していることによる．それにより細胞内外でのイオン濃度差が常に一定に保たれるのである．

### 7-1-3. 活動電位

神経細胞は一定強度以上の刺激が加えられると興奮した状態となり，活動電位と呼ばれる一過性の電位変化を起こす．神経の興奮では，通常閉じている$Na^+$チャンネルが一斉に開き，やや遅れて$K^+$チャンネルの解放数が増加する．$Na^+$チャンネルの解放時間は1ミリ秒ほど，$K^+$チャンネルの解放数増加は1～2ミリ秒のごく短時間である．その結果，まず細胞外の$Na^+$が細胞内に流入することで電流が生じ，細胞内の電位がプラス側に変化する脱分極（depolarization）と呼ばれる現象が生ずる．その電位は＋35～＋50ミリボルト程度まで瞬時に到達する．$Na^+$チャンネルが閉じると同時に電位は急速に下降し，さらに$K^+$イオンの細胞外への流出にともなって，平常時よりもさらにマイナス側に移行する過分極（hyperpolarization）が生じる．その後イオン・チャンネルの状態は平常に戻るので，イオン・ポンプの働きによって細胞内外のイオン濃度ももとの状態へ戻り，静止膜電位へと移行する．

**図7-3 活動電位**
ナトリウムチャンネルの解放に伴い，膜電位は静止電位から急速に陽性方向へ向かうが，ナトリウムチャンネルの閉鎖とカリウムチャンネルの解放に伴い，電位は急速に陰性方向へ向かい過分極を経て静止電位に戻る．（岡市，1995）

---

### コラム：フグは喰いたし命は惜しし

冬の味覚の王様といわれるフグに毒があることはよく知られている．表題の諺は，おいしいフグは食べたいが毒にあたって死ぬのもいやだ，という葛藤状態を表している．

フグの毒はテトロドトキシンという物質で，その抽出や構造の解明，合成などがすべて日本人の研究成果であることはあまり知られていない．テトロドトキシンは

青酸カリの 1000 倍以上の毒性を持っており，約 2 ミリグラム程度の摂取で成人の致死量となる．中毒症状は手足のしびれから始まり，知覚・運動麻痺から全身麻痺へと移行し，最終的には意識の消失および呼吸停止に至る．これらの症状からわかるように，テトロドトキシンは神経・運動機能に作用する毒物である．

テトロドトキシンは神経細胞や筋肉細胞の $Na^+$ チャンネルに選択的に作用し，$Na^+$ チャンネルの解放を抑制する．そのため神経細胞が活動電位を発生させることができなくなり，さまざまな麻痺症状が現れるのである．ちなみに，フグの神経細胞の $Na^+$ チャンネルはテトロドトキシンの作用を受けないので，フグが自分の毒で中毒になることはない．フグ毒は猛毒であるが含まれる部位は限られているので，資格を持った調理師がそれらを取り除いたものを食する限り安全である．

### 7-1-4. 活動電位の伝導

神経細胞の一部分に脱分極が生じると，隣接部位が刺激されて脱分極が連鎖的に生じ，活動電位が神経細胞内を伝導する．一旦脱分極を生じた部位は，数ミリ秒の間反応しなくなる不応期（refractory period）を持つので，伝導方向は一方向となる．一般には細胞体または樹状突起が刺激を受けることになるので，活動電位は細胞体から軸索終末へ向けて伝導していく．また隣接部位で脱分極が繰り返されることにより，軸索の長さにかかわらず，活動電位は減衰することなく終末まで伝導される．

活動電位の伝導速度は軸索が太いほど速く，髄鞘と呼ばれる鞘で覆われた有髄神経では，鞘のない無髄神経よりはるかに速い．たとえば，運動神経などの 12～20 マイクロメートルの直径を持つ有髄神経の伝導速度は，秒速 70～120 メートルに達する．これに対して，直径 0.3～1.3 マイクロメートルの痛覚神経など細い無髄神経では，秒速 0.5～1.2 m 程度の伝導速度である．軸索が太いと内部抵抗が少なく，一旦活動電位が生じるとより遠くの部位に次の活動電位を生じさせることから，伝導速度が速くなるのである．また髄鞘は絶縁体なので，これに覆われた部分では活動電位は効率的に伝導し，さらに髄鞘間の軸索が露出したランビエ絞輪で新たに活動電位が生じるため，一旦生じた活動電位は減衰することなく高速で伝導される．このように活動電位が次々にランビエ絞輪間を伝わっていくことを，跳躍伝導（saltory conduction）という．

### 7-1-5. 活動電位の伝達

ここまで単一の神経細胞内での情報伝達を活動電位として見てきたが,神経細胞間での情報の受け渡しはどのようになっているのであろうか.先述したように,神経細胞は軸索終末と樹状突起の間のシナプスと呼ばれる構造によって接続している.しかしシナプスは物理的に細胞間を結合しているわけではなく,約 150〜500 オングストローム($10^{-10}$ メートル)のシナプス間隙という隙間で接している.そのため神経情報は,神経伝達物質とよばれる化学物質によって,隣接する神経細胞へと伝えられる.

軸索終末部には,シナプス小胞(synaptic vesicles)と呼ばれる神経伝達物質が詰まった袋が多数存在している.活動電位が終末部に到達すると,$Ca^{++}$ チャンネルが一斉に開き,終末部の $Ca^{++}$ 濃度を急速に高める.$Ca^{++}$ の作用によってシナプス小胞がシナプス終端に向かって移動し,最終的にはシナプス終端の細胞膜と融合して破れ,神経伝達物質がシナプス間隙に放出される.シナプスで接続されている神経細胞には,神経伝達物質を受け止める受容体がある.この受容体に神経伝達物質が結合することによって,直接的あるいは間接的にイオン・チャンネルが解放され,プラス側またはマイナス側への電位変化を生じさせる.プラス側の電位変化を生じさせ,シナプス後の神経細胞を興奮させるシナプスを興奮性シナプス,マイナス側の電位変化を生じさせ,シナプス後の神経細胞の興奮を抑制するシナプスを抑制性シナプスという.放出後の神経伝達物質は酵素によってすみやかに分解されるか,終末部に再取り込みされる.神経伝達物質が受容体に取り込まれた後のプラス側への電位変化を,興奮性シナプス後電位(EPSP: exitatory postsynaptic potential),マイナス側への電位変化を,抑制性シナプス後電位(IPSP: inhibitory postsynaptic potential)という.

活動電位は刺激がある一定の閾値電位を越えた場合に生じ,それ以下では生じない(全か無かの法則;all or none law).単一のシナプスで生ずる EPSP や IPSP は小さいので,それだけで隣接する神経細胞の活動電位を変化させることはない.しかし神経細胞は多数のシナプス接続を持っているので,神経細胞に接続しているシナプスからの EPSP および IPSP の総和が閾値電位を超えた場合に,活動電位が生じ情報が伝達される.すなわち EPSP は見かけ上の

閾値電位を引き下げ，神経細胞をより興奮しやすくする働きを持ち，IPSP は閾値電位を引き上げ，神経細胞をより興奮しにくくする働きを持つといえる．

神経伝達物質としてはグルタミン酸，γ―アミノ酪酸（GABA）などのアミノ酸類，アセチルコリン，カテコールアミン系（ドーパミン，ノルアドレナリン，セロトニンなど）などのアミン類やペプチド類がある．これらの物質は受容体と結合し，神経細胞のイオン・チャンネルの作用を決定づける．しかし同一の物質であっても受容体のタイプにより作用が異なるなど，その働きは複雑である．

---

**コラム：うつ病の新しい治療薬**

うつ病は，セロトニンやノルアドレナリンによって神経伝達を行っているシナプスの機能障害であると考えられている．シナプスにおけるセロトニンやノルアドレナリンの欠乏によって，神経細胞間の情報伝達が十分に行われなくなることが原因の1つであると考えられる．

従来うつ病の治療には，3環系や4環系と呼ばれる抗うつ薬が使われていた．これらの薬物は，セロトニンやノルアドレナリンのシナプスでの濃度を高める作用があるが，その他の神経伝達物質が作用するシナプスにも影響する．このため副作用に注意する必要があった．近年，第3世代・第4世代とよばれる抗うつ薬が登場し，副作用が軽減され治療効果が向上している．第3世代抗うつ薬は SSRI（selective serotonin reuptake inhibitor），第4世代抗うつ薬は SNRI（serotonin and noradrenalin reuptake inhibitor）といい，合わせて SRI（serotonin reuptake inhibitor）と呼ばれることもある．SRI はセロトニンやノルアドレナリンが作用するシナプスに選択的に働き，シナプス間隙に放出された神経伝達物質の再取り込みを抑制して，シナプスでの濃度を高める働きを持っている．

---

## 7-2. 神経系の構造と機能

ヒトの行動は，神経細胞のネットワークである神経系によって支えられている．神経系は中枢神経系（central nervous system）と末梢神経系（peripheral nervous system）に二分される．中枢神経系は脳と脊髄とで構成されており，末梢神経系は求心性の感覚神経および遠心性の運動神経からなる体性神経系

(somatic nervous system) と，内臓や内分泌の機能を自動的に制御する自律神経系（autonomic nervous system）から構成される．

## 7-2-1. 中枢神経系の構造と機能

中枢神経系は脳（brain）と脊髄（spinal cord）とに分けられる．脳と脊髄は，頭蓋骨および脊柱骨とその内部に満たされた脳脊髄液によって守られている．脊髄は脳から体のすみずみに張り巡らされた神経線維の束である．この神経線維はネットワークを構成しており，膝蓋腱反射をはじめとする運動性反射と，自律反応の一部を司っている．脳は延髄，橋，小脳，中脳，間脳，大脳に分けられる．脳は脊椎動物にとって共通の構造であるが，大脳の発達は種によって大きな差があり，人でもっとも発達している．

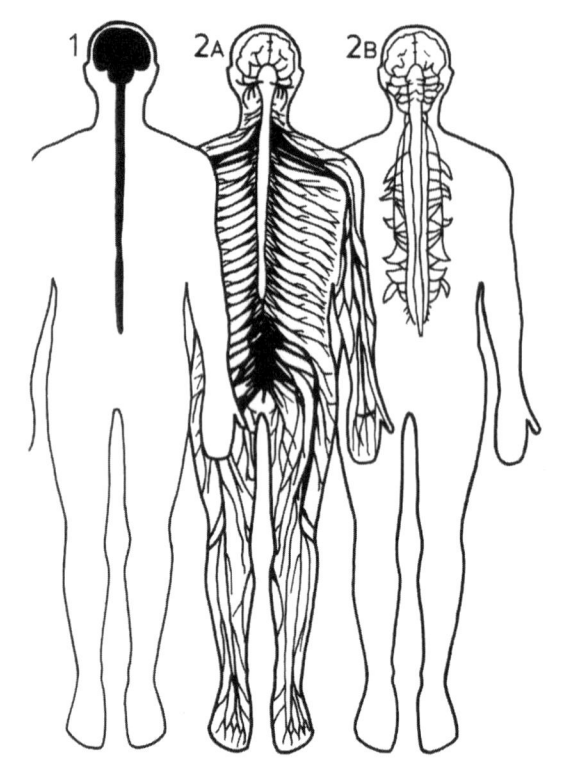

図7-4 中枢神経系と末梢神経系
1が脳と脊髄からなる中枢神経系，2が末梢神経系である．2Aは体性神経系，2Bは自律神経系を示す．（ダイヤグラム・グループ，1982）

延髄は脊髄の延長上にあり，そのさらに上にある小脳の左右半球をつなぐ部分を橋という．延髄，橋，中脳，間脳および大脳の基底部を総称して脳幹と呼ぶ．そこには脳幹網様体といわれるさまざまな型の神経細胞と神経線維の集合体があり，心臓血管系の働きや呼吸，覚醒水準の調節が行われている．小脳は平衡感覚情報や視・聴覚情報を受けて，筋運動や筋緊張の調節を行い，大脳運動野とも連絡している．中脳は視覚・聴覚情報を中継しており，眼筋運動や瞳

孔反射，聴覚性反射を司る．
間脳は中脳の上方への延長にあり，視床（thalamus）と視床下部（hypothalamus）で構成される．視床は嗅覚を除く感覚情報や運動情報を中継し，大脳の各感覚野に送る働きをしている．視床下部は自律機能を調節する中枢である．

大脳は脳幹につながる2つの半球から構成されており，脳梁という神経線維の束でつながれている．大脳は進化が進むにつれて大きさを増し，限られた頭蓋骨の中に収められるように表面にはたくさんのしわが刻まれている．人の大脳を拡げると，およそ新聞紙1枚分の面積になるといわれている．

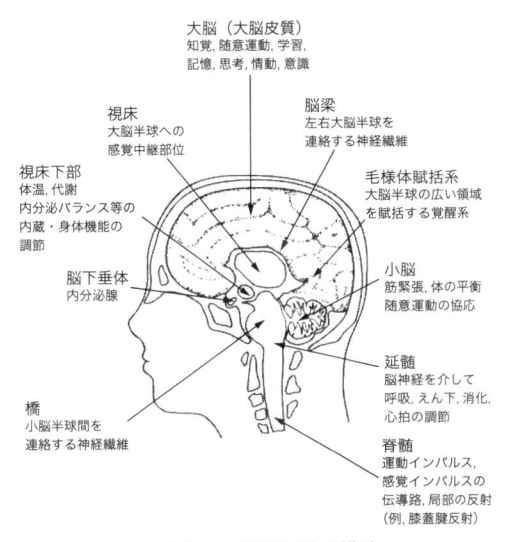

**図 7-5 中枢神経系の構造**
脳と脊髄の断面として中枢神経系の構造と機能を示す．
（ヒルガードら，1975）

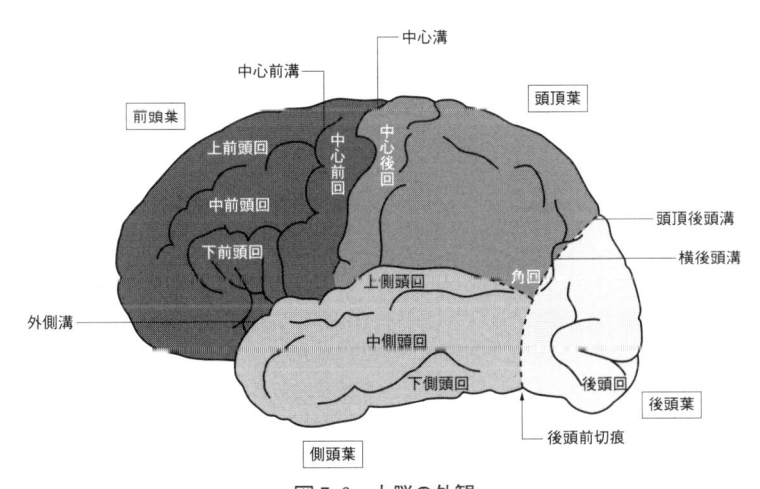

**図 7-6 大脳の外観**
大脳の左側頭面．前頭葉，頭頂葉，側頭葉，後頭葉，および溝，回を示す．

大脳の表面2〜4ミリほどの部分は神経細胞が多数存在する灰色の部分で，大脳皮質または灰白質と呼ばれる．またその内側のより白く見える部分は神経線維が多数存在する部分で，大脳髄質または白質と呼ばれる．

大脳の構造は，大脳に刻まれたしわである溝と溝との間の膨らみである回によって，外見上4つの領野に分けられる．それぞれの領野は，大脳の頭頂部から出ている中心溝より前部の前頭葉（frontal lobe），側面を斜めに横切る外側溝（シルヴィウス溝）上部で，

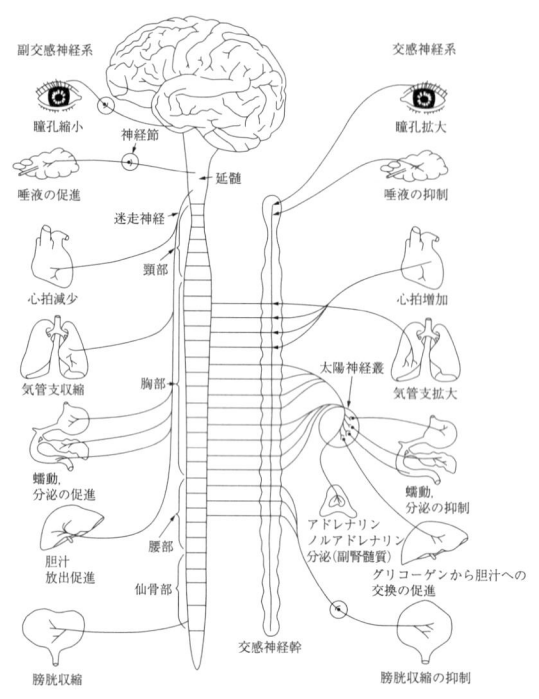

**図7-7　自律神経系の働き**
交感神経系は脊髄の胸部および腰部から各器官へ向かっており，副交感神経系は延髄と仙骨部から各器官へ向かっている．両神経系の働きは，それぞれ拮抗していることがわかる．（ヒルガードら，1975）

中心溝および頭頂部と後頭部を分ける角回によって区切られる頭頂葉（parietal lobe），外側溝下部側面の側頭葉（temporal lobe），角回よりも後部の後頭葉（occipital lobe）である．前頭葉は認知，思考，判断などのいわゆる高次機能を，頭頂葉は体性感覚・運動機能を，側頭葉は聴覚機能，後頭葉は視覚機能を主に司っている．さらに大脳半球の内側には大脳辺縁系（limbic system）がある．大脳辺縁系は扁桃体（amygdala），帯状回および海馬（hippocampus）からなる部分で，大脳の中では発生学的にもっとも古く，情動や記憶と関係している．

### 7-2-2. 末梢神経系の構造と機能

末梢神経系は，感覚器からの入力である感覚神経と，筋肉への指令を出力する運動神経からなる体性神経系，および内臓や内分泌の自動的調節を行う自律神経系に分けられる．

体性神経系は脳に出入りする脳神経と，脊髄に出入りする脊髄神経に分けられる．脳神経は 12 対あり，主に頭部の感覚や運動に関係している．また脊髄神経は 31 対あり，主に頸部以下の感覚や運動に関係している．

自律神経系は環境や個体の内的要因に応じ，内蔵機能や内分泌を自動的に調整する神経系である．通常その働きは意識のコントロールの外にあり，不随意的であることが自律という名称の由来である．自律神経系はさらに交感神経系（sympathetic nervous system）と副交感神経系（parasympathetic nervous system）に分けられる．交感神経系と副交感神経系は全く逆の作用を持っており，たとえば心拍の増加は交感神経系，心拍の減少は副交感神経系の作用である．

## 7-3. 脳研究の方法

### 7-3-1. 心はどこにあるのか

a) 脳の機能局在研究の歴史

古来より心の働きとその起源には興味が持たれ，多くの哲学者や科学者が研究を行ってきた．紀元前 400 年前後を生きたヒポクラテスは，てんかんが脳の病気であることを知っており，理性が脳に宿ると考えていた．またアリストテレス（B.C. 384-322）は，精神の座を心臓に求めた．その後ガレノス（129-199）は神経解剖学的な結果に基づき，精神の座を脳と考えた，さらに 18 世紀の末になると，スイスの解剖学者であるガル（1758-1828）は弟子のシュプルノハイム（1770-1832）とともに，頭蓋骨の形から人の性格や素質が判断できるという骨相学を唱えた．骨相学は脳の解剖をもとにして，脳の部分がさまざまな能力を分担していると考えた．それぞれの能力がどのように発達しているかによって脳の発達も異なり，それが頭蓋骨の形の相違となって現れるという考え方である．ガルの唱えた脳の能力分担は，実証的根拠を備えていたわけで

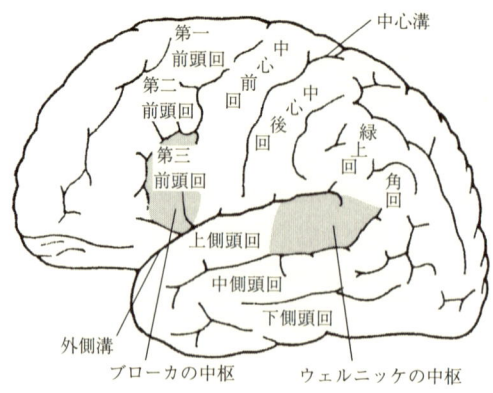

**図7-8 ブローカとウェルニケの言語中枢**
左大脳皮質第3前頭回(ブローカの中枢)に損傷を受けると運動性の失語が生じ,側頭葉第1側頭回(ウェルニケの中枢)では感覚性の失語が生じる.(宮田,1998)

はない.しかしその後の研究の方向に大きな影響を与え,19世紀以降,脳の機能局在(functional localization)に関する研究が隆盛を迎えた.

19世紀の脳研究は,さまざまな障害と脳損傷や変性などの解剖学的所見を照らし合わせることで,脳の機能局在を明らかにしようとした.ブローカ(1824-1880)は発話に障害を持つ患者の死後,脳を解剖し,左前頭葉の一部に共通の損傷が認められることを発見した.その領野は運動性の言語中枢であるとして,ブローカの中枢(Broca center)と呼ばれた.その後ウェルニケ(1848-1905)は,話すことはできるが他人の話を理解することができない患者の左側頭葉の一部に,損傷があることを示した.そこは感覚性の言語中枢(ウェルニケの中枢;Wernekinck center)と呼ばれ,ブローカの中枢と連動することによって言語機能を司っていると考えられた.

脳の器質的障害と行動障害との関係が調べられる一方,脳の一部を人為的に損傷したり電気刺激を加えることで,機能分担を調べようとする研究も数多く行われた.なかでもペンフィールド(1891-1976)が行った大脳皮質の機能局在に関する一連の研究は,その集大成ともいえる.

b) 神経と脳の解剖生理学的研究の歴史

脳の機能局在が研究される一方で,脳の活動の基本単位である神経の構造や働きを調べる研究も行われた.17世紀頃から,光学顕微鏡下において神経の構造が調べられてきたが,19世紀後半に入りさまざまな染色法が考案されたことにより,神経細胞の構造が飛躍的に明らかとなった.とくにゴルジ(1844-1926)は鍍銀法という染色法を考案し,細胞体,樹状突起,そして軸索のすべてを染色することに成功した.これによりゴルジは,神経が網の目のように

お互いに接続しているという網状説を唱えた．しかし鍍銀法を用いて神経系の微細構造を調べたカハール（1852-1934）は，神経細胞は独立しており特定の部分で他の細胞と機能的に接続していると主張し，網状説を批判した．この論争は，電子顕微鏡下でシナプス間隙が確認されるまで続いた．

このように神経細胞の構造が明らかになると，脳の神経構造の研究が行われるようになった．ブロードマン（1868-1918）は，大脳皮質を細胞構築上の違いから 52 の領野に分け，ブロードマンの脳地図として示した．ブロードマンは，脳地図が単に細胞組織の違いを示すだけではなく，大脳皮質の機能局在と密接に関係していることを示唆した．

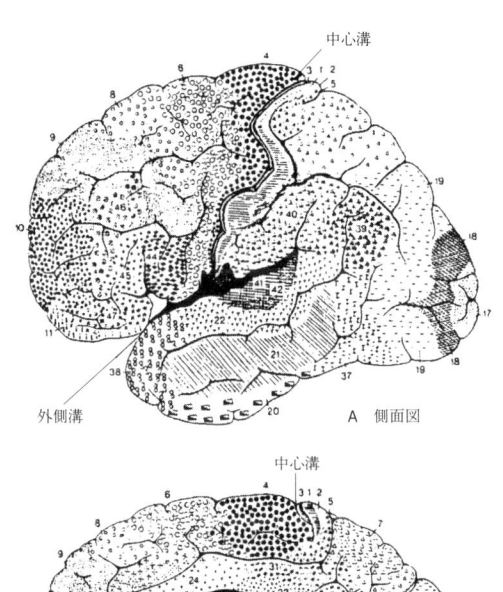

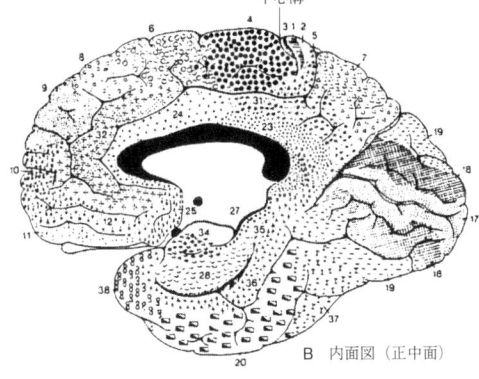

図 7-9　ブロードマンの脳地図
上に外側面，下に内側面を示す．ブロードマンは細胞構築上の違いから，大脳皮質を 52 の領野に分けた．（ブロードマン，1909）

生理学的な研究では，19 世紀の初頭から筋肉の電気活動が報告されるようになり，神経の活動は電気的なものであることが明らかになってきた．1875 年，ケイトンはウサギの脳表面に電極をおさ，電流を記録した．その後 1929 年には，ベルガー（1873-1941）によって人の脳の電気活動である脳波（EEG：electroencephalogram）が発見された．ベルガーは脳波が人の意識状態によって変化し，てんかんや脳腫瘍などの患者で特徴的な波形が生ずることを報告し，その後の診断的利用への基礎を築いた．ホジキンとハックスリーは，1952

年にイカの巨大軸索を用いて細胞内外の電位差を測定した．その結果，刺激によって活動電位が生じることを発見し，活動電位の基礎理論を作った．

### 7-3-2. 現代の研究法

現在行われている脳神経科学の研究法は，基本的に従来から行われてきた方法によっている．それらは脳の一部を物理的に破壊して行動の変化を観察する損傷法，脳内に電極や針を刺入し，特定の部位を電気や薬物で刺激して行動の変化を観察する刺激法，侵襲的または非侵襲的に脳や神経の電気活動を記録し，行動と比較する電気的活動記録法などである．脳内の神経伝達物質や物質代謝を調べる，神経化学的測定法なども用いられている．

これらの方法は脳に不可逆的な損傷を与えるものが多く，また非侵襲的な方法では，観察された活動と脳の局所的な活動とを結びつけることが難しかった．しかし近年，技術的な進歩によって，脳内電気活動の起源を明らかにする非侵襲的な記録法が考案された．さらに画像化技術によって，生きている脳の内部変化を観察できるようになったことから，急速に研究が進展している．ここでは非侵襲的電気活動記録法と画像化の技術について解説する．

a) 非侵襲的電気的活動記録法

非侵襲的電気的活動記録法により測定される代表的なものは，脳波である．脳波は頭皮表面においた電極から，脳の電気的活動を記録する．ベルガーによって見出されたように，脳波は覚醒状態や脳の機能障害にともない変化する．このことから脳波は，皮質活動や覚醒状態の指標となり，脳全体としての活動を探る重要な測定対象となっている．

脳波は脳神経細胞の電気的活動の総和と見なされ，電気的活動の頭皮上への現れを，脳波計によって増幅しとらえたものである．脳波は常に律動的な正弦波状の電位変化を示し，正常脳波では，覚醒水準によりその周波数と振幅が規則的に変化する．通常の脳波は，覚醒している場合にもっとも高い周波数を示し，覚醒が低くなるにしたがって周波数が減少する．通常その振幅は，30〜50 $\mu$V 程度と非常に小さい．覚醒時の脳波は 13〜20 Hz でやや不規則な小振幅の波形を示し，これを $\beta$ 波と呼ぶ．安静閉眼状態や何も考えずぼんやりした状態では，9〜12 Hz の規則的でやや振幅の大きな $\alpha$ 波が出現する．$\alpha$ 波は，

デルタ波　0.5～< 4 Hz
（δ wave）

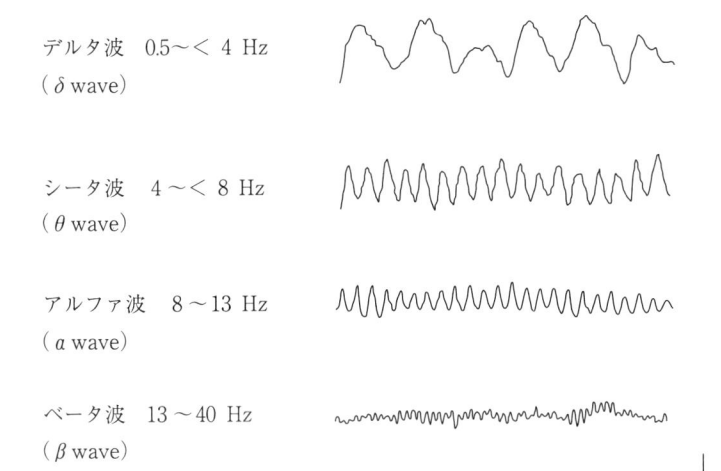

シータ波　4 ～< 8 Hz
（θ wave）

アルファ波　8 ～ 13 Hz
（α wave）

ベータ波　13 ～ 40 Hz
（β wave）

**図 7-10　背景脳波の代表的波形例**
覚醒水準に応じて周波数と振幅が変化する．下部の横軸は 1 秒，縦軸は 50 マイクロボルトを表している．(市川，1993)

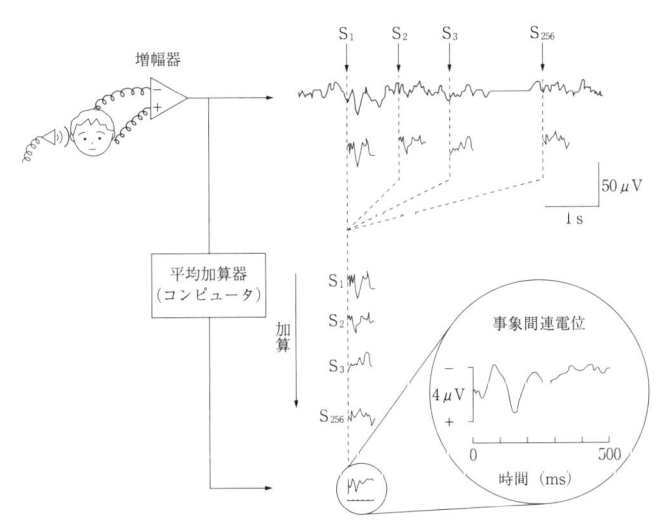

**図 7-11　加算平均の原理**
音刺激を聞かせながら，刺激呈示を起点として一定の時間幅で背景脳波を切り出す．それらを加算平均することによって背景脳波成分は相殺され，事象関連電位成分のみが取り出せる．(宮田，1998)

第 7 章　学習と記憶の脳内メカニズム

目を開けたり考え事をするなど精神活動が生じると，$\beta$ 波に移行する．うとうとした状態になると 4～8 Hz の小振幅の波が現れる．これを $\theta$ 波という．さらに睡眠が深くなると，0.5～3 Hz で振幅の大きな $\delta$ 波が出現する．このような脳波計で観察可能な脳波を，背景脳波と呼ぶことがある．

　背景脳波は覚醒水準に応じて変化するが，その変化は連続的でかつ緩やかである．脳波は先に述べたように，脳神経細胞の電気的活動としてとらえることができ，脳全体としての活動変化のみならず，さまざまな脳内の電気的活動も反映している．たとえば外的刺激の知覚や認知的事象の生起にともない，脳波も変化する．このような特定の事象にともなって生じる脳波変化を，事象関連電位 (ERP: event-related potential) と呼んでいる．ERP は内的・外的な事象変化にともなって生じる一過性の脳波変化で，その振幅は $10\,\mu V$ 以下と非常に小さい．このため脳波計での記録では，背景脳波に埋もれて観察することが難しい．そこでコンピュータを用いた加算平均処理を行うことによって，特定の刺激に対する脳波変化を取り出すようにする．

　ERP を誘発する刺激モダリティとしては，視覚，聴覚，体性感覚がよく用いられる．それらの刺激を提示すると，一定の時間をおいて陰性または陽性の一過性電位変化が起こる．これらを ERP の成分という．ERP の成分には，刺激依存性の外因性成分と，心理的な事象に依存する内因性成分とがある．高次脳機能の研究では，主として刺激提示後 100 ミリ秒以降に生ずる内因性成分の振る舞いと，課題構造や行動との関連が解析される．ERP はミリ秒単位での計測が可能で時間分解能に優れており，反応時間などの伝統的な測度に比べ，運動系の影響を取り除くことができる．また比較的簡易で安価な装置で測定できることから，認知モデルの検証や精緻化に大きな役割を果たしている．

　脳の活動が神経細胞の電気的活動であることはすでに述べた．その活動の頭皮上への反映が脳波や ERP で，頭皮上で観察された脳波や ERP からその発生起源をたどることは，ある程度可能である．しかし誤差も大きく限界がある．

　ところで電気的活動にともなって電流が流れると，電流の向きに対して右回りに磁場が発生することはよく知られている（アンペアの法則）．神経の電気的活動によって生ずる磁場を非侵襲的に測定できれば，脳波や ERP の起源を探ることができるはずである．脳波や ERP が頭皮上の電位を測定するのと同

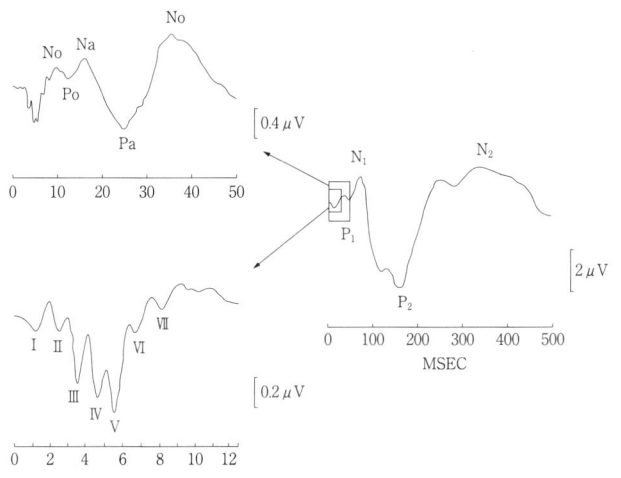

**図 7-12 聴覚性事象関連電位の成分**
聴覚刺激に対して得られる事象関連電位の成分．刺激呈示後10ミリ秒までに生じる成分を聴性脳幹反応，10ミリ秒から50ミリ秒で生じる成分を中間反応，50ミリ秒以降に生じる成分を緩反応とよぶことがある．（ドンチン，1977）

じように，頭皮上から磁場の変化を記録するのが脳磁図（MEG：magnetoencephalography）や事象関連脳磁場（ERF：event-related magnetic field）である．MEG，ERFの特徴はそれぞれ脳波，ERPに準ずるが，3次元的な測定が可能であることが画期的である．磁場の発生起源が複数個ある場合の起源推定が困難なことや，装置が大規模で高額であるという問題点はあるが，非侵襲的に時間分解能の高い測定ができることから，今後さらに活用されていくことが期待される．

b）画像化法

近年の脳の画像化技術の進歩は驚異的である．一昔前までは，X線写真によって推定し実際に手術で開頭するまで，脳梗塞や脳出血などの障害部位を正確に特定することができなかった．また病気や外傷による脳損傷や，人為的損傷法による実験的研究における脳の破壊部位の特定も，死後，脳標本を作製し緻密に顕微鏡下で行わなければならなかった．

しかし現在では，コンピュータ断層撮影（CT；computed tomography）や磁気共鳴画像法（MRI；magnetic resonance imaging）により，生きた脳

の構造・状態を，開頭することなく内部まで緻密に観察することが可能となっている．

CTはX線撮影とコンピュータを組み合わせて用い，脳を輪切りにした断層写真を作製できる装置である．それをコンピュータで操作して，3次元的に脳構造を再構築することも可能である．脳の内部構造の違いは，組織へのX線透過率の違いによって表されるためMRIの空間解像度には及ばないが，脳の病変や損傷を特定することが可能である．MRIは強力な磁場と電磁波によって，脳組織中の水の水素原子から電磁波を生じさせその違いを画像化するもので，空間解像度の高い画像を得ることができる．

さらにCTやMRIの技術を応用して，脳の構造のみならず脳の血流や物質代謝を外部から観察し，脳の機能を解明しようとする装置も開発されている．これらにはポジトロン断層撮影法（PET; positron emission tomography），機能的磁気共鳴画像法（fMRI; functional magnetic resonance imaging），近赤外線トポグラフィー法などがある．これらはいずれも，脳の局所血流量を測定する装置である．神経細胞が活動すると，その部位でエネルギーが消費され代謝が盛んになる．そのためその場所での血流量が増える．すなわち脳のどの部位で血流が増大しているかを調べることによって，脳のどの部位が活動しているかを知ることができるのである．

PETは放射線同位元素でラベルした酸素，水，グルコースなどを吸入または注入し，血液中に取り込まれた同位元素の崩壊によって生じる放射線量を測定することで，局所血流量を測定する．また神経伝達物質に同位元素をラベルすることによって，神経伝達機能の研究に役立てることもできる．

fMRIと近赤外線トポグラフィー法は，神経細胞の活動にともなって酸素が要求されることから，血液中で酸素を運搬するヘモグロビンが，酸素を持った酸化ヘモグロビンから酸素を持たない還元ヘモグロビンに転換することを利用する．すなわち神経細胞が活動している部位では還元ヘモグロビンが多く，活動が少ない部位では酸化ヘモグロビンが多い．fMRIの原理はMRIと同様で，酸化ヘモグロビンと還元ヘモグロビンが含まれる水から放射される電磁波に違いがあることから，血液容量や血液酸素飽和度などの変化を測定することができる．

近赤外線トポグラフィー法は、近赤外線の物体透過性と酸化ヘモグロビン・還元ヘモグロビンの近赤外線吸収散乱特性の違いを利用している．近赤外線は波長が長いので、ある程度の障害物を透過することができる．頭皮上から照射すると、大脳皮質表面から3センチほど内部まで到達できるといわれている．酸化ヘモグロビンと還元ヘモグロビンは近赤外線の吸収散乱特性が異なっており、頭皮上におかれたセンサーによって反射された近赤外線を測定すれば、センサーを設置した付近の脳内酸素消費量がわかる仕組みになっている．

これらの画像化法により、生きている脳のダイナミックな活動を観察することが可能となり、多くの研究成果が生み出されている．しかしこれらの方法は神経細胞の活動そのものを測定しているわけではなく、神経活動の結果を反映する血流量や酸素飽和度の変化を測っているにすぎない．クラーク (1994) は、「たとえば機能的磁気共鳴画像法は、特定の機能に関与している脳の部位を明らかにするために役に立ち、一方損傷研究と刺激研究は、その機能に決定的に重要な部位を明らかにしてくれる」と述べている．従来からの研究方法と最新の研究方法とを組み合わせながら、知見を積み重ねて行くことの重要性を強調している．

## 7-4. 学習と記憶の脳神経科学

学習や記憶は個体が何かを経験し、それが保存されているものと考えることができる．脳のどこかにそれらの経験が保存されているのは間違いがないが、どこにどのような形で保存され、またそれを利用することができるのだろうか．

ヘッブ (1949) は学習のシナプス仮説を提唱した．この頃は、損傷法によって脳のさまざまな機能局在が精力的に調べられていたのであるが、学習や記憶に対応する脳の部位を特定することはできなかった．このことからヘッブは、学習や記憶は脳の特定の領域に保存されているのではなく、シナプスが可塑性 (plasticity) を持ちその伝達効率を変化させることによるのではないかと考えた．この考え方は、神経回路網モデルの基礎ともなった．この仮説は長い間仮説のままであったが、最近になってこれを実証する現象が確認されるようになった．

### 7-4-1. 長期増強

長期増強（LTP: long term potentiation）は，ヘッブの仮説を実証する現象として注目を集めている．通常，神経細胞はシナプスから刺激を受けると，一過性の興奮性シナプス後電位（EPSP）を生じる．ところがテタヌス刺激というパルス状の高頻度連続刺激が与えられると，数十分から数日にわたり高振幅のEPSPが持続的に発生することがある．すなわちテタヌス刺激によってシナプスの伝達効率が上昇し，隣接する神経細胞の興奮が高まるようになる．これをLTPと呼んでいる．LTPは海馬の神経細胞で多く見られる現象で，記憶の基本過程との関係が考えられており，運動野，聴覚野，視覚野などでも発見されている．LTPが生じる原因としては，シナプス前の末端から放出される神経伝達物質量の増大（シナプス前性説）や，シナプス後の受容体感度や数の増大（シナプス後性説）などが考えられている．

LTPにともなってシナプスの形態が変化することも示されており，シナプスでの神経伝達物質の受け渡しが，より有利になるように変化するようである．しかし形態の変化と機能の関係について，詳しいことはまだわかっていない．近年の研究では，軸索と接する樹状突起棘が刺激を受けると増大し，大型の棘ではそれが一過性であるのに対し小型の棘の増大は持続的で，LTPが生じやすいことが示されている（松崎ら，2004）．

### 7-4-2. 海馬の機能

LTPの発見により海馬の記憶機能に注目が集まっているが，海馬と記憶との関連が論じられるようになったのは，1957年に健忘症の症例として有名なカナダのH. M. の事例が報告されてからである．

H. M. は重いてんかん患者であったが，1953年にてんかん発作の治療のため両側の海馬を切除する手術を受けた．手術後H. M. のてんかん発作はある程度改善されたが，新たに記憶障害が生じた．手術後H. M. は，新しいことがらの記憶や学習がほとんどできなくなってしまったのである．手術前数ヶ月間の記憶は全く失われており，記憶があいまいな期間を経て古い記憶はそのまま残されていた．H. M. は数列復唱テストで，短期記憶のスパン程度（順唱7桁，逆

唱5桁）までは健常者と同等の復唱ができ，短期記憶スパンを越えると何度試行を繰り返しても正しく復唱することができなかった．ところが鏡映描写課題や追跡回転円盤など技能学習課題を課したところ，課題に習熟することができた．

H. M. の示した事実から，海馬は記憶と密接な関わりを持っているが記憶の貯蔵庫ではなく，新しい記憶をある期間保持し，長期記憶へと移行させる働きを持っていることが示唆された．また H. M. の記憶障害は，言葉で説明することを必要とするような陳述的記憶（declarative memory）にのみ関わっており，非言語的な手続きや技能の学習である手続き的記憶（non-decralative memory）には関わっていないことが明らかになった．しかしその後の検査によって，H. M. の切除部位は扁桃体，海馬傍回，鉤，海馬の前側3分の2におよんでいることが判明した．加えて海馬のみを損傷した場合では記憶障害の程度が軽い事例も多いことから，海馬とその周辺部位を組み合わせた広範なシステム全体が，記憶に関連している可能性が示唆されている（山鳥と河村，2000）．

動物実験の結果でも，海馬は記憶と関係していることは間違いないようである．サルを使った実験では，海馬そのものだけの損傷でも記憶障害は生じるが程度は軽く，扁桃体など周辺領域を含めた損傷を行うと，記憶障害の程度が増すことが示されている．また記憶学習の成立後，さまざまな時間間隔をおいて海馬を切除した実験では，手術の2週間から1ヶ月前に学習した課題について，とくに成績が悪いことが示された．これらの結果は H. M. の事例を支持するものである．モリスは不透明な水を満たした円形プールの水面下に台を固定して，ネズミがその台にたどり着くまでの時間を測定した（モリスの水迷路；MWM: Morris water maze）．通常のネズミは，試行を繰り返すとプールの外の空間的手掛かりによって学習し，台への到達時間が短縮した．これに対して海馬を損傷したネズミは，学習することができなかった．このことから，海馬は空間の記憶にも関係していることが示唆されている．

---

### コラム：頭のよくなる薬

ダニエル・キイスの名作「アルジャーノンに花束を」に登場するアルジャーノンは，主人公のチャーリイに先だって脳手術を受け，高度な知能を身につけたハツカ

ネズミの名前である．このアルジャーノンを彷彿とさせるネズミが現実に現れている．

1999年にアメリカのプリンストン大学のタンらは，遺伝子操作を用いて学習記憶能力を増強したネズミを作り出し，ドギーと名付けた．ドギーは，LTPに関連すると考えられているNMDA受容体の機能を高めたネズミである．

ドギーのLTPは通常のネズミよりも促進されており，空間記憶能力や記憶保持能力も増強されていた．遺伝子操作によって高次脳機能を増強できるという結果は，驚きを持って迎えられた．このような遺伝子操作を用いて，記憶や学習の分子メカニズムを解明しようとする研究は数多く行われており，「頭のよくなる薬」を作ることができるようになるのも夢ではないかもしれない．高い知能や能力が幸せにつながるのかどうかは，「アルジャーノンに花束を」に記された通りであるが，アルツハイマー病をはじめとする脳機能障害治療薬の開発につながるものとして期待されている．

## 参考文献

久保田競（編）．2002．ライブラリ脳の世紀：心のメカニズムを探る7　記憶と脳　現在・過去・未来をつなぐ脳のメカニズム．サイエンス社．東京．

二木宏明．1984．シリーズ〈脳の科学〉　脳と心理学　適応行動の生理心理学．朝倉書店．東京．

松村道一．2002．ライブラリ脳の世紀：心のメカニズムを探る1　脳科学への招待　神経回路網の仕組みを解き明かす．サイエンス社．東京．

## 引用文献

Brodmann, K. 1909. *Vergleichende lokalisationslehre der grosshirnrinde in ihren prinzipien dargestellt auf grund des zllbaues*. J. A. Barth. Leipzig.

Donchin, E. 1977. Event-related potentials: a tool in the study of human information processing. In Begleiter, H. (Ed.) *Evoked brain potentials and behavior*. Plenum Press. New York.

Hilgard, E. R., Atkinson. R. C. & Atkinson. R. L. 1975. *Introduction to Psychology*, 6 th ed. Harcourt Brace Jovanovich, Inc. Orlando.

クラークJ. M. 1994. 神経解剖学：脳の構造と機能．ダーリア．W. Z.（編）．河内十郎（監訳）．神経心理学　その歴史と臨床の現状．pp. 53．産業図書．東京．

原一之．2005．*The Atlas of Brain*．人体スペシャル　脳の地図帳．講談社．東京．

Hebb. D. 1949. *The Organization of Behavior*. Wiley.

市川忠彦．1993．脳波の旅への誘い．星和書店．東京．

Matsuzaki. M., Honkura. N., Ellis-Davies. G. C. R. & Kasai. H. 2004. Structural basis of long-term potentiation in sngle dedritic spines. *Nature*. 429: 761-766.
宮田洋（監修）．1998．新生理心理学．北大路書房．京都．
岡市広成（編）．1995．行動の生理心理学．ソフィア．東京．
Tang. Y. P., Shimizu. E., Dube. G. R. , Rampon. C., Kerchner. G. A., Zhuo. M., Liu. G., Tsien. J. Z. 1999. Genetic enhancement of learning and memory in mice. *Nature*. 401: 63-69.
The Diagram Group 1982. *The Brain : A User's Manual*. Diagram Visual Information Ltd. London. （塚田裕三（監訳）．1982．ザ・ブレイン　脳の最前線．鎌倉書房．東京）
塚田裕三（編）．1977．別冊サイエンス　サイエンスイラストレイテッド4　脳．日本経済新聞社．東京．
山鳥重・河村満．2000．神経心理学の挑戦．医学書院．東京．

# 第8章

# 動機づけ

稲田尚史

## 8-1. 人を動かしているものは何か

人はなぜ行動するのか．「街で食事をする」という行動を例として考えてみよう．人はお腹がすくと食事をしたくなる．買い物などで街に出ている時は，レストランやファーストフード店を探すであろう．街にはたくさんの店があり，時にはどこで食事をしようかと迷ってしまう．その時の選択の条件となるのは，最近食べた食事の内容，今持っているお金の額，お腹の空き具合，あるいは次の予定までの時間であったりとさまざまである．店を選ぶ前の行動を考えただけで，数多くの要因が行動に影響していることがわかる．そして最終的に食事を終えてしまえば，食事をしたいという気持ちはなくなり，次の行動にとりかかることになる．このような一連の行動を引き起こす過程や機能を，動機づけ（motivation）という．

### 8-1-1. 行動を駆り立てるもの
a) 要求・動因・誘因

人は何かをしたい，あるいはしたくないという体の中から沸き起こるものによって，行動へと駆り立てられる．かつてこのような行動の原因は，本能という概念によって説明されていた．しかし本能の概念は曖昧で科学的ではなかったため，ウッドワース（1918）は人や動物を機械に見立て，機械を動かす力としての動因（drive）を定義した．たとえば水分補給は，動物にとって生命維持に必須であり，体内の水分が枯渇してくるとのどが渇く．のどが渇くと，水

を飲むという行動が生起する．通常は身近なところに水道や自販機があり，さほどのどが渇いて困ることもない．しかし体内の水分減少が急速であったり，身近に水分補給をすることができない場合には，水を飲みたいという要求が増大し，水を飲むための行動がますます強まっていく．このような行動のもととなるのが動因である．キャノン（1932）は，体内の生理学的なバランスが崩れるとそれを補い恒常的状態を保つ働きがあることを示し，これをホメオスタシス（homeostasis）と呼んだ．ハル（1943）によると，生理的欠乏に基づいて要求（need）が生じ，その要求を満たすために動因が生ずるとされる．すなわちホメオスタシスを保つために要求や動因が生じ，動因を低減させることが行動の強化子となる．これを動因低減説（drive reduction theory）という．

　動因は生体内部で生ずるが，生体の外部にある刺激も行動に影響を及ぼす．レストランで食事をして満腹になった後に，おいしそうなデザートのメニューが目に入り，思わず注文してしまうことがある．これは動因低減説のみでは説明できない．なぜならすでにお腹いっぱいになっており，動因は低下しているからである．デザートを食べたくなるのは，デザートがおいしそうだからである．このように外部の刺激が魅力的であればあるほど，行動を起こさせる力は強くなる．この力を誘因（incentive）といい，誘因を持つ刺激を目標（goal）という．動因や誘因には，目標に接近する行動をひきおこす正の動因・誘因と，目標を回避する行動をひきおこす負の動因・誘因とがある．ハルの行動理論における動機づけ，すなわち生じる行動の強さは，刺激―反応間の結合力と動因及び誘因の強さの積によって決定され，動因の強さは生体内部の正と負の動因の和として表される（今田，1997）．

　人はさまざまな要求に基づいて行動する．要求は，個体の生命の維持や種の保存のための要求である生理的要求（1次的要求）と，社会的に学習された要求である社会的要求（2次的要求）の2つに分類される．マレー（1938）は，生理的要求には呼吸，水分補給，食物補給，排泄，苦痛排除，休息・睡眠，性，母性などがあり，社会的要求には獲得，保存，秩序，優越，達成，承認，顕示，支配，服従，攻撃，回避，防衛，親和，排除，養護，依存，認知などがあるとした．マレーの社会的要求の分類は，その後の動機づけ研究の基礎となった．

表 8-1　マレーの社会的動機のリスト（マレー，1964）

| 社会的動機 | 簡単な定義 | 社会的動機 | 簡単な定義 |
|---|---|---|---|
| 屈　従 (abasement) | 外的な力に受動的に服従すること。傷害、非難、批判、罰を受けいれること。屈状に身をまかすように、運命に甘んじること。劣等、過失、まちがった行為、敗北を認めることを告白すること。償いをすること。自己を責めること。 | 顕　示 (exhibition) | 印象づけること。見られたり開かれたりすること。他人を興奮させ、おどろかせ、魅惑し、おもしろがらせ、楽しませ、唆かすこと。 |
| 達　成 (achievement) | 苦痛、罰、病気不幸を求め、軽んじ、それを享受すること。むずかしいことを成し遂げすること。人間、自然物、思想に対して、それらを処理し、組織化すること。これをできるだけ迅速に、できるだけ独力でやること。障害を克服し高い標準に達すること。自己を超克すること。他人と競争しのぐこと。才能をうまく使って自尊心を高めること。 | 傷害回避 (harmavoidance) | 苦痛、肉体的傷害、病気、死を回避すること。危険な事態から逃避すること。用心深い措置をとること。 |
| 親　和 (affiliation) | 自分の味方になる人（自分と似ている人，自分を好いてくれる人）に近寄り、たのしく協力したり、好意を交換するしたりすること。エネルギーの充当された対象 (cathected object) の愛情を満足させ、それをかちとること。友と離れず忠実であること。 | 屈辱回避 (infavoidance) | 屈辱を回避すること。やっかいな事態からは退いたり、軽べつされたり、あざけりを受けたり、冷淡にされたりするような状態を回避すること。失敗する恐れのあることをしないこと。 |
| 攻　撃 (aggression) | 力ずくで反対する克服すること。滅つけ、傷害に対して報復すること。他のものを攻撃し、傷つけ、あるいは殺すこと。他のものにすぐさま反対したり、それを罰すること。 | 養　護 (nurturance) | 無力な者―すなわち幼児、無力な、または弱った者、疲れた、経験のない、虚弱の、打ちまかされた、屈辱をされた、孤独な、病気の、精神的に混乱している、危険に陥っているものを助けすべせ、援助し、支持し、慰め、保護し、楽にしてやり、看護し、癒すこと。 |
| 自　律 (autonomy) | 自由になること、束縛をふり切り監禁によって命令された活動を自由になすこと、権威に反抗し自由に行動すること。横立して、衝動に従って束縛されず責任をもたないこと。因襲に逆らして、何ものにも束縛されず。 | 秩　序 (order) | ものを整然とさせること、清潔、整頓、組織化、均衡、ここちいい、清潔、正確さを達成すること。 |
| 中　和 (counteraction) | ふたたびる努力によって失敗を克服すること。償うこと。恐怖を行動で抑えて屈辱を続行し屈辱を克服し、弱きを拒み、自尊心と誇りを高く保つこと。 | 遊　戯 (play) | 「面白さ」のみのために、それ以外の何ものをも目的とせず、行動をすること。笑い、冗談をたのしむことを好むこと。緊張を和らげることを求めること。ゲーム、スポーツ、ダンス、宴会、トランプ遊びに参加すること。 |
| 防　衛 (defendance) | 暴力、批判、非難から自己を守ること。悪事、失敗、屈辱をかくすしたり正当化すること。自己を弁護すること。 | 拒　絶 (rejection) | 負のエネルギーの充当されてた対象から遠ざかること。劣等な対象を冷淡にあつかい、追い払い、振りすてること。ものを除外し、放棄し、あるいは無関心となること。 |
| 恭　順 (deference) | 優越している人に称賛すること。支持すること、賞讃すること、貴誉すること、尊敬すること。味方の影響にもっぱら従うこと、喜んで奉仕すること、導かれ、助言されること。模範に負けまいと努力すること。慣習に従うこと。 | 感　性 (sentience) | 感性的印象を求め、愉しむこと。 |
|  |  | 性 (sex) | 性的関係を形成し促進すること。世関係をもつこと。 |
| 支　配 (dominance) | 自分の人間的環境を統制し影響すること。命令、示唆、誘惑、説得、指示、方向づけることによって他人の行動に影響を与え、それより他人の行動に影響を与え、禁止すること。 | 求　援 (succoorance) | 味方の同情的な助けから自分の要求を満足させること。愛され育てられ、支持され、励まされ、つきそわれ、保護され、愛され助言され、導かれ、甘やかされ、大目にみられ、慰められること。献身的な保護者に近寄ること、常に支持者をもつこと。 |
|  |  | 理　解 (understanding) | 一般的な質問を出したり、解答したりすること。理論に興味をもつこと。思索し、公式化し、分析し、一般化すること。 |

第 8 章　動機づけ　129

> **コラム：マレーの社会的要求と EPPS 性格検査**
>
> 　人それぞれによってどのような要求に重点を置くかが異なり，それぞれの要求の程度によって出現する行動も異なることから，マレーによって分類された社会的要求は性格を測定するための特性としても利用されている．
> 　EPPS（Edwards personal preference schedule）性格検査は，エドワーズによって 1954 年に出版された質問紙法の性格検査である．エドワーズはマレーの社会的要求の区分に基づいて，15 の特性について要求の程度を測定し，そこから性格を把握する検査を作製した．設定されている特性は①達成，②追従，③秩序，④顕示，⑤自律，⑥親和，⑦他者認知，⑧救護，⑨支配，⑩内罰，⑪養護，⑫変化，⑬持久，⑭異性愛，⑮攻撃である．
> 　EPPS は各質問項目が対となる叙述文で示してあり，当てはまる叙述文のどちらかを強制的に選択させるようになっている．各叙述文は社会的望ましさが同等になるように作られており，より望ましい行動を選択して結果が歪むという質問紙法の欠点が，ほぼ解消されている．また正常・異常を判断するのではなく，対象者の全人格像を明らかにするという意味でも有用な検査である．

b) 期待―価値モデル

　人は刺激に対して固定的に反応するわけではなく，刺激を受け取りその人の経験に基づいて判断し行動する．このような認知的行動に重点をおいた動機づけの理論がある．

　たとえば宝くじを買うという行動について考えてみよう．世の中には毎回宝くじを買うという人もいれば，1 回も買ったことがないし買うつもりもないという人もいる．これはなぜだろうか．宝くじを買って 1 等が当たれば何億というお金が手に入る．しかし宝くじを買うにはお金がかかる．外れればそのお金は無駄になってしまう．また 1 等が当たる確率は非常に低い．確率は低いが全国では 1 年間で何百人もの人が 1 等を当てている，などさまざまな考え方がある．どうせ当たらないからお金の無駄だと思う人もいるだろうし，毎回買えばいつかは 1 等が当たるだろうと買い続ける人，ひょっとしたらという期待から夢を買うという人もいる．

　これらさまざまな人間の行動を決定づけている要因は何であろうか．ここには宝くじを買うという行動の結果，すなわち宝くじに当たって賞金を得ること

表 8-2　動機づけの期待—価値モデル （コールマン，1974）

| 理論家 | 主な研究対象領域 | 期待概念 | 価値概念 |
|---|---|---|---|
| トールマン | 動物の迷路学習 | 期待 | 要求 |
| レヴィンほか | 社会的行動 | 潜在的可能性 | 誘意性 |
| アトキンソン | 達成行動 | 主観的確率 | 動機×誘因価 |
| エドワーズ | 経済的意思決定 | 主観的確率 | 効用 |
| ロッター | 社会的行動，不適応行動 | 期待 | 強化価 |
| ヴルーム | 労働意欲 | 期待 | 誘意性 |

に対してどれだけの期待を持つかと，宝くじを買うという行動そのものにどれだけの心理的価値を見出すかという2つの要因があり，これらの要因の積が行動を規定すると考えられる．その行動によって要求が達成される可能性が高く，達成された結果が大きな価値を持つなら，動機づけが高まり強い行動が生じる．この考え方は，動物の学習を研究対象としたトールマン（1932）と社会的行動からのアプローチを行ったレヴィン（1936）によって，それぞれ独立して理論化され，期待—価値モデル（expectancy-value model）と呼ばれている．この理論に立脚したアトキンソン（1964）は，行動が生体の持つ動因・習慣や心理的距離などの経験要因・誘因性などの目標の特性の関数であることを示している．

c) 要求の階層性と価値

「腹が減っては戦ができぬ」という諺がある．これは何をするにしても，食欲が満たされていなければ他のことをやる気にはならない，という意味で使われる．これを動機づけと関連づけて考えると，食欲は他の要求に比べ優先順位が高いことを示している．

マズロー（1943）は要求を5つのカテゴリーに分け，低次の要求が満たされると次の階層の要求が現れるというように，要求が階層性を持つことを示した．マズローは人間性心理学の立場からこの理論を展開し，もっとも低次な要求を生理的なもの，2番目の階層を安全と安定，3番目を所属と愛情，4番目を自尊と尊敬とした．これらは外部から充足されるべきものであって，充足されない状態では緊張が生じる．このことからこれらの要求を欠乏価値と呼んだ．も

**表 8-3 要求の階層および人格機能レベル** (ディカブリオ, 1974)

| 欲求階層 | 欠乏状態 | 充足 | 例 |
| --- | --- | --- | --- |
| 生理的 | 飢え, 渇き<br>性的欲求不満<br>緊張<br>疲労<br>病気<br>適切な住居の欠乏 | 弛緩<br>快感経験<br>緊張緩和<br>快感経験<br>身体的健康<br>安楽 | おいしい食事の後に満足感を得る |
| 安全 | 不安<br>熱望<br>喪失感<br>恐れ<br>緊迫観念<br>脅迫 | 安心<br>安楽<br>均衡<br>平静<br>平穏<br>落ち着き | フルタイムの仕事を見つけ, 安心を得る |
| 愛 | 自己意識<br>求められていないと感じる<br>価値がないと感じる<br>空虚<br>孤独<br>孤立<br>不完全感 | 自由な感情表現<br>一体感<br>暖かさの感じ<br>生命力と精神力の回復<br>一緒に成長していると感じる<br>同上<br>同上<br>同上 | 愛情関係で全面的に受容されていることを経験する |
| 自尊 | 無能力感<br>拒絶（反抗）<br>劣等感 | 自信<br>熟達度<br>肯定的自己意識<br>自尊心<br>自己拡張 | ある課題で素晴らしい成績を示したことに対して賞を受ける |
| 自己表現 | 疎外感<br>メタ病理<br>生きる意味の欠如<br>退屈<br>決まりきった生活<br>限られた活動 | 健全な好奇心<br>至高経験<br>可能性の実現<br>楽しく価値のある仕事<br>創造的な生活 | 深い洞察力を経験する |

っとも高次の要求は自己実現で，欠乏要求と対比して成長価値といわれる．自己実現は欠乏価値がかなりの程度満たされて初めて生じる要求で，自己の能力を生かし，最善を尽くして自らを完成させるためのものである．低次要求では充足により緊張が緩和されるが，自己実現要求では肯定的な緊張感をともなう．その緊張感は持続的で，自己実現の可能性を高めて創造的な活動が行えるようになるのである．

### 8-1-2.「やる気」をおこさせるもの
#### a) 外発的動機づけと内発的動機づけ
　子どもをしつける時，よい行動を取った時はほめ悪い行動を取った時はしかる．子どもはほめられた行動を繰り返すようになり，しかられた行動はしだいに減る．このように，報酬と罰は人を動機づけるための十分な力を持っている．しかしそれだけでは人間の行動を説明することはできない．

　人は働いてその対価として報酬を得るが，いくらお金が稼げるとしても，仕事にまったく興味がなければその職業に就くことはまれであろう．実際に仕事に就いたとしても，楽しくなければ，しだいにやる気が失われていくことであろう．反対に報酬がなかったり少なかったとしても，何らかの満足が得られるならば明るく一生懸命にボランティアにいそしむことができる．前者は，報酬の獲得や罰の回避を目的として行われる行動の1例であり，これを外発的動機づけという．また後者は行動それ自体が目的であり，直接的な報酬や罰は生じないが，行動の結果として精神的な満足感や達成感が得られる．これを内発的動機づけという．現実の人の行動は，外発的動機づけと内発的動機づけの両者に基づいて行われている．

#### b) 内発的動機づけ
　苦手な教科を勉強したりものを覚えるのは苦痛で，なかなかやる気が出ないものである．しかし趣味など自分の好きなことに関しては，本を読んだりものを覚えるのはさほど苦痛ではなく，むしろ楽しくやる気も出る．

　デシとライアン (1985) は，内発的動機づけの中心概念は，自らが自らの行動の原因でありたいという自己決定 (self-determination) への要求と，有能さ (competence) への要求であるとした．自らがすすんで行動しているという自

覚,すなわち目標に対する興味を持ち行動がうまく行われていると自覚できる場合,内発的な動機は強化される.いわゆる「やる気」が出ている状態である.

ではやる気がないとか,やる気がそがれるといった場合はどうであろうか.デシ (1971, 1972) は,内発的な動機づけと報酬との関係について研究した.その結果,内発的動機づけに基づいて行われている行動に金銭的報酬を与えると,報酬のない次の行動への内発的動機づけが低下した.すなわち報酬がなくなるとやる気がそがれたわけである.これをアンダーマイニング効果と呼ぶ.一方ほめるなどの言語的報酬では,アンダーマイニング効果が見られないこともわかった.デシとライアン (1985) は,外的要因には制御的側面と情報的側面があると考えた.外的要因が制御的に働くと他者のコントロール下にあると感じ,自己決定感が低くなる.また外的要因が情報的に働くと自身の行動結果についてのフィードバックとなることから,有能感や自己決定感が変化する.このように内発的動機づけは,外的要因の制御的側面と情報的側面のバランスによって左右され,金銭的報酬は制御的に,言語的報酬は情報的に働きやすいとされる.

### コラム:やる気と予期

大学で授業を履修するさいに,どのような基準で授業科目を決めているだろうか.興味を持って学びたい科目であっても,担当教員が非常に厳しく,レポートも試験も難しいという評判を聞いたとたん,履修を止めてしまう人がいるかもしれない.反対に厳しい条件であってもあえてそれに立ち向かい,やる気を持って必死に努力する学生もいることだろう.

バンデューラ (1977) は自己効力感 (self efficacy) という概念で,このような行動を説明している.彼は与えられた場面とその場面に対処する行動との間を,2つの予期機能が媒介していると考えた.その1つが行動がどのような結果を生み出すかという結果予期 (outcome expectancy) であり,もう1つは結果につながる行動をどの程度うまく実行できるかという効力予期 (efficacy expectation) である.すなわち自己効力感は,結果の予測と行動の実行可能性の予測によって生じ,自分のやりたい行動が実現可能であるかどうかの判断をするための認知的変数であるといえる.自己効力感が高ければやる気が高まり,行動の発現可能性が上昇する.自己効力感が低ければやる気がなくなり,行動は起こりにくくなるのである.

## 8-2. 動機づけと視床下部

　動機づけに関連する神経科学的研究では，主に損傷法や刺激法を用いた動物実験による知見がある．それらは摂食，飲水，性行動などの生理的要求に関連するものと，脳内を直接刺激することが報酬刺激となる自己刺激（self-stimulation）に関連するものとに分けることができる．これらの研究は，主として古典的条件づけ（classical conditioning）やオペラント条件づけ（operant conditioning）の実験手続きで行われており，人の複雑な動機づけをすべて説明できるものではないが，基本的な動機づけのメカニズムが視床下部（hypothalamus）と密接に関連していることを示している．

### 8-2-1. 摂食行動と視床下部

　視床下部は間脳の最下部にあり，自律神経系の中枢である．人では脳の総重量が約 1300 g であるのに対し，視床下部はわずか 4 g と非常に小さい領域である．視床下部は体温調節，食物・水の摂取とその調節，循環・呼吸の調節，性行動，情動行動，内分泌調節，睡眠と覚醒などホメオスタシスの維持に重要な役割を果たしている．視床下部の機能，とくに動機づけに関する研究は数多く行われているが，まだ不明の部分が多く残っている．ここでは，比較的解明の進んでいる摂食行動の脳内メカニズムについて述べる．

　摂食に関連する神経機構は視床下部にあると考えられている．視床下部腹内側核を両側性に損傷すると過食が生じることが，1940 年代前半に報告されている．アナンドとブロベック（1951）は，視床下部外側野の両側性損傷によって，拒食が生じることを明らかにした．また視床下部外側野を電気刺激すると摂食行動が誘発され，視床下部腹内側核を電気刺激すると摂食量が減少することが示されている．これは視床下部腹内側核と外側野が，それぞれ満腹感と空腹感によって摂食行動を制御しているためと考えられている．このことから前者を満腹中枢，後者を空腹中枢と呼んでいる．

　満腹中枢と空腹中枢の働きを神経細胞レベルで見ると，満腹中枢が活動している時は空腹中枢の活動は低下しているというように相反的である．空腹中枢

には，血中のグルコース濃度が高まると活動が低下し，血糖消費を促進するインシュリンの増加によって活動性が高まる糖感受性神経細胞がある．また満腹中枢にはグルコースによって活動が高まり，インシュリンなどによって活動が低下する糖受容性神経細胞があることもわかっている．

### 8-2-2. 摂食行動に影響する要因

　前節で体内の生理学的変化によって摂食行動がコントロールされていることを示したが，人間や動物の行動はそれだけでは説明することができない．私たちは時についつい食べ過ぎてしまうことがある．食べ過ぎの原因は，出された料理のおいしそうな見た目であったり，香りであったり，味であったりする．これは，外的な知覚的手がかりによって摂食行動が規定されている例である．さらに，出された料理が高価なものであったり，滅多に味わうことができない珍重なものであったりすれば，多少お腹がいっぱいであっても食指が動くこともある．ここでは，それぞれの人が身につけてきた文化的背景や価値判断によって，摂食行動が規定されている．

　シャハテルとロディン (1974) は，肥満した人間と視床下部を切除して実験的に肥満させたネズミの行動を比較した．その結果，両者ともに外的な手がかりに対して反応しやすく，内的な生理的手がかりに対する感受性が低下していることが示唆された．すなわち，肥満者はおいしそうなものにはつい手を出してしまう傾向が強く，生理的な満腹感が得られにくい．このように，摂食行動は内的な生理的手がかりであるインシュリンやグルコースの濃度の変化だけではなく，外的な手がかりとも関連して生ずるのである．

　また近年，過食や拒食を症状とする摂食障害（eating disorder）が問題となっている．摂食障害の原因は不明な点が多いが，生物学的要因，心理的要因，環境・社会的要因などが複合的に影響していることが推測されている．

　摂食行動に視床下部の働きを主とする生理的な機序が関連していることは間違いがないが，記憶や学習，認知など様々な過程と複雑に関連しており，他の動機づけに関連するメカニズムとともにさらなる解明が待たれるところである．

## 参考文献

日本行動科学学会（編）．1997．基礎と臨床の心理学シリーズ5　動機づけの基礎と実際　行動の理解と制御をめざして．川島書店．東京．
松山義則．1981．現代の心理学7　人間のモチベーション．培風館．東京．
宮本美沙子・奈須正裕．1995．達成動機の理論と展開　続・達成動機の心理学．金子書房．東京．
上淵　寿（編）．2004．動機づけ研究の最前線．北大路書房．京都．
ワイナー．B．1989．林　保・宮本美沙子（監訳）．ヒューマンモチベーション　動機づけの心理学．金子書房．東京．

## 引用文献

Anand, B. K. & Brobeck, J. R. 1951. Hypohtalamic control of food intake in rats and cats. *Yale Journal of Biology and Medicine*, 24: 123-140.
Bandura, A. 1977. Self-efficacy: Toward a unifying theory of behavioral change. *Psychological Review*, 84: 191-215.
Cannon, W. B. 1932. *The Wisdom of the Body*. Norton. New York.
Deci, E. L. 1971. Effects of externally mediated rewards on intrinsic motivation. *Journal of Personality and Social Psychology*, 18: 105-115.
Deci,. E. L. 1972. Intrinsic motivation, extrinsic reinforcement, and inequity. *Journal of Personality and Social Psychology*, 22: 113-120.
Deci, E. L. & Ryan., R. M. 1985. *Intrinsic Motivation and Self-Determination*. Plenum Press. New York.
DiCaprio, N. S. 1974. *Personality theories: Guides to living*. Saunders. Philadelphia.
Edwards, A. L. 1954. *Edwards Personal Preference Schedule*. The Psychological Corporation. Texas.（エドワーズ，A. L. 1970．EPPS性格検査．肥田野　直・岩原信九郎・岩脇三良・杉村　健・福原眞知子（訳編），日本文化科学社．）
Hull, C. L. 1943. *Principles of Behavior*. Appleton-Century-Crofts. New York.
今田　寛．1997．行動主義者の考え方　(1) ハル派の場合．日本行動科学学会（編）．動機づけの基礎と実際　行動の理解と制御をめざして．pp. 8-13．川島書店．東京．
Korman, A. K. 1974. *The psychology of motivation*. Prentice Hall. Englewood Cliffs, New Jersey.
Lewin, K. 1936. *Principles of Topological Psychology*. McGraw-Hill. New York.
Maslow, A. H. 1943. A theory of human motivation. *Psychological Review*, 50: 370-396.
Murray, H. A. 1938. *Explorations in Personality*. Oxford University Press. New York.
Murray, E. J. 1964. *Motivation and Emotion*. Prentice-Hall. Englewood Cliffs, New Jer-

sey.（八木　晃（訳）．1966．動機と情緒．岩波書店．東京．）

Shachter, S. & Rodin, J. 1974. *Obese Humans and Rats*. Erlbaum and associates. Potomac, Md.

Tolman, E. C. 1932. *Purposive Behavior in Animals and Men*. Appleton-Century-Crofts. New York.

Woodworth, R. S. 1918. *Dynamic Psychology*. Columbia University Press. New York.

# Ⅲ　社会貢献への道

# 第9章

# 学習理論からみた不登校

森　伸幸

## 9-1. 不登校の現状

　不登校は病気や経済的な理由がないにもかかわらず，学校に通っていない状態を指している．昔は不登校を怠学，登校拒否，学校ぎらいという言葉で表していた時代もある．しかし怠学には「怠けている」，登校拒否には「意志はあるが行けない」，学校ぎらいには「自らの意志で学校に行かない」というニュアンスが含まれている．すべての不登校児・生徒が怠けているわけではなく，また学校を拒んでいるわけでもない．一方で登校しない子どもへの理解が進むにつれ，いくつかのタイプのあることが明らかになってきた．怠学，登校拒否，学校ぎらいといった言葉は，じつはある不登校のタイプを指していたのである．しかしこれらの言葉が広まるにつれ，すべての不登校が「怠学」と見なされるなど混乱が起きたため，余分なニュアンスを含まない不登校という言葉が現在では総称として使われるようになっている．文部科学省も，学校基本調査から「学校ぎらい」，「登校拒否」という名称をなくし，2001年から不登校という総称を用いるようになっている．不登校はタイプによって対応が異なり，あるタイプにうまくいった対応が別のタイプにうまくゆくとは限らない．このため不登校とひとくくりにするのは危険である点にも，注意しておく必要がある．

　不登校は最近の問題と考えられがちだが，じつは古くから存在している．しかも日本だけの問題ではなく，欧米では"truancy"（怠学）（ブロードウィン，1932），"school phobia"（学校恐怖症）（ジョンソンら，1941），"school refusal"（学校拒否）（ハーソフ，1960）という名称で研究されている．日本では文部省

が学校基本調査を実施しており，1951年から「学校ぎらい」として長期欠席者を調査している．また佐藤 (1959) や鷲見ら (1960) の研究も報告されている．

　近年の調査によれば不登校は年々増加してきたが，小学生，中学生ともに平成13年度の0.363％（小学生），2.81％（中学生）を頂点として減少に転じ，平成15年度には0.33％（小学生），2.72％（中学生）となっている．増加に歯止めがかかったとはいえ，10年前の倍であり，依然として問題があることには変わりない．学年で見ると小学校1年がもっとも少なく，学年が上がるにしたがって多くなり，中学3年生がもっとも多いという傾向は毎年変わらない．小学6年生に比べると中学1年生の方が圧倒的に多い．平成14年度の小学校6年生8,189人に比べ，平成15年度の中学1年生22,459人と3倍近い増加を示しており，小学生と中学生の間には大きな差がある．

　文部科学省の統計では，平成3年から年間30日以上休んだものを小・中学校における不登校としてカウントしている．これは統計上の便宜的な定義であって，これ以下は不登校ではないという意味ではない．特別の事情がなく休むのが不登校というのであれば，そのような形で1日でも休めば不登校ということになる．ではどの程度休むと不登校と考えられるのであろうか．不登校にはポツリポツリと休む場合と連続して長期間休む場合があり，不登校のすべてが長期欠席というわけではない．しかしポツリポツリと年間30日も休むケースは，じつはあまりない．長期欠席をせず30日休むためには毎週定期的に休まなくてはならず，それは実際には難しい．また30日以上休むといろいろと問題になるため，担任から指導が行われるのが普通である．ポツリポツリと休むということは出席しようと思えばできないことはない状態であるため，指導を受けるとなんとか来るようになるのである．

　不登校が問題になるのは，休みを繰り返すことで学習が遅れ，クラスでの役割を担えなくなり，友だち関係などの人間関係も希薄になり，学校生活が成り立たなくなるためである．したがって，そのような支障をきたすほど休むと不登校と考えることができ，たった1日休んだだけでは不登校ととらえることはできないだろう．学習に困難を招くという基準で不登校をとらえるなら，毎週同じ曜日に続けて10回も休めば，明らかに学習に支障をきたすであろう．し

かしこれは塾に行くことで補うことができる．何日休むと不登校とするのかはじつは難しい．学習や友だち関係に支障を来すことは客観的にとらえられる基準であるが，もう1つの基準として，本人が学校に行きたいのに行けないという主観的な基準を考えることができる．フリースクールが不登校児・生徒の通学先として認められようとしているが，この意味では問題は解決したわけではない．本人が学校に行きたいと思っているのに行けない状態が続いているとしたら，それは不登校といえるのである．学業の遅れを補う場が学校以外にあり，人間関係など学校で学ぶことがその場で得られているとしても，学校という共有体験を喪失することが，成人になっても響いてくることが多い．これも主観的な側面への不登校のおよぼす影響といえる．

## 9-2. 不登校の分類

上述したように，不登校は日本に特有の現象ではない．たとえば，バークとシルバーマン（1987）は学校拒否を大きく2つのタイプに分け，タイプⅠを突発型，神経症型，急性型とし，タイプⅡを慢性型，性格的特性型（characterological）とした．さらにタイプⅡを①分離不安型，②学校恐怖型，③抑うつ的引っ込み思案型に分類している．カーニィとシルバーマン（1990）では，①学校における特定の恐怖，あるいは一般的な不安からの回避，②学校での嫌悪的な状況からの回避，③注意獲得あるいは分離不安，④学外の時間（テレビ，友人）が強化子となっている場合に不登校と分類している．

文部省（現文部科学省）は，平成元年より不登校を表9-1のように7つのタイプに分類している（文部科学省，2004）．これ以前にも文部省は不登校を分類してきたが，現在使用されている分類は多くの経験から得られた結果である．実際にスクール・カウンセラー（コラム9-1）として不登校に接したときにも，筆者はこの分類が非常に有用だと感じた．問題点としては，この分類を行う客観的なアセスメントの方法が確立されていないことである．この分類によれば，数年前までは「不安など情緒的混乱」型がもっとも割合が多かったが，近年は複合型が増加している．これは不登校の状況が複雑になったためかもしれないが，「不安など情緒的混乱」という要因が占める割合は相変わらず非常に高く，

表 9-1 不登校状態が継続している理由 (文部科学省, 2004)

| | 理由 | 具体例 | 小学校 | 中学校 |
|---|---|---|---|---|
| A | 学校生活上の影響 | いやがらせをする生徒の存在や，教師との人間関係等，明らかにそれと理解できる学校生活上の影響から登校しない（できない）． | 1,146人<br>4.8% | 6,749人<br>6.7% |
| B | あそび・非行 | 遊ぶためや非行グループに入ったりして登校しない． | 164人<br>0.7% | 11,360人<br>11.4% |
| C | 無気力 | 無気力でなんとなく登校しない．登校しないことへの罪悪感が少なく，迎えにいったり強く催促すると登校するが長続きしない． | 4,238人<br>17.7% | 20,414人<br>20.4% |
| D | 不安など情緒的混乱 | 登校の意志はあるが身体の不調を訴え登校できない，漠然とした不安を訴え登校しない等，不安を中心とした情緒的な混乱によって登校しない（できない）． | 7,815人<br>32.6% | 25,406人<br>25.4% |
| E | 意図的な拒否 | 学校に行く意義を認めず，自分の好きな方向を選んで登校しない． | 874人<br>3.6% | 4,745人<br>4.7% |
| F | 複合 | 不登校状態が継続している理由が複合していていずれが主であるかを決めがたい． | 7,377人<br>30.8% | 27,080人<br>27.1% |
| G | その他 | 上記のいずれにも該当しない． | 2,363人<br>9.9% | 4,311人<br>4.3% |
| | 計 | | 23,977人<br>100.0% | 100,065人<br>100.0% |

この型が不登校の中心であることに変わりはないと思われる．「不安など情緒的混乱」型には以下の特徴がある．

①不登校を起こすはっきりした理由がない
②漠然とした不安・緊張を訴える
③学校へ行かなければならないと考えている
④身体的な反応が出る
⑤休み明けに休むことが多い

補足すると，①については本人に尋ねても理由がわからないことが多い．たとえ理由があったとしても本人にも周囲にも些細なことで，とても原因とは思えないことが特徴である．したがって，この型の場合原因探しは混乱させるだけで事態の悪化を招く．「学校生活上の影響」型との違いはここである．②につ

いては①と関連しているが,「学校へ行きたくない」,「嫌だ」としかいえないことが多く,何が嫌なのかはっきりしない．頭痛など身体的な反応がある場合は,不安感・緊張感を自覚しないことが多い．③については「学校へ行かなければならない」,さらに「学校に行きたい」と思っている場合がほとんどである．④については,学校に行こうと思ったとたんに体がすくんでしまう（「すくみ反応」といわれている）のが特徴である．すくみ反応に加えて,頭痛,腹痛,発熱,めまい,吐き気なども見られる．これらは「学校が嫌だ」や「学校にいることに不安を感じる」といった意識的・感情的な内容をともなわず,身体反応のみが自覚されることが多い．⑤については月曜日や祝日開けに休むことが多い．いきなり長期欠席となったのでなければ,それまでにポツリポツリ休むという前兆が見られる．ただしこれは当てはまらない場合もあり,他の特徴に比べると弱い特徴である.

「不安など情緒的混乱」型に見られる身体症状は,長期欠席開始から2週間から1ヶ月ほどでなくなるのが普通である．この結果「無気力」型と判断されることもある．「無気力」型の場合,強く登校を促したり何か行事があったりすると出席することがあるが,「不安など情緒的混乱」型を背景とした無気力の場合,このような出席は少ない．たとえ出席しても,次の日にはまた以前のような身体反応が出現するという違いがある．どちらかというと,「無気力」型は「学校に行かなくてはならない」という考えが希薄である．「意図的な拒否」型は少ないが優秀な生徒に多く見られ,はっきりした考えを持っているのですぐにわかる．ただしその考えはかなり独りよがりのことが多く,怠けるために言い訳をいっているという周囲の誤解を受けることがある．「あそび・非行」型については本人の行動を見れば明らかである．「あそび・非行」型ではない不登校児・生徒が,非行グループに誘われて加わってしまったということがたまに見られるが,これは「あそび・非行」型とは異なった対応が必要である.

### コラム：日本とアメリカのスクール・カウンセラー

学校ではいじめ,不登校,非行・校内暴力,発達障害,性などの諸問題が生じ,心理臨床家の介入が必要と思われるケースが多い．また学校生活に影響を与える家

庭での虐待なども，心理臨床家の介入が必要なケースである．さらに学校での突発的な事故・事件の後に，心理的なケアを行う専門家が求められることもある．このような問題に対処するため，文部省は1995年（平成7）からスクール・カウンセラーを小・中・高校に導入した．一方アメリカでは，以前から学校関係の心理専門家が活動している．職種としてはスクール・カウンセラー（School Counselor），スクール・サイコロジスト（School Psychologist），スクール・ソーシャルワーカー（School Social Worker）があり，この他に言語療法士（Speech and Language Pathologist）や作業療法士（Occupational Therapist），看護師（Nurse）が学区単位，あるいは学校単位で配置されていることが多い．アメリカにはサイコロジスト（Psychologist）という資格もあるが，この資格は普通Ph.D.の学位を持っており，実践に加え研究も行っている高度な専門家を指しているため，学校専門というわけではない．

　アメリカのスクール・カウンセラーは年数回の面接を生徒全員に施し，心理的な問題をスクリーニングする．ただし心理療法など治療的な関わりは他の専門家に振り分け，自ら行うことはそれほど多くない．スクール・カウンセラーが直接扱う仕事には進路の問題があり，担任がこの業務を行っている日本とは異なる．これに対してスクール・サイコロジストは，障害やパーソナリティ，家庭環境，早熟などで学習に特別の配慮を必要とする場合に，教育プログラムを立てることが主な仕事になっており，スクール・カウンセラーより専門性が高い．進路の問題などは日本では教師の仕事であり，アメリカのスクールカウンセラーが行っている多くの業務を日本では教師がこなしている．このためアメリカより日本の方が，より専門的な対応に特化した形でスクール・カウンセラーを現場が求めることが多い．しかし勤務が週に8時間という非常勤体制では，充分な対応ができるとは限らない．歴史の長いアメリカと異なり，日本ではスクール・カウンセラーという制度ができて日が浅い．スクール・カウンセラーが日本でどのように定着するかは未知数である．

## 9-3. 不登校の原因

　毎年行われる文部科学省の調査では，不登校の直接のきっかけも調べられている（表9-2）．これを見ると小学生と中学生のどちらも，「その他本人に関わる問題」（小学生28.8％，中学生28.4％）がもっとも多い．その内訳は「極度の不安や緊張，無気力等で，他にとくに直接のきっかけとなるような事柄が見あたらないもの」と説明されている．次に多いのが，小学生では「親子関係をめぐる問題」（16.0％），中学生では「友人関係をめぐる問題」（22.1％）であ

表9-2 不登校状態となった直接のきっかけ（文部科学省，2004）

| 区分 | | 小学校 | 中学校 |
|---|---|---|---|
| 学校生活に起因 | 友人関係をめぐる問題 | 2,741人 | 22,090人 |
| | | 11.4% | 22.1% |
| | 教師との関係をめぐる問題 | 521人 | 1,491人 |
| | | 2.2% | 1.5% |
| | 学業の不振 | 771人 | 8,486人 |
| | | 3.2% | 8.5% |
| | クラブ活動，部活動等への不適応 | 49人 | 1,387人 |
| | | 0.2% | 1.4% |
| | 学校のきまり等をめぐる問題 | 81人 | 3,063人 |
| | | 0.3% | 3.1% |
| | 入学，転編入学，進級時の不適応 | 635人 | 3,157人 |
| | | 2.6% | 3.2% |
| | 小計 | 4,798人 | 39,674人 |
| | | 20.0% | 39.6% |
| 家庭生活に起因 | 家庭の生活環境の急激な変化 | 2,003人 | 4,990人 |
| | | 8.4% | 5.0% |
| | 親子関係をめぐる問題 | 3,842人 | 8,191人 |
| | | 16.0% | 8.2% |
| | 家庭内の不和 | 1,001人 | 3,733人 |
| | | 4.2% | 3.7% |
| | 小計 | 6,846人 | 16,914人 |
| | | 28.6% | 16.9% |
| 本人の問題に起因 | 病気による欠席 | 1,692人 | 6,292人 |
| | | 7.1% | 6.3% |
| | その他本人に関わる問題 | 6,903人 | 28,431人 |
| | | 28.8% | 28.4% |
| | 小計 | 8,595人 | 34,723人 |
| | | 35.8% | 34.7% |
| その他 | | 2,104人 | 3,175人 |
| | | 8.8% | 3.2% |
| 不明 | | 1,634人 | 5,579人 |
| | | 6.8% | 5.6% |
| 計 | | 23,977人 | 100,065人 |
| 比率（％） | | 100.0% | 100.0% |

り，小学生と中学生では違いが見られる．

　ところで表9-1と表9-2を比較すると，いくつかの疑問が生じる．直接のきっかけ（表9-2）では，「学校生活に起因」が小学生20.0％，中学生39.6％であるにもかかわらず，不登校状態が継続している理由（表9-1）では，「学校生活上の影響」が小学生4.8％，中学生6.7％となっており，きっかけでは学校生活上の問題が多いのに，継続する理由としては激減している．また直接のきっかけである「その他本人に関わる問題」は，前述したように小学生28.8％，中学生28.4％だが，継続している理由の「無気力」（小学生17.7％，中学生20.4％）と「不安など情緒的混乱」（小学生32.6％，中学生25.4％）を合わせると，「本人にかかわる問題」を大幅に越えてしまい，「極度の不安や緊張，無気力等」という説明に合致していない．この原因として，調査への回答のしかたが不適切であったなど調査上の問題が挙げられるが，何年も繰り返し実施されている調査であり考えにくい．調査結果を正しいとすると，学校生活に起因した不登校だがそれは不登校が続いている原因ではないということが多いことになる．この点について次のエピソードをもとに考えてみよう．なおこのエピソードは，筆者がスクール・カウンセラーとしての経験を基に作り出した架空例であり，表9-1の分類としては「複合」に次いで多い「不安など情緒的混乱」型の例である．

不登校のエピソード
　A君はどちらかというと口数が少なく，控えめな性格である．ある日の休み時間に，ふだんから少し苦手としているB君が，最近流行しているお笑いのネタを話しかけてきた．しかし知らなかったので，「えっ，知らない…」と答えると，「知らないの？　おまえ今どき信じられないよぉ」と大きな声でバカにされた．その日家に帰って学校でのことを思い出しとても嫌な気持ちになったが，考えてもしょうがないといつものように寝た．次の朝，起きて学校に行こうとするが体が重くて頭も痛い．母親に「頭が痛い」というと，よほど顔色が悪かったのか意外とあっさり休んでもいいといわれた．母親が電話で学校に連絡しているのを聞きながらまた寝るが，昼には回復したようなので起きてその日は普通に生活した．そして次の日の朝になったが，また

頭が痛くなった．さすがに2日続けてではまずいと思ったが，やはり無理な気がする．母親にいうと，「あんた，怠けてんじゃないの？　昨日はあの後何でもなかったからカゼとかじゃないし．とりあえず今日は痛み止めでも飲んで，とにかく行って」と追い立てられるように学校に行かされた．学校に行ってクラスで座っていると，だんだん胃が痛くなってきて耐えられなくなったので，保健室に行かせてもらう．保健室で休んでいると少し良くなったが，やはり胃が痛いので家に電話をしてもらうと，1度病院で受診するということで母親が迎えに来た．そのまま近くの内科へ行って，胃の薬や痛み止めをもらい帰宅した．寝るときにも次の日のことで不安になるが，朝になって起きてみるとさらにひどい頭痛と吐き気がして，学校へ行こうとすると足がすくんでしまうような，体がどうしても学校へ行ってくれないような感じがする．結局，それから休み続けることになった．

このエピソードでは，B君にバカにされたというのが直接のきっかけであるが，不登校が継続している理由は体調の不良ということになる．こういう場合，「直接のきっかけ」と「継続している理由」が一致しないことになる．学校の教師が調査に回答しているが，責任を回避するためこのような回答になるのではない．A君自身に「どうして学校に来られないの？」と尋ねても，「体の調子が悪くて」という答えが返ってくるであろう．なぜならB君にバカにされたことが嫌だったとしても，「頭が痛くなるほど嫌だったわけじゃないし，B君のことを思い出して頭が痛くなったわけでもない」からである．

しかしもしもA君の保護者が，「休む前の日にB君にバカにされて…」ということを知ったなら，たぶんB君が原因だと思うだろう．ではこのエピソードで，不登校の原因はB君にあると考えた方がいいのだろうか．確かに因果関係が認められるので，責任があるかどうかという点ではB君に原因があるといわざるを得ない．しかしB君が謝れば不登校は解消されるのであろうか．たぶんそうではない．この点において，B君に原因があると考えても問題の解決に結びつかないのである．このエピソードではB君にバカにされたことが強調して取り上げられているが，こういった出来事はよくあることかもしれない．またその日は他にもいろいろなことがあり，このようなきっかけをA君

自身がはっきりと自覚しないことも多い．そうするとA君自身にとっては，「朝起きて学校に行こうとするが体が重くて…」からストーリーが始まっているはずである．このためB君に謝られても，A君は何のことだかわからないということになる．

　不登校が生じたとき，何が原因かと誰しも考えるであろう．ある出来事について原因がいくつも考えられるときに，人はどのような原因を当てはめる傾向があるだろうか．これは心理学では帰属理論として扱われている（コラム9-2）．不登校の原因として「学校に行きたくないから」という理由づけは，もっとも容易になされる．しかしほとんどの場合解決に結びつかないばかりか，本人を責めることになり不適切である．心理臨床にとって原因を考えるのは，責任を追及するためではなく問題を解決するためである．問題を解決するために原因を考えるという意味では，直接のきっかけを考えても解決に結びつかないことが多い．これまで学校に行っていたA君は，学校に行けなくなったという行動の変化が認められる．そして学校に行けるようになるということにも，行けない状態から行ける状態への変化がある．このように行動の変化が見られるところには学習が関係しており，学習理論に基づいて考えることによって問題解決に結びつけることができる．

---

**コラム：原因を考える（帰属理論）**

　原因を考えることは心理学では帰属と呼ばれており，帰属のさいに人間が非常に偏った考え方をすることが知られている．不登校の原因を考える場合に，本章で述べているような学習理論が問題解決に役立つが，もう一方で帰属理論を通して，原因を考える場合に陥りやすい悪いパターンを知っておくとよい．

　不登校の子どもに対してしばしば生じる帰属は，「学校に行きたくないから行かない」と決めつけることである．不登校の中でもっとも割合の多い対人緊張が強いタイプの場合，学校に行きたいと思っていても行けないため，「学校に行きたくないんでしょ」とか「学校に行く気があるの？」という周囲の反応は，本人には非常につらい．「（行きたくないなら）行かなくてもいいよ」というのも誤解に基づいている．また不登校の子どもを持つ親に対して，「育て方が悪かった」と決めつけるのも誤った帰属である．このような帰属に陥ってしまうのは，自分に理解できない状況に出会ったとき，とにかく理解できる理由を見つけてそれを当てはめようとする人間の性質から来ている．人間は納得できる情報がないとき，被害を受けている

人の評価を下げることで納得することが示されている（ラーナー，1971）．

ラーナーの実験では，簡単な記憶課題を行っている人のビデオを見せられ，その人の好感度を評価するよう求められた．記憶課題は答えを間違った場合に電気ショックを受けるという設定であり，かなり苦痛をともなうような電気ショックを受けているところをビデオで見せられた．この実験に参加した人には，電気ショックを受けている人について3種類の情報のいずれかが与えられた．それは①電気ショックを受けている人は演技をしている，②電気ショックを受けている人は30ドルの報酬をもらっている，③何も説明なしであった．結果は，条件①，②に割り当てられた参加者では，電気ショックを受けている人に対して好意的な評価が多かったが，条件③では嫌悪感を示した．③のように何も情報がないときには，何も罪がない人であってもその人の評価を下げることで，そういう仕打ちを受けても仕方がないという納得のしかたをしたのである．

人は理解できない現象に接したときに，とりあえず納得できる理由を求める．理解できなければできないほど不安になるため，この傾向が強くなる．マスコミが騒ぐような世間の耳目を集める事件については，被害者が悪くいわれることが頻繁に見られる．これも短絡的な納得のしかたである．また性的暴行の被害者に対して，警察官があたかもその人のせいで被害を被ったのではないか（「あなたから誘ったんじゃないの」，「どうしてそんな時間にそこを歩いていたの」）と質問したり，裁判などで事実無根の嫌疑をかけられて被害者がさらに心の傷を深くすることが見られる．これらは2次被害と呼ばれている．

## 9-4. 学習理論による不登校の分析

不登校はどのような学習が行われた結果生じたのか．実際の不登校の原因は多様であり複合的であるが，さきほどの単純化したエピソードをもとに考えてみることにする．1つ目の行動の変化として，ある朝起きると頭痛がするということが挙げられる．頭痛は行動というより生理的な活動といった方が表現としては適切であるが，心理学ではどちらも行動と考える．これは毎日あったことではなく，ある日生じるようになったことである．もう1つの行動の変化として，学校に行かなくなったということがある．頭痛だから学校に行けないといえなくもないが，多くの不登校児・生徒にとって身体症状はずっと続くのではなく，普通は2週間程度で出なくなる．しかし不登校という行動は続くのである．

まず頭痛に関しては，B君にバカにされたときに生じた対人場面での緊張や嫌悪感が，朝起きて学校のことを考えたときにも生じ，結果として頭痛という形をとったと考えられる．これはレスポンデント条件づけ（respondent conditioning）といわれる現象である．レスポンデント条件づけは古典的条件づけ（classical conditioning）ともいわれ，無条件刺激（unconditioned stimulus）に対する無条件反応（unconditioned response）が，無条件刺激に随伴した条件刺激（conditioned stimulus）の呈示によって，無条件刺激がないときでも生じる現象である（詳細は第3章を参照）．この場合，B君との最初の出来事で緊張したのは無条件反応であり，そのときに随伴していたのは学校という刺激である．朝，学校を思い浮かべただけで条件反応（conditioned response）である緊張が生じ，頭痛に至ったと分析できる．このような条件づけは家に帰ってその日のことを思い出すことによって，クラスメートや教室など学校に関わる様々なことについても緊張が生まれるようになる．このようなイメージによる条件づけは内潜的条件づけ（covert conditioning）と呼ばれている．また家で悩んでいると不安・緊張が強くなり，これによってさらに学校へ行きたくなくなるという悪循環を繰り返す．次に学校に行かなくなったことであるが，学校が嫌なものとなっているときに，学校に行かないという選択によって嫌なことを避けることができる．これはオペラント条件づけ（operant conditioning）といわれる現象である．オペラント条件づけは道具的条件づけ（instrumental conditioning）ともいわれ，ある状況である行動がなされた結果，報酬を得たり罰を受けたりして強化（reinforcement）されると，その状況でその行動が出現しやすくなるというものである（詳細は第4章参照）．この場合，家にいるという選択をすることで嫌な状況を避けることができる．これはとくに回避学習（avoidance learning）と呼ばれ，非常に学習されやすい．

　さて学習された行動は時間が経てば消えてゆくものではないことが，心理学の多くの実験によって明らかになっている．学校のことで不安・緊張が生じるように条件づけされたとき，それは時間が経てば解消されるものではなく，消去（extinction）という手続きで積極的になくすような努力をしなければならない．学校へ行かないことで嫌な状況を回避できることを経験した後では，楽

しい経験を学校で重ねなければ容易に不登校という回避行動は消えないのである．ここまで見てきて，最初の嫌な経験がその後の回避学習を引き起こし，不登校という行動を生み出していることがわかったであろう．不登校を解消するには学習された行動を再学習で変えていかなければならないが，そこではB君に謝ってもらうのではなく，むしろB君と楽しく過ごす経験をすることが重要である．しかしこれだけでは充分ではない．学校全体に条件づけられた緊張感を解消しなくてはならないし，学校へ行かないという選択肢がもつ魅力を減らし，学校へ行くことで楽しいことがあるという経験を重ねなければ，不登校はなかなか解消しない．このように不登校に陥る直接的なきっかけへの対応は，じつは不登校の解消には大きな役割を果たしておらず，対策の大部分はその後に起きた回避学習を再学習で変えることに費やされる．

　不登校に限らずある行動が繰り返し行われるとき，学習理論では発生要因と維持要因に分けて考えることが一般的である．ある行動が起きるきっかけになった要因が発生要因であり，それを維持・継続させるのが維持要因である．例としてあげたエピソードでは，発生要因はクラスでの嫌な経験であり，維持要因は不登校という回避行動が安心感をもたらしていることである．原因を考えるとき多くの人は発生要因への対処を考える．しかし発生要因についてのみ対処しても維持要因について対処しなければその行動はなくならない．発生要因へのアプローチが効果的でない理由として，発生要因がはっきりしていないことが挙げられる．あのエピソードが，「ある朝起きたら頭痛がして…」ということから始まるケースも多いのである．この場合発生要因が特定できないため，不登校の子どもに「学校で何かあったのか」と尋ねても困らせるだけであり，ときとして関係ないことや事実ではないことを答えさせる結果になる．不登校を脱した子どもが，不登校時代に一番嫌だったことは何かという問いに対して，「どうして」と尋ねられるのが一番嫌だったという回答が多い．このため不安・緊張を伴う不登校への面接では「どうして」とは極力尋ねることはしない．いじめなど明確な発生要因があり，それが不登校の原因となっている場合（表9-1「学校生活上の影響」型），その子とよい人間関係にあれば無理に尋ねなくても打ち明けてくれる．何か原因があったかどうかは，さらりと1度聞いておけばそれでよいのである．ただし非常に重大な経験が不登校につながっている場

合,そのような経験はトラウマとなりストレス障害を発症する可能性もあるため,発生要因への直接的な対処が必要となる.このような場合は精神科医・臨床心理士といった専門家からの指示を仰ぎ,ストレス障害について充分な知識を踏まえた対応を行うことになる.

ここまで「不安など情緒的混乱」型の発生要因,維持要因について述べたが,不登校を考えるさいに重要な要因として,そのような行動を起こしやすくする要因(脆弱要因)についても考えておかなければならない.とくに「不安など情緒的混乱」型は,対人不安(social anxiety)を感じやすいという脆弱要因が強く作用している.対人不安とは,対人場面で緊張したり不安を感じたりすることである.どのような文化圏でも一般的に子どもは恐怖を感じやすく,その傾向は年齢とともに弱まり,大人になるほど恐怖事象への感受性は低くなる.しかし対人不安については,青年期に増大することが多くの研究で知られている(阿部,1985;アベとスズキ,1986;ガロン,キング,オレンディック,2001;ポールトンら,1997;ウェステンバーグら,2004).阿部(1985)およびアベとスズキ(1986)は,視線恐怖,赤面恐怖,対話恐怖といった対人恐怖について日本人を対象に調査した.その結果,10歳くらいから急激に増加した対人恐怖は15歳でピークに達し,その後減り続けて25歳付近で元の水準に戻ることが明らかにされている.このピークが小・中学校時代と重なり,対人不安が非常に高い児童・生徒が不登校に陥りやすいと考えられる.対人不安が非常に高く日常生活に支障を来している場合は,アメリカの精神医学会の診断基準(DSM-IV)では社会恐怖(social phobia)と分類される.これまでの報告で,社会恐怖の発症年齢の平均は11.8歳から22.6歳の間であり(宮前,2000),小・中学生の時期に社会恐怖を発症するケースが少なからずあるだろう.たとえ社会恐怖というレベルに至らなくても,小・中学生で対人不安を原因とする不登校はかなりの割合で生じていると思われる.対人関係が苦手なタイプには小学校入学時から苦手なタイプと,ある時期から非常に苦手になるタイプがある.前者は気質的な要因が関係していることをうかがわせ,後者は発達的側面や心理社会的側面が影響していると考えられる.不登校は中学校に進学すると急激に増える(文部科学省,2004)ことから,環境の変化という心理社会的な要因の比重が大きいことがうかがえる.しかし青年期での対人不安の増大とその後の減

少が，心理社会的な原因なのか身体的な成長にともなうものなのか詳しくは解っていない．

先ほど示したように，対人不安は15歳をピークに減少し25歳くらいで元の水準に戻る．社会恐怖を発症していない限り，普通の人であれば青年期に一旦増加した対人不安は，何年かすると元の水準に戻ることがわかっている．しかしこれは平均値を並べた全体的なものであって，個々人の特徴を示したものではない．ほとんどの場合個人レベルでは，対人不安が非常に高い時期は2，3年でしかないであろう．筆者の経験から見ても，2，3年で学校に来られるレベルにまで対人不安が低下していることが多い．中学校1年で不登校になり卒業間際に学校に呼ばれ，「残り少ないのだからできるだけ出席しなさい」と校長からいわれると，それまで来られなかった生徒がポツリポツリではあるが学校に来るようになり，高校へはさして苦もなく通うようになったというのが典型的な例である．不登校になってから数年経過して普通に学校に来られるようになった場合，そのほとんどが自然に回復したといえるのであって，その間の取り組みが不登校に効果があったかは疑問である．次節では，もっとも多い「不安など情緒的混乱」型（表9–1）を中心に，学習理論から不登校への対応を考えてみる．

## 9–5．学習理論に基づく不登校への対応

前節までに「不安など情緒的混乱」型の不登校に関して，「直接のきっかけ」は本当の原因ではないこと，レスポンデント条件づけによって家でも身体症状が出現して登校できなくなり，オペラント条件づけによって不登校行動が維持されていること，加えて脆弱要因としての青年期における対人不安の増加が関係していることを述べた．ではこれらの分析を踏まえて，どのような対策が考えられるであろうか．

### 9–5–1．身体症状に対して

まず身体症状への対応であるが，家で登校の前に頭痛などが生じるのはレスポンデント条件づけの結果であり，これをなくすには「消去」と呼ばれる手続

きが用いられる．レスポンデント条件づけにおける消去手続きとは，無条件刺激なしに条件刺激を呈示することによって，徐々に条件反応が出現しなくなるようにすることである．じつは家にいるときに学校のことをあれこれ思い浮かべると，不登校になった当初は不安の高さもあり，内潜的条件づけによって他の学校刺激でもすぐに身体症状が出現するようになる．しかししばらくして学校に行かないことが普通になってしまうと，学校のことを考えるのは消去手続きをしているのと同じことになる．そのため早ければ2, 3週間ぐらいすると，朝になってもほとんど身体症状が出なくなる．では身体症状が出なくなるまで放っておけばよいのかというと，そうではない．この2, 3週間学校に行けない自分を責めた結果，自尊心（self-esteem）が低下して自己イメージの矮小化が生じる．したがってこの時期に重要なのは，どうして頭痛がしたのかをうまく説明することによって安心させ，自尊心の低下を防ぐことである．このような説明は心理教育と呼ばれており，子どもの場合は子どもに理解できるような表現で伝えなければならない．これがうまくいくと，非常に短期間で不登校が解消することがある．一方家族などの周囲に対しては，学校に行けない状態を「怠けている」というように理解するのではなく，学校に行けないことを温かく見守ってあげることが大切であると説明し，子どもの不安感を高めないようにする．休み始めのときにいかに安心させるかがポイントなのである．

　長期欠席が始まったころに注意が必要なのは，登校を促すような刺激（登校刺激）の与え方である．不登校生徒への対応において，登校刺激を避けるようにという対応が勧められることがある．これは「不安など情緒的混乱」型の場合，休み始めた当初の身体症状が顕著な時期には登校刺激が不安を高める結果になるので，避けるほうがよいという意味である．このような時期でなければ，「怠けている」と決めつけたり，強引に学校に連れて行ったり，「どうして学校に来ないの」としつこく誘うのでない限り，まったく問題はない．登校刺激については，基本的に温かな気持ちを込めたメッセージであれば問題はない．提供のしかたについては，小澤（2005）の挙げた①小出しにする，②相手の様子を見ながらすぐに引っ込めることもある，③翌日に効果を確かめる，というポイントが参考になる．

　休むことを正当化するための説明として，しばしば「学校なんて行かなくて

もいい」ということを周囲がいうことがある．しかしこれは疑問である．なぜなら，「不安など情緒的混乱」型では例外なく本人は学校に行きたい，行かなければならないと思っているのであるから，「行かなくていい」といわれたのでは混乱する．また「学校に行かなくてもいい」というのが本当であれば，不登校は解消されなくてもよいということになり，これは本人からすれば自分の気持ちをわかってもらえず周囲に見放されたことにもなる．周囲は「学校には行った方がいいけれど，今は行けないほど大変なんだ」と理解してあげなければならないし，たとえ長期欠席になったとしても「学校がすべてではない」，「学校に行かなくてもあなたは大切な子」，「また行けるようになるまでゆっくり休んで」と考えることが重要である．繰り返して述べるが，学校というのはほとんどの子どもにとってやはり必要なところなのである．

　長期欠席が始まった時期に，保護者が「直接のきっかけ」の解明を求めて躍起になることがある．この態度は理解できないでもないが，「誰かが悪い」といっても解決には結びつかない．犯人探しの態度には，どうしたら学校へ行けない状態が解消されるのかという前向きの発想が欠けているのである．さらに「不安など情緒的混乱」型では，本人自身も何か原因があったとは思っていないため，こうした責任の追及は本人の気持ちともズレている．

　さて長期欠席が始まって2週間ほどして，家で頭痛が出なくなったのでそろそろ学校に行けるかもと思っても，いざ学校に行こうとすると途端に具合が悪くなることがしばしば起きる．これは自発的回復（spontaneous recovery）と呼ばれている現象に一致する．1度学習された反応は一旦消去されて条件反応が出現しなくなっても，しばらくして条件刺激を与えるとまた反応するようになるのである．また無条件刺激が与えられると以前よりも簡単に学習されるため，無理して学校に出て来ても翌朝は登校不能になることが多いのである．このように身体症状はかなりしつこいことを覚悟しなければならない．

　この身体症状を直接緩和させる方法としてリラクセーション（relaxation）がある．リラクセーションとは体の緊張を減少させることであり，呼吸法や筋弛緩法などがある．呼吸法は深呼吸を繰り返す方法であり，深呼吸は生理的に交感神経を落ち着かせ，緊張を減少させる作用がある．筋弛緩法は体の筋緊張を自覚し，積極的に取り除くようにしていく方法である．方法としては，手の

ひらをぐっと握って下腕部の緊張感を自覚してもらい，次に手のひらを開いて筋緊張が弛緩したことを自覚する．これを上腕，肩，足に広げてゆき，ついには全身のリラックスを得るようにする．筋弛緩法は自分の緊張を自覚する面が強いため，頭痛や腹痛が起きる原因がわからず困惑している場合に効果がある．身体症状が少なく感情的な面（不安）が強い場合にも，体の緊張を取り除く筋弛緩法は非常に有効である．なぜなら不安になっているときには体の緊張をともなっているのが普通であり，体がリラックスしているのに不安を感じるのは難しいからである．これは笑顔を浮かべながら怒るのが極めて難しいのと似ている．つまり感情は生理的な面も含めて身体的な表現を伴うものであり，身体的な表現を抑制すると感情も抑制されるのである．このように両立しない行動を同時に行わせることで対象となっている行動を抑制する方法は，逆制止（reciprocal inhibition）として知られている（ウォルピ，1958）．

　しかしいくら身体症状を緩和させても，背景にある対人不安を減少させなくてはまた不登校に戻る可能性が高い．対人不安を減少させるにはリラクセーションによって不安を減少させることも有効であるが，対人的なスキル（skill）を高めることによって，いろいろな場面での負担を減らし，対人的な良い刺激を得られるようにすることも有効である．

　たとえば人にいうべきことがあっても，それをいわないと不安・緊張が高まる．またいえないことを悔やみ，自己評価を下げ，抑うつ的になることもある．このような場合，相手に対して上手に主張する技術（対人スキル）を獲得することによって，対人不安を減らすことができる．このような対人スキルの訓練は主張性訓練（assertiveness training）といわれている．しかし，対人スキルの訓練をうまく勧めないと，「対人的にダメだといわれた」，「無理に私を変えようとしている」と誤解され，関係が悪くなることもある．対人不安が高いと，相手からコントロールされるのを警戒している場合が多い．また大人から子どもへの働きかけは，強い者から弱い者へという形になり反発を招きやすいので，慎重に行う必要がある．

　学校以外の場所では対人不安が少ないのに，学校に限って非常に強い不安や緊張を感じ，身体的な症状が出る場合がまれにある．これは何らかの原因によって，学校に対して恐怖を生じるような強固な条件づけが生じてしまった結果

であり，これを改善するには学校という恐怖対象に慣れるしか方法はなく，本人に納得してもらえるのなら別室登校のような形で漸次慣れていく方法や，いきなり教室に入って慣れるのを待つ方法が考えられる．

### 9-5-2. 不登校行動に対して

不登校行動は嫌悪刺激からの回避行動であり，回避することによって安心感が得られるため，この行動が維持されていることを述べた．これは欠席が長期化してしばらく経つと，「学校に行かなくても大丈夫」ということを経験として知るためよけい強くなる．登校せずに家にいると，なんともいえない安心感が得られるのである．家にいるときは何ともないので，家族から「ズル休み」ではないかと思われることも多い．家族のそういった目が嫌で，さらに部屋に閉じこもることもある．家族としては家でどのような生活をさせればよいのか悩む．登校を促してよいのか，そうではなく受け入れた方がよいのか．受け入れるとますます不登校が長引きそうで，優しく対応していても心中はイライラするため，家族の方が参ってしまうこともある．また，悩むのが嫌で放任してしまう場合もある．

家にいるときにまず避けたいのは，生活時間の乱れである．不登校児・生徒にとって皆が学校にいる時間帯は，非常に辛いのも事実である．なぜなら皆は学校に行くことができるのに，自分だけが取り残されたような気分で過ごさなければならないからである．この時間には周囲の目が気になって家から出ることができず，なんとも気の滅入る時間であるため，いっそこの時間を眠って過ごした方が楽である．しかしこれは本人ともよく話し合って，起床と就寝は学校に行っているときと同じようにする．生活時間が乱れてしまって夜型の生活になると，たとえ学校へ行ける状態になっても起きることすらできないからである．生活時間の乱れがなくても，家でゲームやインター・ネットばかりしているのではやはりまずい．不登校の子は遊んでいても悪いことをしているようでゲームを楽しめないと感じるのだが，その間は学校のことを考えなくてよいので回避行動になっているのである．家にいることを温かく受け入れることと，家にいる時間がとても楽なのは別である．ある程度の勉強をする時間を設けなければならないし，ゲームやパソコンは制限があって当然である．最近はメン

タル・フレンドという名称で，無料で勉強を手伝ってくれる制度が利用可能であり，自習の難しさを補ってくれる．むろん家にいて学校と同じ時間割で過ごすのは無理なので，本人とよく話し合って最低限達成できる時間割を作り出すとよい．なるべく達成感が得られるように，得意なものを中心に考える必要がある．長時間の自習が無理であれば，なるべく人とふれあう時間を作るのがよい．学校に行っていないからといって，塾に行くのをためらう必要はない．学校側もそれを否定的に見るのではなく，学校で提供できない部分を補ってくれていると考えなければならない．むしろ学校が魅力に乏しいことを反省しなければならないのかもしれない．

### 9-5-3. フォローアップ

不登校から脱し登校を開始したとしても，その後のフォローアップが必要である．その1つは学習面へのフォローアップである．不登校は学習面の遅れを招き，これがかなり後々まで響いてくるのを何度も経験している．学習面での配慮は教師の仕事といえなくもないが，あまり考慮してくれないのも事実である．もう1つは長期欠席から脱して再登校するようになったとしても，1ヶ月以内に欠席することが非常に多いことへのフォローアップである．これは再登校が負担になっているということと，また登校できなくなるのではないかという不安が影響しているようである．もし気になる素振りが見えたなら面接を行い，これまでの取り組みを振り返って，「以前とは違う！」と自信を持ってもらうことが大切である．

## 9-6. おわりに

この章では「不安など情緒的混乱」型を中心に不登校について述べてきた．これとは異なった「意図的な拒否」型の場合は，きちんと話し合える人間関係を作り，その児童・生徒の考えをいっしょになって考えることが対応の中心になる．「あそび・非行」型の場合にはまた異なった対応となる．どの型の不登校かを判断することは，とても重要なのである．学習理論の応用という面を取り上げたため，多少理屈っぽくなってしまった部分もあるが，実際の不登校支

援ではこの章で述べたこと以外に，子どもとの関係の作り方や保護者や教師への支援など多くのことが関係してくる．ここに述べた理論的なことは必要な知識かもしれないが，何よりも大切なことは子どもと温かな気持ちで接することである．

### 引用文献

阿部和彦．1985．小児期および青年期における発達と対人恐怖的症状〈視線恐怖，赤面恐怖，対話恐怖〉．精神科 MOOK, **12**: 70-75.
Abe, K. & Suzuki, T. 1986. Prevalence of some symptoms in adolescence and maturity : Social phobias, anxiety symptoms, episodic illusions and idea of reference. P*sychopathology*, **19**: 200-205.
Broadwin, I. T. 1932. A contribution to the study of truancy. *American Journal of Orthopsychiatry*, **2**: 253-259.
Burke, A. E. & Silverman, W. K. 1987. The prescriptive treatment of school refusal. *Clinical Psychology Review*, **7**: 353-362.
Gullone, E., King, N. J., & Ollendick, T. H. 2001. Self-reported anxiety in children and adolescents: A three-year follow-up study. *The Journal of Genetic Psychology*, **162**: 5-19.
Helsov, L. A. 1960. Refusal to go to school. *Journal of Child Psychology and Psychiatry*, **1**: 130-136.
Johonson, A. M., Falstein, E. I., Szurek, S. A., & Svendsen, M. 1941. School phobia. *American Journal of Orthopsychiatry*, **11**: 720-711.
Kearney, C. A. & Silverman, W. K. 1990. A preliminary analysis of a functional model of assessment and treatment for school refusal behavior. *Behavior Modification*, **14**: 340-366.
Lerner, M. 1971. Observer's evaluation of a victim, *Journal of Personality and Social Psychology*, **20**: 127-135.
宮前義和．2000．統計に見る社会恐怖．坂野雄二・不安抑うつ臨床研究会（編）人はなぜ人を恐れるか――対人恐怖と社会恐怖．日本評論社．東京．
文部科学省．2004．各種統計情報　児童生徒の問題行動等生徒指導上の諸問題に関する調査（平成15年度）．http://www.mext.go.jp/b_menu/houdou/16/08/04082302.htm.
小澤美代子．2005．上手な登校刺激の与え方．ほんの森出版．東京．
Poulton, R., Trainor, P., Stanton, W., McGee, R., Davies, S., & Silva, P. 1997. The stability of adolescent fears. *Behaviour Research & Therapy*, **35**: 159-163.
佐藤修策．1959．神経症的登校拒否行動の研究．岡山県中央児童相談所紀要，**4**: 1-15.
鷲見たえ子・玉井収介・小林育子．1970．学校恐怖症の研究．精神衛生研究，**8**: 27-56.

Westenberg, P. M., Drewes, M. J., Goedhart, A. W., Siebelink, B. M., & Treffers, P. 2004. A developmental analysis of self-reported fears in late childhood through mid-adolescence: Social-evaluative fears on the rise? *Journal of Child Psychology* & Psychiatry. **45**: 481–495.

Wolpe, J. 1958. *Psychotherapy by reciprocal inhibition.* Stanford Univ. Press. Stanford, Calif.

# 第10章

# ヒトと動物の関係学

山田弘司

## 10-1. ヒトと動物の関係学とは

　ヒトと動物の関係学は，ヒトが動物と関わることによって生じる，ヒトと動物の双方への影響についての研究分野である（図10-1）．欧米では「ヒトと動物の相互作用国際学会」(International Association of Human-Animal Interaction Organizations, IAHAIO) が1990年に設立されており，第10回目に当たる学会が2004年に開催されている．日本でも「ヒトと動物の関係学会」が1995年に設立されている．そこで取り上げられている主な内容の一つは，ヒトが動物と接することで生じる心身の健康への好影響を研究する分野，いわゆるアニマルセラピーである．アニマルセラピーは，治療評価をともなう動物介在療法 (animal-assisted therapy) と，それをともなわない動物介在活動 (animal-assisted activity)，青少年を対象とした動物介在教育 (animal-assisted education)，乗馬活動を通して心身の障害を改善する障害者乗馬 (riding for the disabled) などに分類される．またペットと死別したときに飼い主が陥りがちな，抑うつを主症状とするペットロス症候群 (pet loss syndrome) の問題も研究されるようになってきた．

　ヒトと動物の関係学のもう一つの主要な内容は，ペット動物の問題行動の治療である．吠える，かむ，家具を壊すなど，問題行動の原因の一部は飼い主の飼育方法にある．しつけのしかたや普段の接し方のせいで，飼い主にとって好ましくない行動が学習されてしまう場合がある．その治療方法としては，手術やホルモン剤などの薬物投与が行われることもあるが，条件づけ学習の技法を

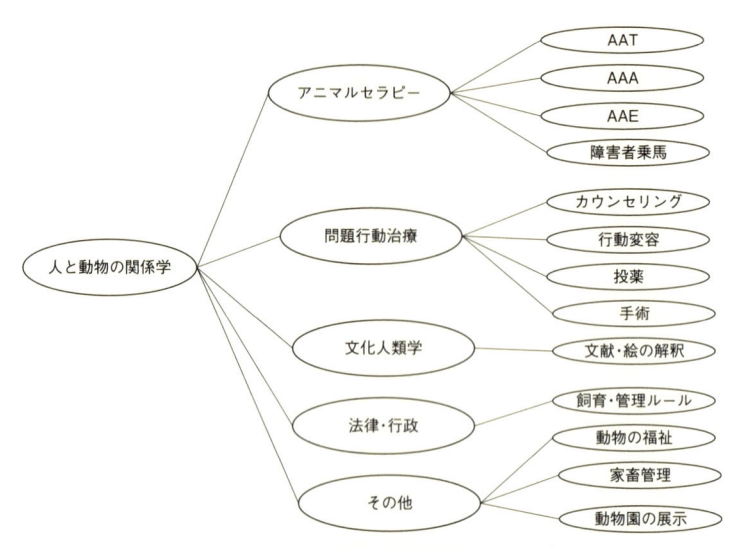

**図 10-1 ヒトと動物の関係学の研究内容**
多様な分野があり，ヒトの健康改善効果に関するアニマルセラピー，ペットの問題行動治療，動物とヒトの関わりの歴史に関する文化人類学，ペット飼育に関する法律・行政，その他動物の福祉などが含まれる．

使って不適切な行動をなくしたり，適切な行動を行うよう訓練することも行われる．このように，ペット動物とヒトとの関わりがペットの問題行動の原因になる一方で，関わり方の工夫で治療手段にもなる．

　ヒトと動物の関係学の研究は，これら以外に文化人類学的視点での文献・資料研究や，法律・行政の視点での飼育ルールの研究など多岐に渡っている．この章では代表的なペットであるイヌを取り上げ，条件づけ学習を応用した問題行動の治療について紹介する．もう1つの主要な分野であるアニマルセラピーについて興味のある方は，類書を参照されたい（岩本と福井，2001；キャッチャーとベック，1994；日本動物病院福祉協会，1996；ファイン，2000；横山，1996）．

## 10-2. 問題行動とは

　ペットの問題行動は，飼い主や周囲のヒトが迷惑に感じ，やめさせたい行動，またはペット自身にとって問題である行動とされている．一般的には，飼い主

表 10-1　問題行動の分類

| 問題行動の大分類 | 問題行動の小分類 | 状況 | 反応 |
|---|---|---|---|
| 攻撃行動 | 捕食性攻撃 | ネコやトリなどの動物がいたとき | 吠える、うなる、かむなど |
| | 防御的攻撃 | 触ろうとしたとき | 吠える、うなる、かむなど |
| | 専有物攻撃 | 餌皿にさわろうとしたとき | 吠える、うなる、かむなど |
| | テリトリー防御攻撃 | 寝場所などに接近したとき | 吠える、うなる、かむなど |
| | 恐怖攻撃行動 | 脅かしたとき | 吠える、うなる、かむなど |
| | 音誘発攻撃行動 | 大きな音がしたとき | 吠える、うなる、かむなど |
| | 突発性攻撃行動 | 理由不明 | 吠える、うなる、かむなど |
| | 母性攻撃行動 | 保育時に接近したとき | 吠える、うなる、かむなど |
| 恐怖症 | 音恐怖症 | 雷、掃除機などの音 | 吠える、走り回る、排泄 |
| 高い興奮 | | 来客へ | じゃれつく、吠える |
| | | 誰に対しても | じゃれつく、吠える |
| 破壊行動 | | 家具へ | |
| 摂食問題行動 | | 糞など | 不適切な物の摂食 |
| 排泄問題行動 | | 特定の場所へ | 不適切な場所での排泄 |
| 性行動 | | ヒトへ | ヒトへのマウンティング |
| 自傷行為 | | 自分自身へ | 手をなめ続ける |
| 散歩時のひっぱり | | 飼い主へ | 綱を引っ張る |
| 留守中の問題行動 | | さまざまな場所へ | 排泄 |
| | | 相手不明 | 吠える |
| | | 家具へ | 物をかじる |

問題行動は，生じる状況と反応の種類によって分類される．たとえば被捕食動物がいるときに攻撃が生じた場合，捕食性攻撃行動とされる．

や通りすがりのヒトに対して吠える，かむ，うなるといった攻撃行動，他のイヌや動物に対する攻撃行動，物を壊すといった破壊行動，はしゃぎすぎるなど高すぎる活動性，ささいな出来事に対する恐怖反応，飼い主へのマウンティング (mounting)，不適切な場所での排泄，自傷行為 (self-destructive behavior)，常同行動 (stereotypic behavior)，異食症 (pica) などを指している（表10-1，表10-2）．問題行動は飼い主の悩みになるだけでなく，近隣のヒトやペット自身にも迷惑をおよぼす側面がある．問題行動の原因については，犬種のような生得的性質，ホルモン分泌状態，神経伝達物質，環境刺激や飼い主のこれまでの対応のしかたが主な要因として考えられている（図10-2）．

代表的なペット動物であるイヌとネコについて，問題行動の実態を分析した研究（川口，1995）によると，イヌでは飼い主の82%，ネコでは83% が問題行動を認識している．そのうち罰を与えるなど何らかの対応をする飼い主は，イヌでは83% であるのに対してネコでは57% と差があった．問題行動の認識には違いがないが，イヌではネコよりその問題が重要視されていることがうかが

表 10-2 問題行動の多元的分類

| 分類基準 | 分類内容 |
|---|---|
| 原因 | 生得的性質 |
|  | 内分泌系 |
|  | 脳内神経伝達物質 |
|  | 飼い主の対応 |
| 対象 | 飼い主 |
|  | 飼い主以外のヒト |
|  | 他のイヌ・ネコ |
|  | 自分自身 |
|  | 物 |
| 行動 | 吠える |
|  | うなる |
|  | かむ |
|  | 他個体とのけんか |
|  | 音などへの恐怖 |
|  | 興奮によるはしゃぎすぎ |
|  | 家具などの破壊 |
|  | 異食 |
|  | 不適切な場所での排泄 |
|  | ヒトへのマウンティング |
|  | 自傷行為 |
|  | 散歩時の引きずり |
|  | 留守時の破壊 |
|  | 常同行動 |

問題行動はその行動の外見や対象だけでなく，内因的原因によっても分類できる．

える．多くのヒトが指摘していた問題行動は，イヌでは順に「破壊行動」，「むだ吠え」，「ヒトをかむ」であり，ネコでは「爪研ぎ」，「異食症」，「他のネコとのけんか」の順であった．このように問題行動の実態調査から，飼い主の多くが問題行動を認識していること，さらに問題行動の質はイヌの方がより重大であることがわかった．

## 10-3. 問題行動の治療方法

問題行動の治療方法については，獣医臨床学の分野で 1980 年代に始めて専門的な見地から正書にまとめられ（ヴォイスとボーチェルト，1982），それ以後多くの本が出版されてきた（オファレルら，1996；工，2002；ランズバーグら，1988）．それらによると，問題行動の治療は飼い主への面接やカウンセリングから始まり，必要であれば中性化のような外科手術，ホルモンや向精神薬（psychotropic drug）投与のような薬物療法が行われたり，オペラント条件づけや古典的条件づけを用いた行動変容（behavior modification）法が指示されたりする（図 10-3）．

飼い主に対する面接やカウンセリングは，問題行動の原因や治療方針を考える上で重要である．いつ，どのようなきっかけで問題行動が出現し，それに対して飼い主がどのような対応を行ったのか，といったことを明らかにすることにより，原因が生得的性質（innate disposition）にあるのか，飼い主の対応にあるのか，それとも特定のきっかけ刺激が問題行動を起こしているのかを絞り込み，対応を検討するのである．

薬物療法については，一部の問題行動がヒトの不安症状や抑うつ病，統合失調症を連想させることから，向精神薬が有効ではないかと考えられ検討されてきた．米国の問題行動に関する獣医臨床の教科書には，抑うつ症状などに使わ

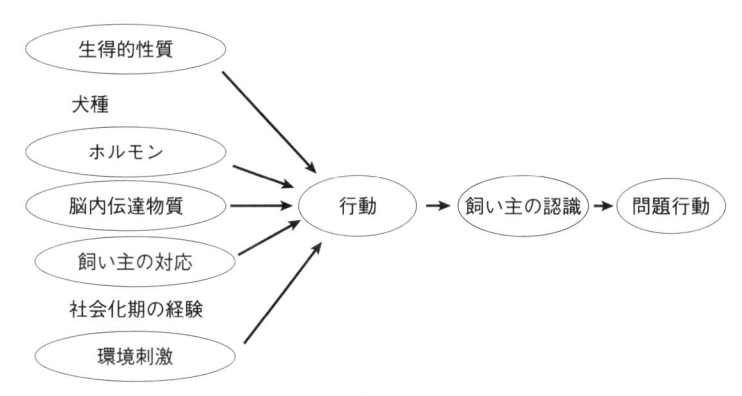

**図 10-2　問題行動の発症モデル**
動物側の要因と，飼い主の対応や環境刺激などの環境要因によって生じる行動が，飼い主に問題だと認識されて問題行動と呼ばれるようになる．

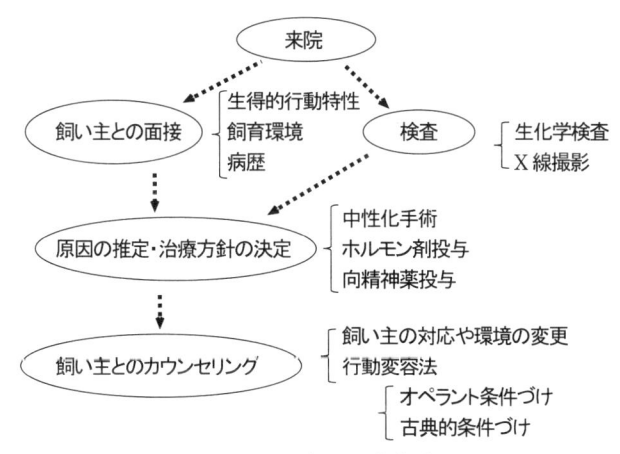

**図 10-3　問題行動の治療手順**
飼い主との面接や検査によって原因を推定し，手術，薬の投与，行動変容法などの処方を決めていく．動物の治療だけでなく，飼い主のカウンセリングでペットへの対応について指示を与える．

れる抗不安薬（antianxiety drug）や，統合性失調症に使われる向精神薬の処方例があげられている（オーバオール，2003；ドットマンとシュスター，2002）．たとえば抗不安薬としてベンゾジアゼピン（benzodiazepine），向精神薬としてクロルプロマジン（chlorpromazine）がよくあげられている．その有効性については研究が進められているが，日本では安全性が確認されていないとい

う理由から，現時点では問題行動の治療薬として正式に承認されている薬はほとんどない．薬物療法には，他にも薬物耐性が生じてしまう問題，投与中に症状が治まるだけで本質的な治療にならないという問題が指摘されている．また向精神薬の処方と同時に条件づけによる行動変容を行おうとする場合，薬の投与によって学習機能が阻害されるという矛盾も生じることがある．なによりも，攻撃行動を薬で押さえておとなしくさせられたとしても，半ば寝ているような状態ではペットを飼う喜びが半減してしまうだろう．

　行動変容は，心理学の条件づけの手法を用いて問題行動を治療する方法である．もともと条件づけの手法が，ヒトの精神疾患の症状改善に効果をあげたことがきっかけとなり，ペット動物の問題行動への適用が試みられるようになったのである．ヒトと違い言語的指示ができない動物が相手なので，手法に多少の工夫は必要であるが，行動変容の手法の基礎になっている条件づけの理論は動物相手の実験で導かれたものであり，本来利用できて当然といえる．本章では，行動変容法が問題行動の治療の中核となっていることや，その手法には学習心理学の知見がそのまま利用されていることから，行動変容に関わる話題を中心にして条件づけ学習の一般原理と対応させながら紹介する．

## 10-4. 問題行動の行動変容

　問題行動への対処は，不適切な反応を生じさせなくすることと適切な反応を生じさせることに分けられる．たとえば，攻撃行動はもっとも頻繁に報告される問題行動であり，不適切で生じさせたくない反応である．それに対して，散歩のとき隣に従って歩く行動は，適切で生じさせたい反応である．学習の基本原理が古典的条件づけとオペラント条件づけであることは，すでに第3章と第4章で述べたが，いずれの条件づけもそれまでの反応傾向を変える機能を持っているので，問題行動を修正させる目的にかなっている．そして条件づけを治療目的で利用するとき，行動変容法と呼ぶ．その中でもオペラント条件づけは，随意行動をコントロールする強力な機能を持っているので，随意行動が関わる場合の多い問題行動に，もっともよく使われる行動変容法になっている．

### 10-4-1. オペラント条件づけの図式から行動変容を考える

オペラント条件づけが弁別刺激，反応，強化子の3つの要素で構成されることは，すでに第4章で説明した．オペラント条件づけが生じた場合，その背景にはこれら3つの構成要素が関わっていると考えられる．問題行動の原因を分析する場合も，この図式に従って何が問題行動を発現させる弁別刺激になっていて，何が問題行動を維持する強化子であるか，と考えていけばよい．問題行動の原因が推定できたら，次はその弁別刺激をなくしたり，強化子と思われるものを与えないように試しながら，問題行動がなくなる組み合わせを探し出せばよいことになる．

第4章で紹介されたオペラント条件づけの原則からすると，条件づけを行うときに気をつけるべきこととして次のことが指摘できる．正の強化子を用いるように心がけ，罰の利用は極力避けることである．問題行動に直面すると，ともすると感情的になって殴ったり，しかりつけたりして罰を与えがちである．しかし原則からすると，罰によって動物が神経質になり，その状況に嫌悪感を持つようになる．さらに罰では何をしてはいけないかということは示せても，何をすべきかということを指示できないので，神経質になった動物がその問題行動をやめる一方で，別の問題行動を行うようになってしまっても不思議はない．正の強化子の利用は，そのような心配が最小限ですむもっとも無難な方法ということになる．

現実には，正の強化子と罰に関する原則を適用した手順を考えることは，意外に難しい．たとえばイスをかじるイヌに対して，消去のつもりで無視してもいっこうにいたずらがやまないばかりか，かえって飼い主にじゃれつくようになったりする．このように思い通りに簡単に解決しないのは，一つにはイヌ特有の行動特性に理由があり，もう一つには条件づけの原理に理由がある．

### 10-4-2. 古典的条件づけの図式から行動変容を考える

古典的条件づけでは，条件刺激と無条件刺激の対呈示による条件反応の形成が行われる．条件反応としては感情反応や自律神経系（autonomic nervous system）活動のような，非随意的な反応が代表的であった．条件づけ学習の原理は単純で，条件刺激と無条件刺激が時間的に近接して繰り返し呈示される

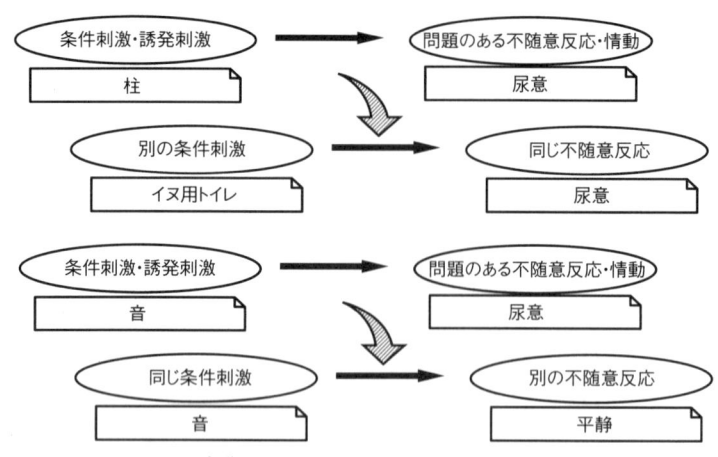

```
条件刺激・誘発刺激  →  問題のある不随意反応・情動
    柱                        尿意
                ⇓
別の条件刺激    →    同じ不随意反応
  イヌ用トイレ              尿意

条件刺激・誘発刺激  →  問題のある不随意反応・情動
    音                        尿意
                ⇓
同じ条件刺激    →    別の不随意反応
    音                        平静
```

**図10-4　古典的条件づけによる問題行動の分析と対応**

柱が条件刺激になって排尿が生じている場合，柱の代わりにイヌ用トイレを条件刺激として古典的条件づけを行い解決する（上）．音に対する反応として恐怖が生じている場合には，音に対して別の反応（平静な気分）が生じるように古典的条件づけを行って解決する（下）．

と，条件づけが生じるというものである．古典的条件づけが関わっている問題行動の代表は，恐怖反応のような感情反応であり，イヌの場合にはとくに大きな音に対する恐怖反応が話題になることが多い．その場合大きな音が条件刺激であり，恐怖反応が条件反応になっていると考えられる．行動変容の目的は大きな音という条件刺激に対して，恐怖反応のかわりに平静な気分という条件反応が生じるように変えることである（図10-4）．

## 10-5. オペラント条件づけによる行動変容の原則

問題行動の改善のために飼い主が行う対処は，学習原理に沿って行われることが望ましい．そうでないと効果がないどころか逆効果になりかねない．以下には基本的な原則をまとめた（図10-5）．

### 10-5-1. 強化をするなら正の強化子

反応に正の強化を与えることによって，動物が行わなければならない行動を明確にすることができる．ある行動を罰で抑制しても，想定外の別な行動が現

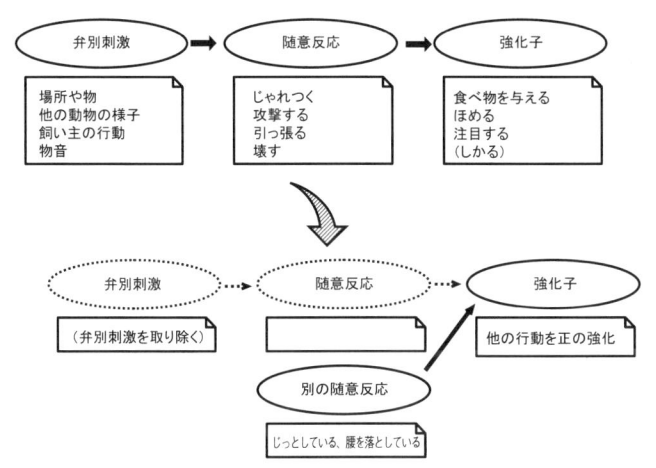

図10-5 オペラント条件づけによる問題行動の分析と対応
弁別刺激を取り除くことで，反応するときの手掛りをなくしてしまう．さらに行動を強化しない，問題行動と両立しないような別の随意反応を強化する，といった手続きを行う．

れてしまうことがあり，それよりも特定の行動を決めてそれを行うように条件づけをするのがよい．

### 10-5-2. 強化のタイミングと強さ

条件づけを開始した段階では，目的とする反応が起きた直後に強化子を与えるのが理想的である．強化が遅れると条件づけ学習が生じなかったり，もっと悪いケースでは別の反応が条件づけられてしまう場合もある．もちろんほうびとなるのに充分な強さを持った強化子を，はっきり認識させるように与えたい．それには雑音となる他の刺激がない状況で，条件づけを行うのが理想的である．ただし，刺激が強すぎて，興奮させたり落ち着きを失わせては逆効果である．ヒトの場合，簡単な課題では意欲が高いほど学習成績がよいが，難しい課題だと中程度の意欲の方が学習成績がよい．これはヤーキーズ・ドットソンの法則（Yerkes-Dodson's law）として知られている．イヌに複雑な行動を条件づけする場合には，興奮させすぎないような強さの強化子を使うように気をつけたい．

### 10-5-3. 罰は最小限に,同時に正の強化子

　罰を用いる副作用は,罰を受けた場面や相手に対して,嫌悪感を持つようになることである.罰の本来の目的は,その行動を行うことに嫌悪感を持たせて行動を抑制することであり,相手や状況を嫌悪するようでは目的に合致しない.また罰では,何をしたらいけないかは示されるが,何をすべきかは示されないという問題もある.神経質な状態の時には,罰によってむしろ過剰な反応が現れることも多い.罰による別の思いもかけぬ問題行動を抑制するために,罰と平行して正の強化も同時に用いて正しい目的へ行動を誘導したい.

### 10-5-4. 行動形成には逐次接近法

　正の強化子によって行動を条件づけするには,もともとオペラント水準がある程度高い必要がある.オペラント水準が低く条件づけが難しい場合には,逐次接近法を用いて条件づけしやすい行動から始め,しだいに目的の行動へと進めていくのがよい.学習性無力感や実験神経症の現象が示しているように,最初から難しい条件で始めると飼い主やその状況に対して嫌悪感が生じ,以後の条件づけ学習を阻害する可能性がある.

### 10-5-5. 弁別刺激としての状況の重要性

　問題行動が起きる状況を観察し,何か特定の刺激が弁別刺激になって,問題行動が誘発されていないか調べる必要性を先に指摘した.もし反応を生じさせる弁別刺激に相当するものがあれば,その刺激を取り除くことで問題行動が生じにくくなる.実際には問題行動が起きている場所を避けたり,問題行動が起きたときに着ていた服を着替えたりして,条件づけを行う工夫ができるだろう.

## 10-6. 実際の行動変容での注意点

### 10-6-1. ほうびの意外性

　正の強化として機能するものの中には意外なものもある.通常はしかられるのは嫌なことであるが,イヌは元来社会性の高い動物であり,飼い主と関わることへの要求が強い.このためエサ以外でも社会的要求を満足させる刺激,た

とえばほめる，いっしょに遊ぶ，散歩する，声をかける，注目するといったことが，正の強化子となることがある．極端な場合では，怒鳴ることすら相手をしなかったり無視することよりも好まれて，正の強化子になることがある．この社会的要求が強化になることを利用すれば，エサを利用しなくても条件づけが可能である．その一方で問題行動の強化子になっているものが何であるか，わかりにくくもしている．

### 10-6-2. 隠れた強化子

条件性強化により問題行動が維持されていて，本来の強化子が隠されてわからない場合がある．問題行動に対応する強化子が何も見つからない場合，本来強化子ではない刺激が条件性強化によって2次性強化子になり，問題行動を維持している可能性がある．何が本来の強化子であるか，過去の経験までさかのぼって条件性強化が行われていた可能性と，その場合の1次性強化子と2次性強化子が何であるかを分析しなければならない．この分析には，動物の行動についての深い知識と推理力が必要とされるだろう．

### 10-6-3. 消去のつもりが罰になる

攻撃行動に対して消去のつもりで無視を決めこんだ場合，無視したにも関わらずじゃれつきなどの問題行動が起きることがある．注目しないことがむしろ罰となってしまい，その結果さらに注目を集めようとする行動へとエスカレートしたのである．

### 10-6-4. 自発的回復と消去抵抗

消去手続きによって反応が見られなくなった場合にも，反応する気がなくなったと安心してはいけない．消去手続きは反応傾向を抑制する働きを持つので，反応がなくなったからといって消去をやめると，自発的回復現象が起きて再び反応が生じる可能性がある．

部分強化消去効果の原理によると，部分強化されていた反応は消去しにくいことになる．強化子がないのに反応が維持されている場合には，この可能性について考える必要がある．たまにしか強化されない反応ほど消去でも長く続く

傾向があるため，もともと何が強化子となって問題行動が起きていたかを分析するさいには，たまにしかなかった強化を探すという困難に直面する．

### 10-6-5. 無視は消去か

先ほどのイヌの場合，なぜ無視することが効果的ではなかったのだろう．イヌは群れで生活する動物で，本来社会性が高く，他個体とのコミュニケーションを頻繁にとる傾向がある．そのため無視という対応は，イヌにとっては罰を受けているのも同然であり，不安な情動が喚起されて接触を求める行動が生じる．つまり消去手続きと思っていたのに，罰手続きをしていたことになる．

## 10-7. 古典的条件づけによる行動変容の原則と注意点

### 10-7-1. 条件刺激と無条件刺激のタイミング

条件刺激と無条件刺激呈示の時間関係の中で，もっとも効果的に条件づけが生じるのは遅延条件づけであった．音など条件刺激がオンになり，それがオフになる直前または直後に無条件刺激が呈示される手続きである．条件刺激と無条件刺激呈示が時間的に離れるほど条件づけの効果が薄れ，悪くすると予定しなかった刺激が条件刺激になってしまう可能性があることに注意したい．

### 10-7-2. 困難な弁別に注意

微妙な差異を弁別する難しい課題に対して，神経症的行動が起きて学習が阻害されるのが，実験神経症である．この問題が起きないように，難しいしつけを訓練しようとする場合など，段階的に無理のないペースで進めていくことが重要である．

### 10-7-3. 古典的条件づけの刺激般化

古典的条件づけの結果，ベルの音に敏感になって攻撃的な反応をするようになったイヌは，ベルに似た刺激，たとえば呼び鈴でも同様な反応を示すようになる．刺激般化現象のために類似した刺激も条件刺激となり，もともと条件づけられた刺激以外の多様な刺激に，問題行動が起きるようになってしまうこと

に注意したい．

### 10-7-4. 雑音となる刺激に注意

　強い音でも弱い光でも，別々にエサと対呈示すると古典的条件づけが生じるが，強い音と弱い光を同時に呈示してエサを与えると，弱い光には古典的条件づけがほとんど生じない．この隠蔽現象は，強い刺激といっしょに呈示すると弱い刺激が条件刺激にならないという現象である．このことから古典的条件づけで行動変容を試みるときは，他に目立つ刺激がない状況で行う必要がある．

## 10-8. 実際の適用例

### 10-8-1. 恐怖反応に対する系統的脱感作法

　雷の音や掃除機の音に対して吠えたり，排尿したり，後ずさりするなどの恐怖反応を示すイヌがいる．この問題行動の解決方法として，系統的脱感作法（systematic desensitization method（ウォルピ，1958））が効果的である（チュバーら，1974）．系統的脱感作法は，最初に恐怖の対象に類似しているがより恐怖感の少ない刺激に馴化させ，その刺激をより怖いものに変えながら段階的に馴化を進めていく方法である．

　この種の恐怖反応を目にしたときによくやりがちな対処は，しかることである．しかしこれでは刺激に対してさらに恐怖を条件づけるようなもので，かえって逆効果である．系統的脱感作法を使って，安心できるような状況で気にならないぐらい小さい音を出し，音に馴れさせる．その音に恐怖反応を示さなくなったら，少し大きな音に変えてまた馴れさせる．もし恐怖反応が現れたら即座により小さな音に逆戻りし，再度馴れるように訓練する（表10-3）．もしうまく馴れたら強い刺激に変えていき，最終的に大きな音にも馴れたら終了する．

　系統的脱感作法が恐怖反応を抑える根拠となるのが，反対条件づけ（counterconditioning）の現象である．刺激に対してある反応（たとえば恐怖）が古典的条件づけされているときに，それとは相容れない別の反応（快感）を条件づけると，もとの反応（恐怖）が抑制される現象である．拮抗する反応は同時に生じることはできない，という現象を利用した手法である．

表 10-3　イヌの音恐怖症に対する系統的脱感作療法の手順

| 段階 | 手続き |
|---|---|
| 1 | 恐怖の対象となる音の大きさを調査。 |
| 2 | 恐怖を起こさない小さな音から、恐怖を起こす大きな音まで何水準かの音を用意。 |
| 3 | 安心するような環境を整える。 |
| 4 | なでるなど、安心させるようにしながら最小水準の音を出す。 |
| 5 | 恐怖を示さなければ、次の水準の大きな音に変える。もし、恐怖を示したら、前の水準の音に戻る。 |
| 6 | もっとも大きい音でも問題行動が起こらなければ、終了する。 |

恐怖が生じる音の大きさを調べて最大音を決めた後で，音の大きさを何段階か設定し，安静気分を促進するような状況の下で小さい音から大きな音へと次第に馴れさせていく．

### 10-8-2. 活動性の亢進

　活動性が高すぎてじゃれついたり，遊びたがったりするイヌに対して，ほめたり，なだめたり，声をかけるのは逆効果である．なぜなら，このような飼い主の行為はイヌにとっては正の強化になり，さらに興奮させる原因になるからだ．活動要求が強いイヌの場合，その要求を満たせないことが異常な活動性の原因になることが多く，その場合は散歩をさせるなどで要求を満足させることが，本質的な解決法になる．オペラント条件づけの強化を使うなら，落ち着いているときが効果的である．声をかけて強化するのは，じゃれついているときではなく落ち着いたときにするというように，飼い主の方も慎重に対処する必要がある．

### 10-8-3. 排泄場所のしつけ

　不適切な場所での排泄は，危険こそないが室内飼いの場合は深刻な問題となる．トイレとして決めた場所での排泄習慣をつけさせることは，トイレット・トレーニング（toilet training）という．排泄のさいには，時間や場所が誘発刺激となって自律神経系が働き，排尿や排便が促される仕組みになっている．この場合は古典的条件づけによって特定の場所が条件刺激となり，便意を催す

ように訓練するのが効果的である．工夫としては，その場所で他の動物の排泄物の匂いをかがせて，便意を催させる方法がよく知られている．この繰り返しにより，その場所に行くと便意を催すように条件づけすることが可能である．

## 10-9. まとめ

　条件づけの技法は，行動変容の方法としてペットの問題行動に応用されている．このことは，条件づけが行動を強力にコントロールする機能を持つことを，改めて証明している．もともと条件づけが，ネズミやハト，イヌを用いた動物実験から導き出された手法であることを考えれば，条件づけが問題行動に適用できるのはむしろ当然ともいえる．しかし条件づけの理論からすると，飼い主の対処法には間違っている例も散見される．充分に条件づけの原理を理解した上で，対処法を決めるべきだと思われる．

　問題行動だけ見ていても，原因となる条件づけがどのように生じたか分かりにくいこともある．ささいな出来事なのにイヌには重要だと認識されたり，意外な出来事が動物にとっては報酬になったりする．もし自分で問題行動の治療方法を決めたり手順を考えるならば，問題行動に条件づけがどのように関わっているかを分析しなければならない．古典的条件づけでは対呈示関係の分析，オペラント条件づけの面からは行動と強化との随伴性の分析が必要となる．そのためには動物が本来持っている行動特性を意識しながら，随伴性の分析を行なわなければならない．そして弁別刺激を変更して問題行動が促されないようにし，さらに反応と強化の随伴性を変更するよう計画し実施すればよい．

　条件づけを応用することの欠点は，実施に手間と時間がかかることである．即効性の薬のような効き目を期待することはできない．それなりの理由があって生じた問題行動であれば，行動変容の訓練にそれなりの時間や手間がかかるのはしかたがない．一貫した態度でねばり強く訓練を繰り返す必要がある．怒りを表に出してはいけないし，かわいがりたくてもそうしてはいけない場合もある．しかしイヌのようなペット動物にとって，社会的関わりを持つことが報酬となることを思い出せば，訓練すること自体が飼い主とペットとの関係をより強めることになるだろう．

### コラム：ペットは飼い主に似るのか

　ペットの問題行動には，遺伝的性質以外にも飼育環境や飼い主の対応の仕方といった環境要因が関わっている．では飼い主の対処方法とペットの行動特性に，どの程度の関係があるのだろうか．オファレル（1995）は飼い主の性格や態度と，ペットの神経症傾向との関係を分析した．50人の飼い主にイヌの問題行動の程度，イヌへの態度，イヌと関わる行動について質問し，さらにアイゼンクの3因子性格検査のうちの神経症尺度を行った．イヌの行動は2因子，「ヒトへの攻撃」と「転位行動」に分類でき，イヌへの態度も2因子，「愛着」と「感情移入」に分類できた．これらの4因子にアイゼンクの神経症尺度を加えた5因子間の相関から，神経症傾向が強い飼い主ほどイヌの行動を恐怖のためだと解釈する傾向が高いこと，感情移入が強い飼い主のイヌほど転位行動としての攻撃行動が多いことが示された．

　この結果を補足する事例として，落ち着きがないイヌの症例が紹介されている．一方的に話しまくる飼い主は心臓発作で仕事をやめて不安な状態であり，イヌに対して気まぐれな罰や報酬を与えていた．おそらくそのためにイヌは落ち着きを失ったのだろう．この飼い主の場合，その態度で問題行動を誘発し，さらにその問題行動を自分の精神状態と同様に解釈した．その結果，飼い主本人とペットは似てくることになると考えられる．

　すべての問題行動の原因が飼い主の対処のせいではないが，イヌは社会性が高いので，飼い主の行動に敏感に反応することに気をつけなければならない．

### 参考文献

中島定彦．2002．アニマルラーニング　動物のしつけと訓練の科学．ナカニシヤ出版．京都．

### 引用文献

Dodman, N. H. & Shuster, L. (Eds.). 1998. *Psychopharmacology of animal behavior disorders*. Blackwell Science. Malden. MA. 内田佳子・柿沼美紀（監修）．2002．問題行動における薬物療法――コンパニオンアニマルのための．学窓社．東京．

Fine, A. H. & Fine, A. 2000. *Handbook on Animal Assisted Therapy: Theoretical Foundations and Guidelines for Practice*. Academic Press.San Diego.

岩本隆茂・福井至（編著）．2001．アニマル・セラピーの理論と実際．培風館．東京．

Katcher, A. H. & Beck, A. M. (Eds.). 1983. *New perspectives on our lives with companion animals*. University of Pennsylvania Press. Philadelphia. コンパニオン・ア

ニマル研究会(訳).1994.コンパニオン・アニマル——ヒトと動物のきずなを求めて.誠信書房.東京.
川口奈月.1995.コンパニオン・アニマルの問題行動の実態および飼い主と飼育環境が行動に及ぼす心理的要因.酪農学園大学1994年度卒業論文.
Landsberg, G., Hunthausen, W., & Ackerman, L. (Eds.). 1997. *Handbook of behaviour problems of the dog and cat.* Butterworth-Heinemann. Oxford. 工　亜紀(訳).佐々木伸雄(監修).1998.犬・猫の問題行動ハンドブック.学窓社.東京.
社団法人　日本動物病院福祉協会(編).1996.動物は身近なお医者さん.廣済堂出版.東京.
O'Farrell, V., Neville, P., & Ross, C. 1994. *Manual of feline behaviour.* Iowa State University Press. Iowa. ヒトと動物の関係学会(編).1996.犬と猫の行動学　問題行動の理論と実際.学窓社.東京.
O'Farrell, V. 1995. Effects of owner personality and attitudes on dog behaviour. In J. Serpell (Ed.). *The domestic dog : its evolution, behaviour, and interactions with people.* pp. 153-158. Cambridge University Press. New York.
Overall, K. L. 1977. *Clinical behavioral medicine for small animals.* Mosby. St. Lous. 森　裕司(監修).2003.動物行動医学——イヌとネコの問題行動治療指針.チクサン出版社.東京.
工　亜紀.2002.コンパニオンアニマルの問題行動とその治療.講談社.東京.
Tuber, D. S., Hothersall, D., & Voith, V. L. 1974. Animal clinical psychology : A modest proposal. *American Psychologist,* 29 : 762-766.
Voith, V. L. & Borchelt, P. L. (Eds.). 1982. *Animal behavior. Veterinary Clinics of North America.* W. B. Saunders Co.. Philadelphia.
Wolpe, J. 1958. *Psychotherapy by Reciprocal Inhibition.* Stanford University Press. Stanford.
横山章光.1996.アニマル・セラピーとは何か.日本放送出版協会.東京.

# 第11章

# 記憶研究と法心理学

和田博美

## 11-1. はじめに

　平成21年までに始まる裁判員制度．この制度は一般市民が裁判に加わり，有罪の判断や量刑の決定に，市民の意見や良識を反映させようとするものである．20歳以上の大人なら誰でも，裁判員に選ばれる可能性がある．人を裁くという行為は，裁判員に相当な負担を負わせることになる．まして極刑が考えられるような裁判では，その重圧は想像を絶するものになるだろう．

　裁判で有罪無罪を決定するのは証拠である．犯人を特定できる客観的証拠（物的証拠）が存在する場合はともかく，被害者や目撃者の証言しか得られない場合，これらの証言をもとに判断しなければならない．被害者は生命が脅かされるという極限状態の中で体験した出来事を，後に思い出して証言しなければならない．また目撃者は思いもよらないときに事件に遭遇し，混乱した中で状況を説明しなければならない．犯罪という特殊な状況，記憶しようという意識が働いていない状態，そしてときには何日も何カ月もたった後で記憶を思い出すよう求められる．このような記憶はどれほど正確なのだろうか．正確でないとしたらどのような要因が記憶を混乱させ，歪めるのだろうか．確かな証言を得るにはどうしたらよいのだろうか．

　今，記憶研究の立場から目撃証言の研究に熱い視線が注がれている．裁判員制度の導入を控え，心理学が法律や裁判という新たな領域で，社会に貢献できるホットな研究を紹介する．

**コラム：裁判員制度**

　平成21年までに，市民が刑事裁判に参加する裁判員制度がスタートする．これまでの裁判では，職業裁判官のみが有罪か無罪かを判断してきた．しかし裁判員制度では，一般市民から選ばれた6名の裁判員と3名の職業裁判官が一緒に議論し，判断をくだすことになる．裁判員制度によって市民の意見や良識を判決に取り入れ，司法に対する国民の信頼を高めることができるため，欧米諸国では広く取り入れられている．

　裁判員は20歳以上の成人から毎年無作為抽出で選ばれ，さらにこの中から，事件ごとの候補者が無作為抽出で決められる．候補者に選ばれると裁判所から呼び出し状が送付される．その事件の原告や被告と利害関係がないかなどがたずねられ，最終的に6名の裁判員が決定する．特別な理由がない限り，裁判員を辞退することはできない．

　裁判員は裁判官とともに刑事事件の法廷に立ち会い，証拠書類を調べ被告や目撃証人に質問することもできる．裁判官と一緒に議論して有罪か無罪かを判断し，もし有罪なら刑罰はどうするかを決定するのである．裁判員制度の対象になる事件は主に刑事事件で，強盗，殺人，誘拐，放火など，極刑が考えられるような事件も含まれる．最終的な評決は多数決によって決まり，裁判員も裁判官も全く同じ重さの1票を投じることになる．

## 11-2. 情動と記憶

　フロイトの精神分析学以来，恐怖や悲しみを引き起こす出来事は心の平安を乱すと考えられてきた．そこで意識からしめだし無意識へ抑圧（repression）することによって，平穏な生活を送ることができると考えられている．これは自我の防衛機制（defense mechanism）と呼ばれ，無意識のうちに機能する．一方で戦争や大災害のように強烈な情動（恐怖，悲しみ，怒り，憎しみなど）をともなう出来事が，非常に良く記憶されているのも事実である．これはフラッシュバルブ・メモリー（flashbulb memory）と呼ばれている．このように情動は記憶を阻害したり，促進したりすることが良く知られている．

　では目撃証言の場合はどうであろうか．目撃者は思いもよらぬ事件や事故に遭遇し，生々しい殺人現場や悲惨な交通事故を目の当たりにする．極度の嫌悪

感や不快感，あるいはショックを受けることが容易に想像される．まして事件や事故の被害者になり，生命や身体に被害を受けた直後では，パニックに陥り様々な情動を体験するだろう．このような状況下で人間は正確に出来事を記憶し，再び思い出して証言することができるのだろうか．またその内容はどれほど正確なのだろうか．

### 11-2-1. 情動が記憶を妨げる

　強い情動を感じると，そのときの記憶は阻害されるようだ．ブリガムら(1983)は女子大生に顔写真を見せ，その直後に電気ショックを加えた．顔写真を憶えていたかどうかテストしたところ，成績は悪かった．これらの女子学生はショックによる覚醒水準が高く，不安も強かった．クリフォードとホリン(1981)の実験では，男性が女性を壁に押さえつけ，持っていたバッグをひったくる場面と，男性が女性に道を尋ねる場面のビデオを見せた．あとでその男性の特徴を証言してもらったところ，バックをひったくる場面で記憶の正確さが低下した（図11-1）．しかも犯人が多いほど記憶の正確さは低下した．暴力的な犯罪場面では目撃者の覚醒水準は高まり，強いストレス反応も引き起こす．その結果，情報の一部にしか注意を払えず，記憶の正確さが低下すると考えられる．

### 11-2-2. 重要なことは憶えている

　情動が記憶を妨害するといわれる一方で，フラッシュバルブ・メモリーのように記憶を強固にすることもある．

　宿題を忘れた学生と教師が議論になり，しだいにエスカレートしていく場面のビデオを見せると，エスカレートしない場合に比べて記憶成績が低下した．なかでもあまり重要ではない情報の記憶成績が悪かった（ケベックとローホース, 1980）．クリスチャンソンとロフタス（1991）は，頭から血を流した女性が自転車ごと木の側に倒れている場面（情動条件），女性が自転車で通行している場面（普通条件），女性が肩に自転車を担いでいる場面（特殊条件）のスライドを被験者に見せた．3種類のスライドにはいずれも自動車が写っていた．後の記憶テストでは，女性についての記憶はどの条件も同程度保持されていた．し

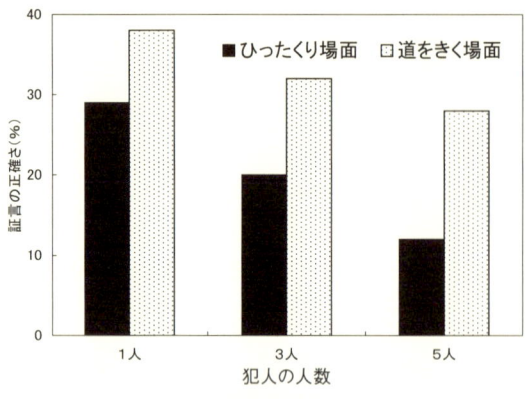

図 11-1 情動と記憶の正確さ
(クリフォードとホリン，1981 より作製)

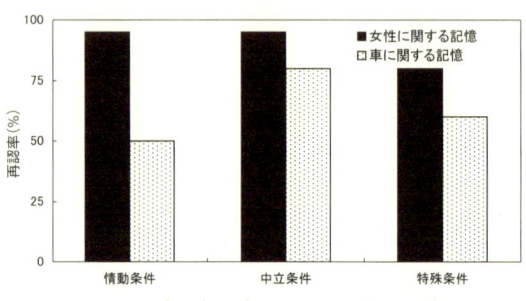

図 11-2 重要度の違いによる記憶の正確さ
(クリスチャンソンとロフタス，1991 より作製)

かし自動車に関する記憶は情動条件で低下した（図 11-2）．この実験では女性についての情報は重要であったが，背景の車は重要ではなかった．

強い情動下では重要な情報や注意を向けた情報（中心情報）の記憶は良くなるが，重要でない情報や注意を向けられなかった情報（周辺情報）の記憶は阻害される．目撃証人が事件や事故の状況を証言する場合，その人が必ずしも犯人に注意を向けていたとは限らない．その場合，犯人に関する情報が失われたり，信憑性に疑問が生じる可能性がある．その典型的な例として，凶器に注意を向けたために他の記憶が損なわれる凶器注目効果（weapon focus effect）がある．

### 11-2-3. 凶器が記憶を妨げる

ロフタスら（1987）は，ファースト・フード店の客が銃を向け，レジ係から現金を脅し取っている場面と，客がレジ係りに小切手をわたしている場面のスライドを被験者に見せた．15 分後に客の特徴について質問したところ，銃が写った条件で記憶成績が低下した．被験者は犯人である客より，犯人の持った銃に視線を向ける時間が長かった．実験者が注射器を手にして被験者に近づく条件と，ペンを手にして近づく条件を比較した場合，注射器条件で記憶が阻害

されると考えられた（マスとコーンケン，1989）．結果は予想通り，注射器条件で実験者の顔を見誤ることが多かった．

実際の犯罪場面では，銃やナイフなどの凶器が多用される．被害者は生命の危機にさらされるのであるから，凶器に注意が集中するのも無理はない．極度に強い情動下で凶器に注目していた被害者が，犯人の特徴を正確に記憶できないことは十分考えられる．

## 11-3. 知識と記憶

人間の記憶はカメラやビデオとは異なり，見たり聞いたりした出来事を忠実に記録するものではない．人間は情報に意味を与え，関連する情報を結びつけながら記憶する．その過程で失われる情報もあれば，付け加えられる情報もある．

しかし目撃証言で求められるのは，カメラやビデオで記録したような正確な情報であり，客観的な事実である．歪められた記憶ではない．いったいどのような要因が記憶を混乱させ，目撃証言に影響するのだろうか．

### 11-3-1. 一般的な知識

バートレット（1932）は被験者に「幽霊の戦い」という物語を読んでもらい，その15分後に物語の内容を思い出してもらった．すると15分後でさえも物語の詳細な部分は失われ，前後が逆になったり聞き覚えのある内容にすりかわっていた．この内容はその後長期にわたって安定しており，比較的良好に維持されていた．

人間は出来事を理解するときに，自分が持っている一般的な知識を活用する．バートレットは，外界を理解するための一般的な知識の枠組みをスキーマ（schema）と呼んだ．人間は出来事に関する情報から，スキーマに一致した情報を選んで記憶する．その情報はスキーマにしたがって再構成され，解釈される．思い出す時には失われた内容がスキーマに沿って補われ，想起される．人間は種々のスキーマを持ち，そのなかには犯罪（殺人や強盗）に関するスキーマや，凶器（銃やナイフ）に関するスキーマもある．このようなスキーマが

情報を歪め，目撃証言の正確さに影響するのである．

　スキーマのなかでも人間や集団に関するスキーマは，ステレオタイプ（stereotype）と呼ばれている．たとえば，「血液型が B 型の人間は……」，「最近の若者は……」等である．ステレオタイプは物事を単純化し，相手を理解しやすくするといったメリットもある．しかし B 型の人間がみな同じ性格をしているわけではないし，若者がみな同じ行動やファッションをしているわけでもない．ステレオタイプはパターン化した情報処理であり，当てはまらないケースも多い．ときには誤った情報から誤ったステレオタイプが形成され，「ああいう連中が犯罪をやるんだ」といった差別や偏見を生むこともある．

　スキーマやステレオタイプは記憶を変容させる．目撃者は，その人が持つ一般的知識を用いて情報を理解し，記憶する．証言する際には，一般的知識に沿った記憶ほど思い出しやすくなる．不確実な情報や思い出せない情報は，一般的知識を当てはめ補われる．場合によっては偏見や誤解に基づいて情報が再構成される．その結果，記憶は歪み目撃証言の信頼性が疑わしくなるのである．

### 11-3-2. 事件後の情報

　目撃者は事件や事故に出会った後に，警察や法廷で証言を求められる．その間に様々な刺激や情報に曝される．その事件や事故がショッキングであればあるほど，世間やマスコミが注目し，新聞やテレビ，隣近所の会話でも取り上げられるようになる．このような情報は，目撃者の記憶にどのような影響を与えるのだろうか．

　カーマイケルら（1932）は，ふたつのグループに分けた被験者にそれぞれ 12 枚の曖昧な図形を見てもらった（図 11-3）．一方のグループには 12 枚の図形とともに，図の左側に書いてあるような単語を示した．もう一方のグループには，右側に書いてあるような単語を示した．続いて 12 枚の図形を思い出すように求めると，単語が意味する物体に類似した図形を描くことがわかった．ロフタスら（1978）は，赤いダットサンが歩行者をはね飛ばしたスライドを被験者に見てもらった．このうち一方のグループが見たスライドには，ダットサンが「停止」標識のそばに止まっている写真が含まれていた．残りのグループは，ダットサンが「前方優先道路」の標識のそばに止まっている写真を見せられた．

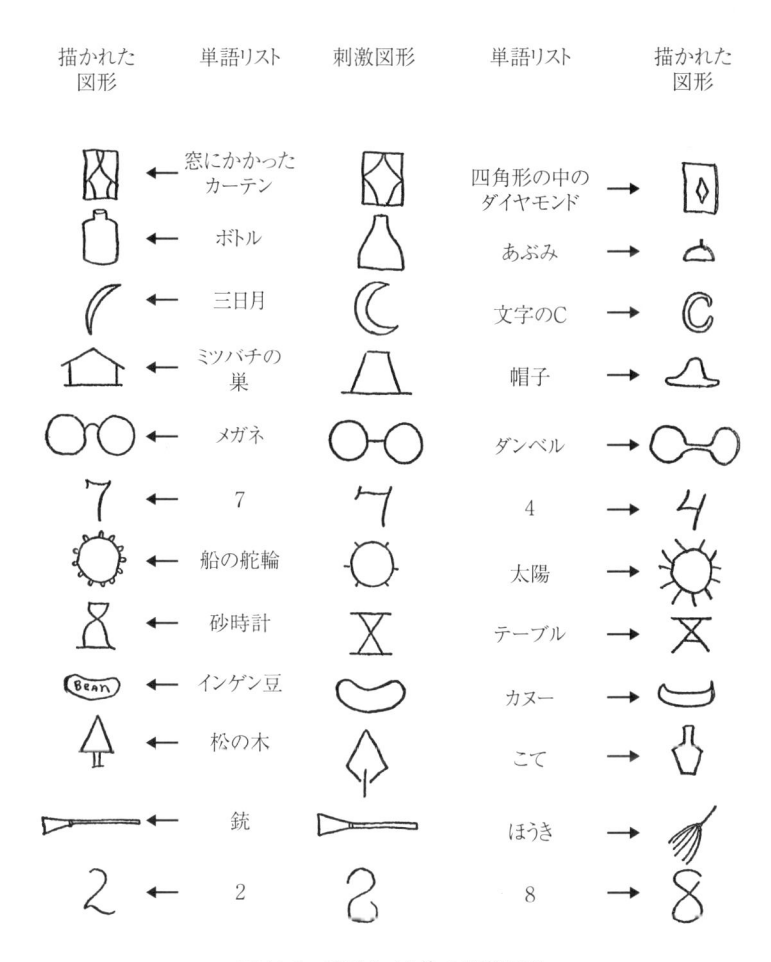

| 描かれた図形 | 単語リスト | 刺激図形 | 単語リスト | 描かれた図形 |
|---|---|---|---|---|
| | 窓にかかったカーテン | | 四角形の中のダイヤモンド | |
| | ボトル | | あぶみ | |
| | 三日月 | | 文字のC | |
| | ミツバチの巣 | | 帽子 | |
| | メガネ | | ダンベル | |
| | 7 | | 4 | |
| | 船の舵輪 | | 太陽 | |
| | 砂時計 | | テーブル | |
| | インゲン豆 | | カヌー | |
| | 松の木 | | こて | |
| | 銃 | | ほうき | |
| | 2 | | 8 | |

**図11-3 曖昧な12枚の刺激図形**
中央の12枚の刺激図形を図の左側に書いてある単語といっしょに見せ，後で図形を思い出すように求めると左端にあるような図形を描いた．また右側に書いてある単語といっしょに見せると，右端にあるような図形を描いた．（カーマイケルら，1932）

その後2つのグループのそれぞれ半数の被験者は，「ダットサンは停止標識のそばに止まっていたか」という質問を受け，残りの被験者は，「ダットサンは前方優先道路の標識のそばに止まっていたか」という質問を受けた．すなわち半数の被験者は見たスライドと一致した質問を受け，残りはスライドと異なった質問を受けた．記憶テストでは，「停止」標識と「前方優先道路」の標識が写った2種類のスライドを見せ，どちらのスライドを見たのか答えさせた．その結果，スライドの内容と異なる質問を受けた被験者は，実際に見たスライドとは異なる誤ったスライドを選んだ．

　記憶した後で与えられる刺激や情報がもとの記憶を歪めることが知られており，事後情報効果（post-event information effect）と呼ばれている．事後情報効果は出来事を記憶してから時間が経過するほど，また後に与えられる情報がもとの情報と似通っているほど起きやすい．裁判になるような事件や事故が起これば，テレビや新聞から様々な情報が流れてくる．近所の会話で話題に上

---

### コラム：事後情報効果「サリーの記憶」

　サリーが目を覚ますと寝室に侵入者がいた．男はサリーを銃で脅し，彼女と彼女の娘に目隠しをしてレイプした．サリーの恋人は，「犯人は君の知っている誰かに違いない．その男は自分が誰だかわからないように注意を払っていたんだろう．君は近所でその人物を見たことがあるんだ．どこかでその男を見たんだよ．スーパーとか教会とか，パーティとか」．パーティという言葉でサリーはその男の顔を思いつき，名前を結びつけた．その人物はクラレンス・フォン・ウイリアムスで，サリーの仕事仲間の夫だった．数週間前サリーはパーティに行き，クラレンスたちと数時間過ごしたのだった．サリーはクラレンスが彼女を襲ったのだと確信を強めるようになった．彼女は公判でクラレンスを識別し，彼は物的証拠がないのに起訴され50年の刑を宣告された．

　2カ月後，32歳のシモニスが別の事件で逮捕され，70以上の犯罪を自白した．その中にはクラレンスが起訴された犯罪も含まれていた．検察官はシモニスの自白をビデオで見た後，クラレンスに対する起訴を取り下げた．しかしサリーは，ビデオを見てもシモニスが本当の犯人であることを信じようとしなかった．シモニスは真犯人だけが知っているような詳細を語ったが，サリーの態度は変わらなかった．
（渡部保夫，2001，199～200頁を要約して引用）

ることもめずらしくない．そのなかに誤った情報や無責任な情報があったらどうだろう．その情報を受け取った人の中に目撃証人がいたらどうだろう．誤った情報が目撃者の記憶に取り込まれ，警察や法廷で正確な証言が出来なくなるかもしれない．

## 11-4．検索と記憶

情報を思い出そうとする行為は検索と呼ばれている．証人が目撃内容を証言することは，まさしく検索することである．ところが検索そのものが，記憶内容に影響することがある．人間はスキーマやステレオタイプといった一般的知識を持っており，不正確な情報や欠落した情報を一般的知識で補いながら思い出す．記憶内容は再構成され，事実と異なった内容を思い出すこともある．

### 11-4-1．時間がたつと思い出せる

記憶は時間とともに崩壊し，思い出せなくなる．ところが時間が経ってからのほうがよく思い出せる場合もある．これをレミニッセンス現象（reminiscence）という．記憶した直後は憶えた内容が妨害し合い，干渉が起きやすい．疲労のため集中力も低下する．このためよく思い出せない．しかし時間とともに干渉が弱まり，疲労から回復するため，思い出せるようになるのである．事情聴取で思い出せなかったことを，後日思い出すことは珍しくない．事件直後の目撃者は，恐怖や興奮状態のため混乱している．時間が経ち，落ち着いてからのほうがよく思い出せるのである．

### 11-4-2．ありえない出来事を思い出す

繰り返し思い出そうとすることで，思い出す量が増えることがある．これはハイパームネジア（hypormnocia）と呼ばれている．ところが思い出そうとすることによって，実際にはなかった出来事を思い出すこともある．

被験者は幼児のころの出来事を詳しく思い出すようにいわれた（ロフタスとピクレル，1995）．この中には実際にはなかった出来事——5歳の頃デパートで迷子になり泣いていたところ，年配の女性に助けられ家族と合うことができた

——が含まれていた．実に被験者の 29％ が，部分的であれ迷子になったことを思い出した．アキルとザラゴザ（1998）も映画の内容について質問したところ，被験者は実際にはなかったことを思い出した．実際にはありえない出来事を思い出すことは，偽りの記憶（false memory）と呼ばれている．子供や暗示にかかりやすい人，相手の意見に合わせやすい人ほど偽りの記憶を作り出しやすい．

### 11-4-3. 思い出したために忘れる

ある人の名前を思い出そうとして別の人を思い出し，その名前が頭に浮かんで目的の名前を思い出せないことがある．あるいはあることを思い出したために，別の記憶を思い出せなくなることもある．あることを思い出したために（検索したために），それに関連した記憶を思い出せなくなることを検索誘導性忘却（retrieval-induced forgetting）という．

まず被験者に，あるカテゴリーに所属する物の名前を憶えてもらう．たとえば果物というカテゴリーなら，そこに所属する物の名前としてオレンジ，ネクタリン，パイナップル，……．皮革製品なら靴，ベルト，サイフ，……．次に果物のなかから半分の名前のみ検索して思い出してもらい，残り半分の果物の名前と皮革製品の名前は検索しないようにする．最後に全ての名前を思い出してもらう．このような方法で実験を行った結果，最もよく思い出されたのは途中で検索した果物の名前であった．次によく思い出されたのは皮革製品の名前で，最も成績が悪かったのが，途中で検索しなかった果物の名前であった（アンダーソンら，1994）．途中で検索した果物の名前は記憶が鮮明になったため良く思い出され，検索しなかった果物の名前は思い出さないように抑制をかけたため，思い出そうとしても思い出せなかったと考えられる．目撃証言の実験においても検索誘導性忘却が観察されることから，実際の事件や事故の記憶を供述するさいに，ある事実を思い出したために関連する記憶を思い出せなくなることが予想される．

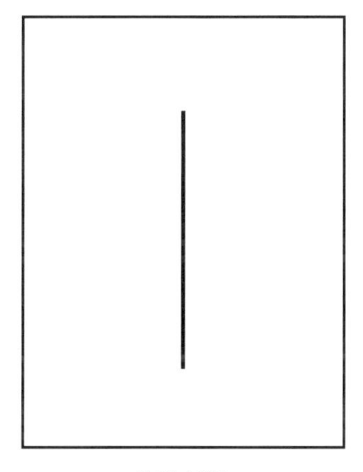

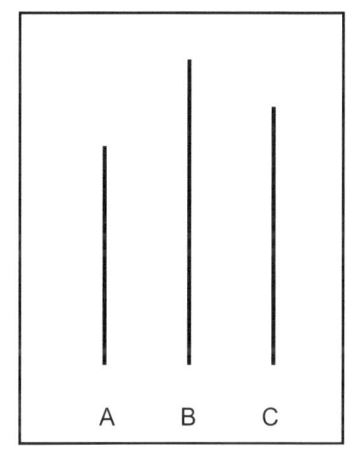

基準刺激　　　　　　　　　　比較刺激

図 11-4　アッシュの実験
(アッシュ, 1951)

## 11-5. 社会的影響と記憶

　人間は学校や会社といった社会集団の中で生活している．そこには様々な人間関係があり，他人から影響を受けたり影響を与えたりしている．このような社会的関係は，私たちの判断や行動にも影響を与え，目撃証言の信頼性を低下させる結果にもつながる．

　アッシュ (1951) は，基準となる刺激と同じ長さの線分を，3 つの比較刺激から選ばせる実験を行った (図 11-4)．何も知らない本当の被験者は，8 人の中のひとりだけであった．残り 7 人の被験者はサクラで，実験チームのメンバーであった．サクラはみな誤った答えである B を選んだ．正解はもちろん C である．ここで本当の被験者が選んだのは，皆と同じ B が多かった．このような現象は同調 (conformity) と呼ばれている．人間は自分の信念を曲げ，たとえ誤っているとわかっていても相手の考えに従う場合がある．

　一方ミルグラム (1974) は，人間が権威者の命令に従ってどこまで残酷なことをするのか研究した．いわゆるアイヒマン実験である．実験は相手に電気ショックを加えるもので，おおかたの予想では 300 V 以上に電圧を上げる人は

いないと考えられた．ところがごく普通の人間が権威者の命令に服従し，60％以上の人が450Vまで電圧を上げたのである．良心や責任を忘れ，盲目的に権威に服従してしまう心．私たちの中に，服従の心理が働いていたのである．

では目撃者の場合どうであろうか．彼らは裁判官や警察官という，いわば権威者の前で証言をする．たとえ権威者が言葉でいわなかったにしても，その態度，表情，あるいは視線が圧力として作用する．そこに権威に同調し服従する人間の心理が働いた場合，まして強圧的な質問や聞き取りが行われた場合，果たして正確な証言が可能だろうか．権威者のいうままに，誤った証言をすることはないだろうか．

---

### コラム：アイヒマン実験

戦争の歴史を振りかえってみると，ありふれたごく普通の人間が，権威者（上官）の命令で残虐な行為に走ったことはよく知られている．ナチス・ドイツでユダヤ人局長だったアドルフ・アイヒマンもそのひとりだ．アイヒマンはユダヤ人絶滅計画の責任者として指揮を執り，ユダヤ人をガス室へ送る命令書にサインをした．

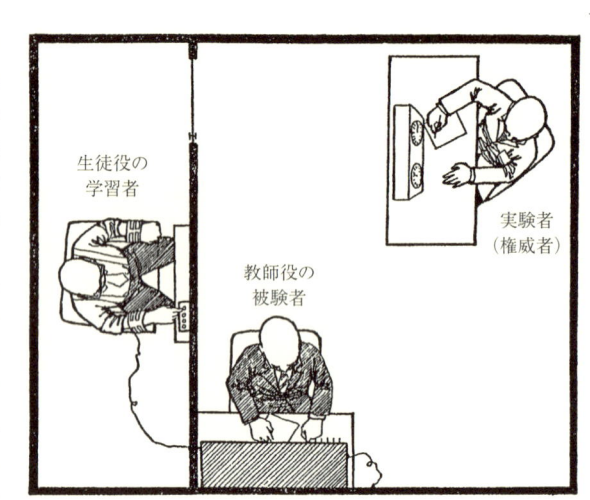

**図11-5　アイヒマン実験**
（ミルグラム，1974）

戦後，南米のアルゼンチンに逃亡していたアイヒマンは逮捕され，イスラエルに連行されて裁きを受ける身となった．彼は裁判で，「私は命令に従っただけだ」と無罪を主張した．

ミルグラムの実験では，被験者は記憶の実験を手伝う教師役を任された（図11-5）．そして生徒役の学習者が答えを誤ったときに，電気ショックを与えるよう指示された．しかも学習者が答えを間違えるたびに，電圧を高くしなければならなかっ

た．電気ショック装置には15〜450Vまで15Vきざみでスイッチがあり，かすかなショック，中程度のショック，強いショック，非常に強いショック，激しいショック，危険すごいショックなどと書かれていた．さらに最後のスイッチには，×××といった意味深なマークがついていた．じつはこの学習者は研究チームの一員（サクラ）で，実際には電気ショックは与えられていない．しかし被験者は，学習者が本当にショックで苦しんでいるものと思い込まされている．このような状況下で実験者（権威者）が指示すると，多くの被験者が450Vまで電圧を上げたのである．被験者は異議を唱えながらも，結局は権威者の指示に従った．いかなる人間も権威者に命令されると倫理観や同情をなくし，予想もしない残酷な行為を行う可能性がある．

アイヒマンは死刑の判決を受け，1962年に56歳の生涯を閉じた．アイヒマン実験は1960年からアメリカのエール大学で行われ，アイヒマンが処刑された翌年に完成した．

## 11-6. おわりに

本章では，目撃証言に関わる様々な問題について紹介してきた．人の有罪・無罪を判断する目撃証言が，いかに多くの問題を含んでいるかわかっていただけたと思う．むろん目撃証言の有用性を否定するつもりはない．しかし物事には光と影がある．目撃証言にも，有用性とともに限界があることを知る必要がある．私たちが裁判員に選ばれた場合，証人に質問する機会が与えられるかもしれない．悔いのない判決を下すためにも目撃証言の限界を知り，その上で正確な証言を得るにはどうしたらよいか考える機会になれば幸いである．

本章を執筆するにあたり，以下の文献を大いに参考にさせて頂いた．目撃証言の研究についてさらに学びたい方には，これらの専門書をお勧めする．

### 参考文献

厳島行雄．2000．目撃証言　太田信夫・多鹿秀継（編）．記憶研究の最前線．北大路書房．京都．
厳島行雄・仲　紀子・原　聰．2003．目撃証言の心理学．北大路書房．京都．
渡部保夫（監）．2001．目撃証言の研究―法と心理学の架け橋をもとめて―．北大路書房．京都．

## 引用文献

Ackil, J. K. & Zaragoza, M. S. 1998. Memorial consequences of forced confabulation: Age differences in susceptibility to false memories. *Developmental Psychology*. 34: 1358-1372.

Anderson, M. C., Bjork, R. A., & Bjork, E. L. 1994. Remembering can cause forgetting: Retrieval dynamics in long-term memory. *Journal of Experimental Psychology: Learning, Memory, and Cognition*. 20: 1063-1087.

Asch, S. E. 1951. Effects of group pressure upon modification and distortion of judgement. In H. Guetzkaw (Ed.) *Groups, leadership and men*. Carnegie Press.

Bartlett, F. C. 1932. *Remembering*. Cambridge University Press. Cambridge.

Brigham, J. C., Maas, A., & Martinez, D. 1983. The effect of arousal on facial recognition. *Basic and Applied Social Psychology*. 4: 279-293.

Carmichael, L. C., Hogan, H. P., & Walter, A. A. 1932. An experimental study of the effect of language on the reproduction of visually perceived form. *Journal of Experimental Psychology*. 15: 73-86.

Christianson, S. & Loftus, E. F. 1991. Remembering emotional events: The fate of detailed information. *Cognition and Emotion*. 5: 81-108.

Clifford, B. R. & Hollin, C. R. 1981. Effect of the type of incident and the number of perpetrators on eyewitness memory. *Journal of Applied Psychology*. 66: 364-370.

Kebeck, G. & Lohaus, A. 1986. Effect of emotional arousal on free recall of complex material. *Perceptual and Motor Skills*. 63: 461-462.

Loftus, E. F., Loftus, G. R., & Messo, J. 1987. Some of facts about "weapon focus". *Law and Human Behavior*. 11: 55-62.

Loftus, E. F., Miller, D. G., & Burns, H. J. 1978. Semantic integration of verbal information into a visual memory. *Journal of Experimental Psychology: Human Learning and Memory*. 4: 19-31.

Loftus, E. F. & Pickrell, J. E. 1995. The formation of false memories. *Psychiatric Annals*. 25: 720-725.

Maass, A. & Kohnken, G. 1989. Eyewitness identification: Simulating the "weapon effect". *Law and Human Behavior*. 13: 397-408.

Milgram, S. 1974. *Obedience to authority: An experimental view*. Harper & Row Publishers Inc. 岸田　秀（訳）. 服従の心理. 1975. 河出書房新社. 東京.

渡部保夫（監）. 2001. 目撃証言の研究――法と心理学の架け橋をもとめて. 北大路書房. 京都.

## 第12章

# 行動分析と健康被害の予測・評価　　和田博美

　私達の生活は化学物質によって支えられている．医薬品や食品添加物を初めとして，多くの日用品が化学物質から合成されている．しかし一方で，化学物質に満ち溢れた生活がアレルギーや化学物質過敏症を生んでいる．毎年合成される新たな化学物質．化学物質の安全性を検証し，健康被害を未然に防ぐために，学習心理学が貢献している．

### 12-1. 実験行動分析

　化学物質の安全性を検証する方法として，オペラント条件づけをベースにした実験行動分析（experimental analysis of behavior）が応用されている．実験行動分析では，化学物質と健康被害との因果関係，摂取量と健康被害との量—反応関係，長期間摂取しても安全な量を，実験で解明することができる．典型的な実験行動分析では，パソコンによって自動制御

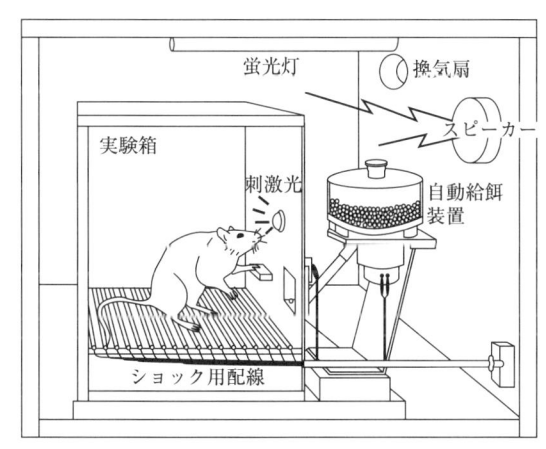

図12-1　ネズミ用オペラント実験箱
(柳田, 1990)

されたオペラント実験箱を使用する（図12-1）.

　この装置は，レバーを押すと報酬（エサ）が与えられるように設計されており，パソコンで自動制御する．必要に応じて光を点灯したり，音を鳴らしたりすることができる．この中に空腹のネズミを入れ，1日1時間ほど放置しておくと，自分でレバーを押しエサを獲得するようになる．その後，一定回数レバーを押したらエサを与える，あるいは一定時間経過してから反応したらエサを与えるなど，様々な条件を設定する．これをネズミがどのように学習していくのか正常な対照群と比較することによって，行動障害が生じたかどうかを判定するのである．オペラント実験箱はハトやサル用も開発されており，目的に応じて使い分けることができる．

## 12-2. 有機溶剤トルエンの健康影響——記憶障害の検証

　トルエン（toluene）は揮発性・可燃性を持った有機溶剤で，塗料やインキの溶剤として用いられたり，化学工業の原材料として利用されている．身近にはアンチノック剤としてガソリンに添加されており，シンナー，マジック・インキ，接着剤にも含まれている．トルエンは常温でも気化しやすく，呼吸によって体内に取り込まれ，脳神経障害を引き起こす．たとえば塗装や印刷業務に従事している労働者は，1日5～6時間以上，週5～6日の割合でトルエンを吸引することになる．その結果，物忘れ，注意・集中力の低下，情緒不安定が生じ，長年にわたる吸引では記憶障害や知能低下，脳の萎縮を招く．トルエンを吸引すると，多幸感や高揚感を体験することもできる．しかも比較的容易に入手できることから，乱用を招く恐れがある．また少量でも頭痛，めまい，吐き気を引き起こし，最近問題になっているシックハウス症候群（sick building syndrome）の原因物質でもある．

　実験行動分析によって，トルエンは記憶障害を引き起こすことが検証されている．モリス型水迷路（Morris water maze）は，円形プールの水面下に隠されたプラットフォーム（水から上がれる逃避台）を探させる記憶課題である．ネズミは実験室内の家具や照明等の配置を手掛りに，プラットフォームの位置を学習する．学習が成立すると，ネズミはプールのどこから放されても，回り

道をせずプラットフォームに泳ぎ着くようになる．ところがトルエンを吸引したネズミは，なかなかプラットフォームにたどり着けない．MRI画像を解析したところ，大脳——とくに頭頂葉——に萎縮が見つかった（エウラーら，2000）．このように，行動分析によって脳神経系への毒性を解明するのが行動毒性学（behavioral toxicology）である．

---

### コラム：トルエンと迷路学習

エウラーら（2000）は，生後50日目のネズミにトルエン蒸気を吸入させた．吸入させたトルエンの濃度は80 ppm（ppmは濃度の単位で，1 ppmは百万分の1）で，1日あたり6時間，連続20日間吸入させた．4週間あけてトルエンの急性影響がなくなってから，モリス型水迷路課題で記憶力のテストを行った．

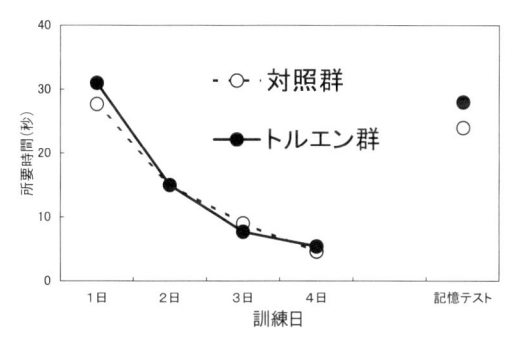

図12-2 逃避台に泳ぎ着くまでの所要時間
（エウラーら，2000を改変）

この訓練を4日間行い，プールに放してから逃避台に泳ぎ着くまでの所要時間を測定した．トルエンを吸入したネズミも正常な対照群のネズミも，訓練を重ねるとしだいに早く逃避台に泳ぎ着くようになった（図12-2）．ところがその後3日間おいて測定したところ，トルエンを吸入したネズミは，逃避台のあった場所に泳ぎ着く時間が長くかかった．トルエンを吸入したネズミも，逃避台の位置を学習することはできた．しかしその情報を保持することはできなかったと考えられる．

---

記憶障害の研究に用いられる行動分析法には，モリス型水迷路のような空間記憶を分析する課題の他に，視覚刺激の特徴を記憶させる遅延見本合わせ（delayed matching to sample; DMS）課題がある．実験動物の中でも，ハトなどの鳥類は視覚能力に優れ，人間と同様に物体の形や色を識別することができる．ここではハトに視覚刺激の特徴を記憶させ，トルエンによる記憶障害を解析した実験を紹介する（和田ら，1992）．

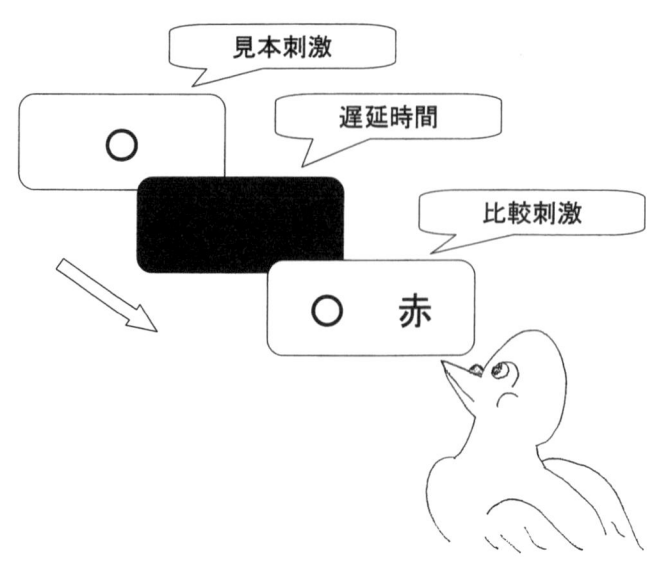

図 12-3　ハトの遅延見本合わせ課題

## 12-2-1. 方法

　実験が始まると見本となる刺激（見本刺激）が映写された（図 12-3）．ハトが見本刺激を 10 回つつくと（10 回つつかせるのは，見本刺激を確実に見せるためである）その刺激は消え，一定時間何も起こらない．これを遅延時間と呼び，その間ハトは見本刺激の色や形を憶えておく必要がある．遅延時間は 0, 5, 10 秒のいずれかで，ランダムに変化した．遅延時間が終了すると，2 つの比較刺激（見本刺激ともう 1 つ別の刺激）が映写された．ハトは記憶していた見本刺激の特徴を思い出し，見本刺激と同一の刺激を 10 回つつくと，報酬としてエサが与えられた（正反応）．

　見本刺激には図形刺激（三角形や円形）と色刺激（赤や緑）が用いられ，毎回変化した．そのためハトは毎回見本刺激を記憶しなければならない．このようにその場面でのみ有効な記憶を，ワーキング・メモリー（working memory）と呼ぶ．これに対し，見本刺激と同一の比較刺激に反応すればエサがもらえるといった情報は，この課題を行っている間は有効である．これをリファレンス・メモリー（reference memory）と呼ぶ．

　この訓練を正答率が 95% 以上になるまで繰り返した後に，ハトの胸筋にト

ルエンを注射した．

## 12-2-2. 結果

図 12-4 は正答率を示したものである．遅延時間が長くなるにしたがって，正答率は低下した．これは遅延時間とともに，ワーキング・メモリーが失われていくことを示している．2つの比較刺激のうち一方が正解であるから，偶然正解する確率は 50％ である．しかし遅延時間 10 秒でも正答率は 75％ を超えており，ワーキング・メモリーを手掛かりに反応していたことがわかる．ハトのワーキング・メモリーは，少なくとも 10 秒以上保持されるといえる．

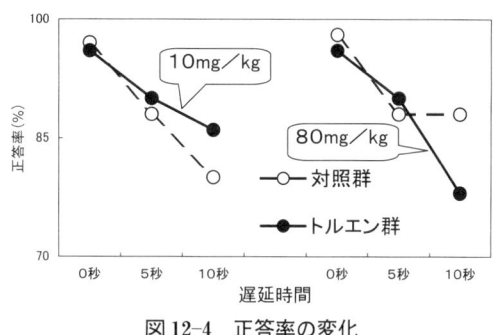

図 12-4 正答率の変化
（和田ら，1992 を改変）

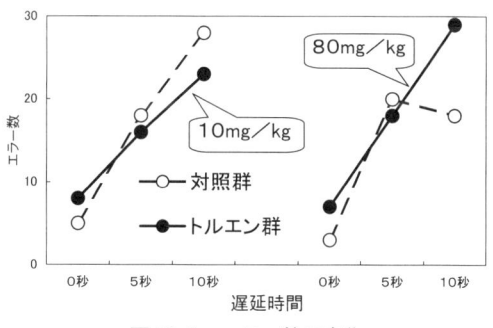

図 12-5 エラー数の変化
（和田ら，1992 を改変）

遅延時間をさらに延長し，正答率が 50％ になる長さを求めることによって，ワーキング・メモリーが持続する限界時間を明らかにすることもできる．

ところがトルエンを 10 mg/kg 投与すると（体重 1 kg あたり 10 mg のトルエンを注射），正答率が上昇した．遅延時間 10 秒でも正答率が高く，ワーキング・メモリーが向上したと考えられる．これに対して 80 mg/kg 投与では，正答率は低下しワーキング・メモリーが阻害されたと考えられる．

この課題では，正しい比較刺激を 10 回つつく必要があった．この間に他の刺激をつつくと，エラー反応となる．エラー反応はワーキング・メモリーの不確かさを反映しており，確信度を評定する指標となる．図 12-5 はエラー数を示したものである．エラー数は遅延時間が長くなるにしたがって増加し，ワーキング・メモリーが時間とともに不確かなものになることを示している．しか

しトルエンを 10 mg/kg 投与するとエラー数は減少し，ワーキング・メモリーが改善することがわかる．トルエン 80 mg/kg 投与ではエラー数は増え，ワーキング・メモリーの阻害が観察された．

### 12-2-3. 結論

この実験から，トルエンには 2 つの異なる作用があると思われる．1 つはワーキング・メモリーを改善する作用，もう 1 つはワーキング・メモリーを阻害する作用である．これまでの研究も，トルエンが 2 種類の作用を持っていることを明らかにしており，低量では興奮作用が見られるが，量を増やすと抑制・麻酔作用が現れた．運動量は低量のトルエンで増大するが，多量投与では運動失調や痙攣が観察された．トルエンは少量では記憶を改善するが，大量に吸引すると記憶障害を引き起こすと考えられる．

---

**コラム：広汎性発達障害**

「人を殺してみたかった」．顔見知りの主婦を殺害した高校 3 年の少年は，そう供述した．一般には理解しがたい理由で起こった殺人事件．近頃の子どもや青少年に，いったい何が起こっているのだろうか．

一般に幼児〜青年期に発見され，学習能力，コミュニケーション能力，適応能力などの機能が障害された状態を発達障害という．発達障害には，読む・書く・計算するといった特定の能力に障害がみられる学習障害，授業中もじっとしていられない，先生の話に注意を向けることができないといった注意欠陥・多動性障害がある．特定の能力だけではなく，コミュニケーション能力や対人場面での共感的理解など，広範囲にわたって発達上の障害が現れた場合を，広汎性発達障害（pervasive developmental disorder）という．なかでも知的能力や言語能力には問題がないが，コミュニケーションが苦手なため仲間を作れず，学校や集団で孤立するのがアスペルガー障害（Asperger disorder）である．アスペルガーの子どもたちは特定の趣味に熱中し，他者との情緒的交流を通して喜びや悲しみをわかちあうことができない．主婦を殺害した高校生も，アスペルガー障害といわれている．

発達障害は遺伝的要因や環境要因の相互作用によって，生まれながらに起こるといわれているが，何が原因か明確なことはわかっていない．環境要因の 1 つとして，PCB，ダイオキシン，農薬など甲状腺ホルモンを攪乱する化学物質の可能性が指摘されている．

## 12-3. 環境ホルモンの健康影響――衝動性の検証

　学習障害（learning disability；LD）や注意欠陥・多動性障害（attention deficit/hyperactivity disorder；ADHD）などの発達障害を持った子供の割合は，現在全児童の6.3％に上る．これは50人のクラスに，発達障害を抱えた子供が3人いることを表しており，深刻な事態と受け止められている．

　ADHDは脳の機能障害によって発症するが，なぜ脳の機能障害が生じるのかはっきりしたことはわかっていない．治療法も確立されておらず，加えて社会的な理解も進んでいないことから，本人や家族の苦悩も深い．現在，原因の1つと考えられているのが内分泌攪乱化学物質（環境ホルモン；environmental endocrine disrupter）である．なかでもPCBやダイオキシンといった有機塩素系化合物は，甲状腺ホルモンを攪乱する．甲状腺ホルモンは脳神経系の発達にとって重要なホルモンで，このホルモンが攪乱されることによって脳の機能障害が起こると考えられる．その根拠として，ADHDの子供に甲状腺ホルモン異常の多いことがあげられる．1968年におこったカネミ油症事件では，PCBが食用油に混入した．同様の油症が発生した台湾では，被害者の子供に知能低下が見られた．さらにアメリカでは，五大湖の1つミシガン湖の魚を食べた女性から，PCBが検出された．その子供にも知能低下，とくに記憶障害や注意障害が見つかっている（ヤコブソンとヤコブソン，1996）．

　ADHDの特徴として，授業中じっとしていられず席を離れて歩き回る（多動性），自分の順番が来るまで待てない，我慢できない（衝動性），人の話に最後まで注意集中できない（注意障害），があげられる．妊娠中のネズミにPCBや甲状腺ホルモン阻害薬を投与すると，生まれてくる子ネズミに多動が生じる．胎児〜乳児期は脳神経系が分化・発達する重要な時期で，甲状腺ホルモン阻害の影響をまともに受ける．このように脳神経発達期に受けた化学物質の影響を，成長後の行動分析によって解明するのが行動奇形学（behavioral teratology）である．ここではネズミの胎児〜乳児期に甲状腺ホルモンを阻害し，ADHDに見られる衝動性について検証した実験を紹介する（和田ら，2004）．

## コラム：PCBと迷路学習

コーレイら（1996）は，妊娠したネズミにPCBを混入したエサを与えて飼育した．PCBの濃度は125 ppmと250 ppmであった．生まれた子ネズミを生後28日目に離乳させ，半数の子ネズミには通常のエサを，残り半数の子ネズミには引続きPCBを混入したエサを与えて，生後60日まで飼育した．対照群の親ネズミには通常のエサを与え，生まれた子ネズミも通常のエサで飼育した．

PCBを摂取した子ネズミは体重が軽く，発育阻害が観察された．血中の甲状腺ホルモン（サイロキシン：thyroxine）量は減少し，とくに離乳後もPCBを摂取した子ネズミでは激減した（図12-6上）．行動テストは放射状迷路（radial arm maze）で行われた．この迷路は中央の部屋

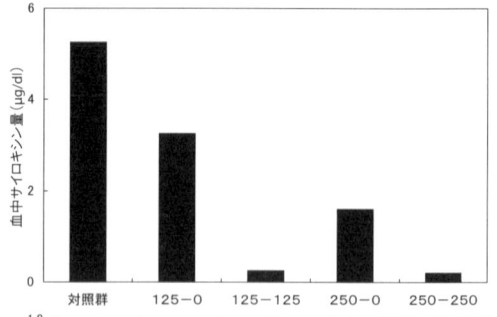

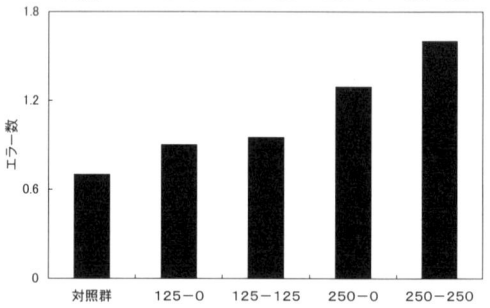

**図12-6 血中サイロキシン量とエラー数**
対照群 ：親ネズミも子ネズミも通常のエサで飼育
125-0 ：親ネズミは125 ppmのPCBを摂取，子ネズミは通常のエサで飼育
125-125：親ネズミも子ネズミも125 ppmのPCBを摂取
250-0 ：親ネズミは250 ppmのPCBを摂取，子ネズミは通常のエサで飼育
250-250：親ネズミも子ネズミも250 ppmのPCBを摂取
（コーレイら，1996を改変）

とそこからのびる8本の迷路からなり，迷路の先端にエサが置いてある．ネズミは8本の迷路にランダムな順序で入り，エサを獲得するようになる．このときネズミは周囲の家具や照明の配置からエサを獲った迷路の位置を記憶し，一度入った迷路には入らないようになる．しかし記憶障害があると同じ迷路に入り，エラーをおかすようになる．実験ではPCBを摂取した子ネズミのエラー反応が増加し，記憶障害が認められた（図12-6下）．エラー反応はPCB濃度が高いほど，離乳後もPCBを摂取した子ネズミほど増加した．

## 12-3-1. 方法

　甲状腺ホルモン阻害薬を混入した飲料水を，妊娠中のネズミに与えた．阻害薬の濃度は 0.002％（低濃度）と 0.02％（高濃度）であった．子ネズミは脳神経系が発達する胎児から乳児期にかけて，胎盤を通しあるいは母乳を介し，甲状腺ホルモン阻害薬に曝された．対照群の母ネズミには，純水を与えた．離乳した後，子ネズミを通常の固形飼料で飼育し，充分成長してから行動分析を開始した（以下に示したのは，全てオスのデータである）．

　まずオペラント実験箱でレバー押し反応の訓練を行った．続いて長潜時分化強化（differential reinforcement of long latency；DRLL）課題を学習させた．この課題ではまず光が点灯した．ここから20秒間はレバー押し反応を我慢し，20秒経過した後に反応すると報酬としてエサが与えられた．20秒経過したかどうかは，ネズミが自身で判断しなければならない．エサが出ると同時に光は消えた．20秒経過する以前に反応した場合，あるいは60秒待っても反応しなかった場合，エサは与えられずにその試行は終了した．この訓練を連日繰り返すと，ラットは正確に時間を判断し，20秒付近で反応するようになる．しかしADHDと同様の衝動性（順番が来るまで待てない）が生じたなら，20秒待てずに反応してしまうと予想された．

## 12-3-2. 結果

　図12-7に正答率（20秒以上待つことができた反応の割合）を示した．低濃度群，高濃度群および対照群とも，訓練を続けると正反応率が上昇したが，高濃度群の成績は低かった．

　光が点灯してから反応するまでの時間を，反応潜時と呼ぶ．図12-8は訓練1～3日目と，52～54日の反応潜時分布を示したものである．第1～3日目は，3群とも0～4秒にピークがあり，ネズミは光が点灯した後すぐに反応していたことがわかる．ところが52～54日目になると，低濃度群と対照群は20～24秒の間に反応するようになった．つまり20秒間反応を我慢し，その直後に反応するという最も効率的な反応パターンを形成した．これに対して高濃度群のネズミは，ピークが12～16秒にあり20秒間反応を我慢できなかった．しかも

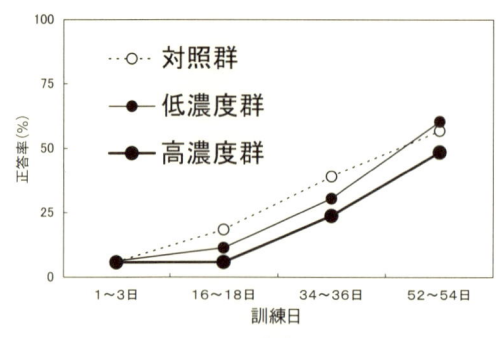

図 12-7 正答率の変化
(和田ら,2004)

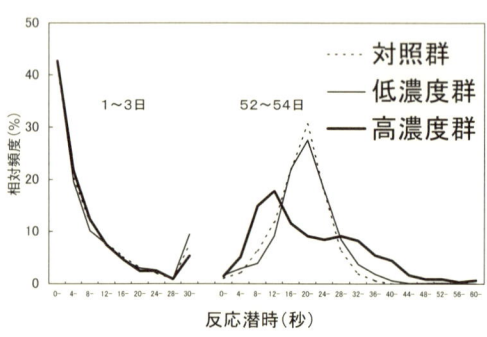

図 12-8 反応潜時分布の変化
(和田ら,2004)

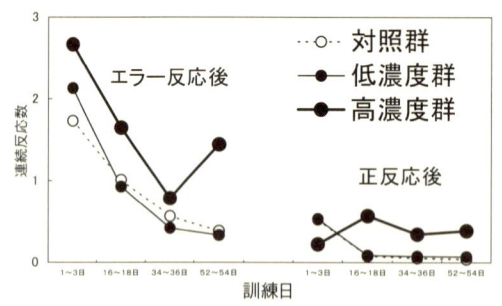

図 12-9 連続反応数の変化
(和田ら,2004)

反応の分布が広範囲に広がり,なかには30秒以上経過してから反応するケースも見られた.

1度反応すると,次に光が点灯するまでに10秒間の休憩時間が挿入された.この間に反応しても何も起こらず,無駄な反応となる.そこで,20秒経過する以前に反応しエサを獲得できなかったエラー反応直後と,20秒経過してから反応しエサを獲得できた正反応直後に,どれくらい反応を連発したのか分析した.

エラー反応ではエサが与えられず,その後3群とも反応を連発した(図12-9左).この種の実験では事前に予備訓練を行うが,今回もレバーを押せば毎回エサをもらえる訓練を行っている.したがってDRLL課題が始まったばかりの1～3日目では,ネズミは予備訓練と同様に,レバーを押せば必ずエサをもらえると期待していただろう.ところが20秒以上待たなければエサは与えられないため,期待を裏切られたネズミにフラ

ストレーションが生じて,反応を連発したと考えられる.

このような状況は私達も身近に体験することができる.たとえば自販機にお金を入れ,ジュースのボタンを押したとしよう.もしジュースが出てこなかったら,何度もボタンを押したり,腹を立てて自販機をたたいたり,なかには蹴ったりする人もいるだろう.これは当然ジュースが出てくると期待していたのに,その期待が裏切られたためである.

実験ではいくら反応してもエサを与えられることはないため,ネズミはしだいに無駄なことをしなくなる.しかし高濃度群には最後まで高い反応傾向が観察された.

20秒以上反応を我慢しエサを獲得できた後でも,反応を連発する傾向があった(図12-9右).低濃度群と対照群は1~3日目こそ高い反応率を示したが,訓練が進むとほとんど反応しなくなった.これに対して高濃度群は,反応を連発する傾向が最後まで持続していた.

### 12-3-3. 結論

この実験から以下のことが考えられる.①高濃度群は20秒間レバー押し反応を我慢できなかった.20秒我慢できた場合はすぐには反応せず,30秒以上も経過してから反応した.②高濃度群はひとたび反応すると,連続して反応する傾向があった.③低濃度群とメスには,このような行動障害は観察されなかった.高濃度群に生じた行動障害は,PCBを投与したサルにも観察されており,ADHDに見られる衝動性と類似した障害と考えられる.

甲状腺ホルモンを阻害されたネズミは,学習した行動パターンを持続する傾向がある.エサがもらえない状況になっても,反応し続けることが知られている.これらも行動を抑えることが出来ないためと考えられ,衝動性が高まった結果と推測される.この実験ではメスに行動障害は観察されず,ADHDが女児より男児に多いという調査データとも矛盾しない.以上のことから,脳神経発達期に甲状腺ホルモンを阻害されると,ADHDと類似した行動障害が起こると考えられる.

## 参考文献

町沢静夫．2002．ADHD（注意欠陥／多動性障害）．駿河台出版社．東京．
辻井正次．2004．広汎性発達障害の子どもたち．ブレーン出版．東京．
和田博美．2004．実験異常心理学の挑戦──行動毒性学・行動奇形学．廣中直行（編著）．実験心理学の新しいかたち．誠信書房．東京．

## 引用文献

Corey, D. A., Juarez de Ku, L. M., Bingman, V. P., & Meserve, L. A. 1996. Effects of exposure to polychlorinated biphenyl (PCB) from conception on growth, and development of endocrine, neurochemical, and cognitive measures in 60 day old rats. *Growth, Development & Aging*. 60: 131-143.

Euler, M. von., Pham, T. M., Hillefors, M., Bjelke, B., Henriksson, B., & Euler, G. von. 2000. Inhalation of low concentrations of toluene induces persistent effects on a learning retention task, beam-walk performance, and cerebrocortical size in the rat. *Experimental Neurology*. 163: 1-8.

Jacobson, J. L. & Jacobson, S. W. 1996. Intellectual impairment in children exposed to polychlorinated biphenyls in utero. *The New England Journal of Medicine*. 335: 783-789.

和田博美・近藤朋子・岸　玲子．2004．胎児─乳児期におけるメチマゾール曝露とDRLL学習に見られたラットの行動障害．第7回日本内分泌攪乱化学物質学会研究発表会要旨集．259．

和田博美・丸七城樹・久能弘道・岩本隆茂．1992．ハトの短期記憶過程に及ぼす有機溶剤トルエンの影響．北海道大学医療技術短期大学部紀要．5: 79-90．

柳田知司（編）．1990．薬物依存，行動毒性．地人書館．東京．

# 第13章

# 神経科学的アプローチの将来　　　稲田尚史

「こころ」は風のようなものだといわれる．風は直接目で見ることはできないが，木々の枝がそよぐ様子や頬の感触で，その存在を知ることができる．こころも風と同じく，実体を見ることはできない．そこで心理学は，こころの動きを反映する行動をさまざまな方法で分析することによって，こころの働きを明らかにしてきた．神経解剖学や神経生理学では，神経細胞の構造や機能を調べることで，こころの働きを明らかにしようとした．心理学は巨視的な観点から，神経解剖学や神経生理学は微視的な観点から，それぞれこころを対象として研究を行ってきたのである．

脳という器官と人間の行動との複雑な関係を理解するためには，巨視的な全体論的アプローチと，微視的な還元論的アプローチの双方を用い，両者の統合を図っていくことが重要である．

## 13-1. 画像化技術の応用と将来

PET（positron emission tomography）や fMRI（functional magnetic resonance imaging）などの脳の画像化技術の進歩は，微視的・巨視的アプローチの統合に大いに役立っている．PET や fMRI は時間的な分解能が低いとはいえ，生きている脳の働きをリアルタイムで観察可能にした．つまり今まで見えなかった「こころ」の実体が，見えてきたのである．

第7章で H. M. の事例を取り上げたが，側頭葉内側部の損傷が海馬（hippocampus）以外の部分にまで及んでいたことを明らかにしたのは，MRI による

画像化技術である．過去には人を対象にした損傷実験や刺激実験が行われていたこともあるが，現在では倫理上の理由により行うことができない．したがって人を使って脳損傷と行動の関係を調べるには，偶発的な疾患や事故，あるいは治療上の必要によって脳の一部を失った患者を用いるしかない．先にも述べたように，画像化の技術がなかった時代にも同様の研究は多く行われてきたが，実際の脳損傷の部位や範囲が確定されるのは，対象者の死後，脳標本が作製されるまで待たなければならなかった．画像化技術は，そのような患者の生きた脳の解剖学的特徴を明らかにできるので，脳の損傷に対応する実験条件の設定を適切に行うことができ，損傷部位の機能をより明確にとらえることを可能にする．ただしそのような偶発的な脳損傷が特定の部位に生ずることはまれで，いくつかの領域にまたがっていることが多い．多数の事例を集積することによって，脳の局所的機能を明らかにしていくことが必要とされるだろう．

　また画像化技術は解剖学的特徴を明らかにすると同時に，脳内の物質代謝や血流量を測定することも可能である．脳損傷患者だけではなく，脳損傷をともなわない精神病や神経症の患者，さらには健常者の脳活動と行動との関係を調べる上でも有用である．

　最近の学習・記憶に関する研究では，ワーキングメモリー（working memory）に関して PET や fMRI を用いて調べられたものが多く報告されている．学習や記憶をはじめとする脳の機能は広範囲な領野にまたがっており，局所損傷や神経細胞レベルの研究では解明できないものが大多数である．それらの機能を解明するためには，画像化技術が適切な道具となる．画像化技術では脳の大きさや形態の個人差を取り払い，標準的な脳図譜に一致させることによって，複数の被験者から得られたデータを平均化することができる．またそのような平均化を行うことで，単一の記録では観察が難しい微少な脳内の変化を取り出すこともできる．さらにデータ間の引き算を行うことによって，課題の相違や障害の有無に起因する脳活動を取り出すこともできるのである．

　fMRI を用いたワーキングメモリー研究では，ワーキングメモリーの中央実行系が前頭連合野に存在していることが示されている．さらに注意，言語，思考，判断などの認知機能も，前頭連合野を中心として広範囲に機能分担されていることがわかってきた．これらの機能分担が明らかになってくると，特定の

認知機能の障害に関わる精神神経疾患の診断や治療法の開発に，画像化技術が応用できる可能性が高まってくる．

たとえばドレビッツら（1992）は，PETを用いて大うつ病患者の脳内活性化の状態を調べた．彼らは，家族性純粋うつ病（FPDD：familial pure depressive disease）患者と健常者との脳内血流量を比較し，うつ病患者では左腹側外側前頭前部から内側前頭皮質にかけて，および左側扁桃体に血流の増大が生じることを明らかにした．さらにFPDDの中でもうつ状態を示す患者では，症状軽快者群に比べ左前頭前部の活性が高く，左側扁桃体ではうつ状態，症状軽快の両者で活性が高いことを示した．これらのことから，左前頭部の活性昂進をうつ病の状態マーカ（state marker），左側扁桃体の活性昂進がうつ病の特性マーカ（trate marker）として，うつ病の診断に活用できることが示唆されている．扁桃体は情動調整の役割を持つといわれているが，その機能とうつ病との間に関連のあることが示されたのである．ただしうつ病が発症する機序については，いまだ解明されていない部分も多い．このように病理的機序の解明が中途であっても，診断の道具として画像化法が利用できる．さらに研究の発展によって機序が明らかになれば，治療法の開発につながっていく可能性が高いのである．

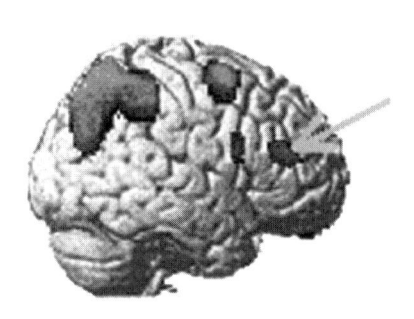

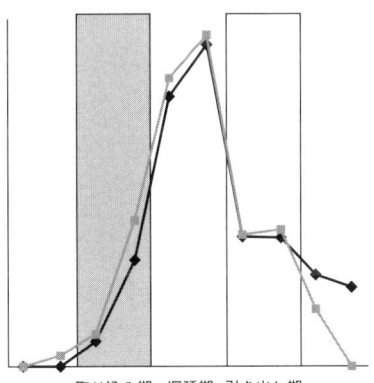

**図13-1 視空間的ワーキングメモリ課題実行中の前頭前野の活動変化**

標的位置記憶中（取り込み期），固視点凝視中（遅延期），標的の位置と順番を目で追う（引き出し期）の各期間における活動の変化と遅延期のfMRI画像．右半球前頭前野の活動は遅延期のみ増加しており，ワーキングメモリの中央実行系と関連していることが示唆される．（川島，2002より改変）

## 13-2. 電気生理学的研究の応用と将来

　今後画像化技術がいっそう進歩し，人間の高次脳機能の研究に多大な役割を担うことは間違いない．しかし電気生理学的手法の重要性も変わることがないであろう．なぜならこれらの微視的方法は，画像化法では得ることが出来ない微少な変化をとらえることができるからである．

　動物を使った脳損傷実験や人の脳器質障害の研究，および脳電気刺激の研究によって，脳の特定部位の機能が明らかにされてきた．動物の行動や人の行動は複雑で，1つの行動に見える場合でも，異なった機能が複合的に働いている場合がある．たとえば声に出して文章を読むという行動も1つの行動のようであるが，文字の形を知覚し，文字として認識し，さらにそれを音声に置き換えて発音するといったように，複数の過程を経てはじめて可能となる．このような複数の過程は第7章の失語症の例で示したように，文字を認識する機能と発話をする機能が，まったく別の脳部位に局在することで明らかにされたのである．また電気刺激で特定脳領域の神経細胞活動を抑制したり活性化したりすることによって，どのような機能が影響を受けるのかを調べることができ，さまざまな脳機能とその局在を解明することも可能である．

　また脳の電気活動の記録では，単一の神経細胞活動の記録から脳波・脳磁図までさまざまな方法がある．いずれの方法も時間分解能が高く，短時間の複雑な変化をとらえることもできる．第7章で示したように，神経細胞の活動とはきわめて短時間の間に発生する活動電位の変化である．そのような短時間の神経活動の集積によって，さまざまな行動が生じている．電気生理学的方法を用い，神経細胞の活動変化を直接的に測定することによって，脳機能の基礎過程を明らかにすることができるのである．

　単一神経細胞の研究では，久保田と二木（1971）が無麻酔下のサルを用い，遅延反応時の神経活動を記録したのが最初である．遅延反応とは，まずサルにものを見せた後，一定期間をおいて再びものを見せ，最初の記憶に基づき反応させるものである．彼らは遅延反応中のサルの神経細胞の中に，刺激の空間位置によって活動を変える複数の異なった神経細胞を発見し，それらが短期記憶に相当する時間の間活動し続けることを示した．その後単一神経細胞の活動電

位について多くの研究が行われるようになり，神経回路を構成する神経細胞活動の時間的・空間的分布によって，特定の記憶が担われていることが明らかになっている．

---

### コラム：顔に反応する細胞

ブルースら（1981）はサルの大脳の上側頭溝に電極を挿入し，452個の単一神経細胞の反応を調べた．単一神経細胞の活動はさまざまなパターンを持っており，調べられた神経細胞のうち半数以上が，複数の感覚刺激に対して反応することがわかった．また残りの神経細胞の約40パーセントは，視覚刺激に対して反応した．彼らは視覚刺激の大きさ，形，方向，コントラストなどさまざまな属性を変えて神経細胞の応答性を調べていくうちに，「顔」に対して選択的に反応を示す神経細胞があることを発見し，「顔細胞」と名付けた．顔細胞はサルの顔，人間の顔などにはよく反応するが，目を除いた刺激にはあまり反応しなかった．また漫画の顔に対しても反応したが，リアルな顔に比べて反応は弱く，ランダムパターンに対しては反応しなかった．その後「手」に対して反応する神経細胞や，特定の聴覚・触覚刺激などに選択的に反応する神経細胞が発見されている．これらの単一神経細胞は，それ自体が特定の機能

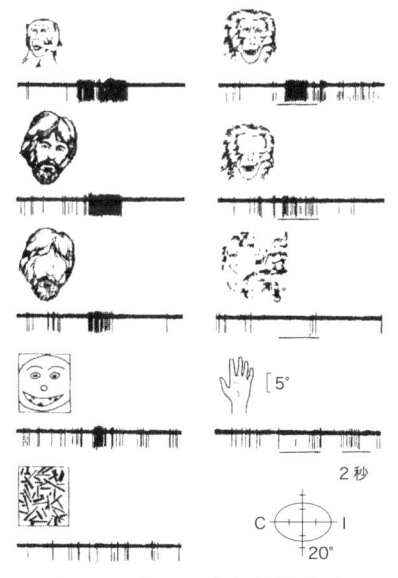

**図13-2 顔に反応する神経細胞**
被験体のサルに呈示された刺激と神経細胞の反応を示す．人やサルの顔によく反応しているのに対し，目を除いた刺激やマンガの顔では反応が弱まり，ランダムパターンや手の刺激では，ほとんど反応が見られないことがわかる．（ブルースら，1981）

を持つように見える．すなわち，「おばあさん」を見た時に神経細胞が「おばあさん」を認識しているように働くため，「おばあさん細胞仮説」と呼ばれている．しかし単一の神経細胞に特定の機能があることについては，まだ結論は得られていない．

---

脳波，とくに事象関連電位や脳磁図を用いた研究では，対象者がさまざまな課題を遂行した際の脳内の時系列的変化を，ほぼリアルタイムに観察することが可能である．事象関連電位研究では，注意やワーキングメモリに関連すると

考えられる複数の成分が見出されており，それらの成分が課題構造や反応様式に応じて時間的・量的に変化する．その変化の様態を検討することによって，注意やワーキングメモリーが脳内でどのような過程・段階を経て実行されているのかを知ることができるのである．

　時間的分解能の高さと時系列的な変化の分析力に優れた電気生理学的方法を用いることによって，他の方法では探索することのできない脳機能が明らかにされ，さまざまな病気の診断や治療にも生かされていくことが期待されている．

## 13-3. 将来へ向けて

　脳の活動と人の行動との関係を解明するために，分子レベル，神経細胞レベル，神経ネットワークレベル，脳組織レベル，行動レベルと，ミクロからマクロなレベルまでそれぞれの特長を生かして研究が進められている．人の行動をすべて分子レベルで還元的に説明できるのかというと，そもそもの行動の複雑さはもとより，その無限の組み合わせを説明しなければならなくなり，不可能なことかもしれない．しかしながらそれぞれのレベルにおいて得られた知見を他のレベルへと応用しつつ，各々のレベルでの研究を発展させることで，脳機能の全体像が浮かび上がってくる．

　また伝統的心理学の実験パラダイムは，特定の脳機能の解明につながるさまざまな実験課題を提供し続けており，複雑な行動から特定の脳機能につながる行動を分離することに大いに役立っている．ウィスコンシン・カード分類テストやストループ・テストは，前頭葉の機能研究でよく用いられる．これらは刺激属性のうち1つのカテゴリーに注目して分類・判断を求めるものであり，刺激がどのように認知されているのかという心理的処理過程を研究するために使われる．そのようにして明らかにされた心理的処理過程と，画像化や電気生理学的方法で得られた結果とを照らし合わせ，脳機能が解明されていくのである．このような実験パラダイムの開発に，伝統的心理学の視点から提言が期待されている．

　「木を見て森を見ず」という諺がある．脳という無限の広がりを持つ器官を研究するためには，木を見ることも必要であるし，森全体として見ることも必

要である.これまでも,広い視野と多角的な側面から脳機能が研究されてきた.今後さらに広い分野から,脳研究への提言や示唆が行われていくであろう.それらを統合しつつさらに研究が発展することによって,我々の生活もより豊かになって行くことを期待したい.


### 参考文献

久保田競(編).2002.ライブラリ脳の世紀:心のメカニズムを探る7 記憶と脳 現在・過去・未来をつなぐ脳のメカニズム.サイエンス社.東京.

松村道一.2002.ライブラリ脳の世紀:心のメカニズムを探る1 脳科学への招待 神経回路網の仕組みを解き明かす.サイエンス社.東京.

ポスナー,M. I.・レイクル,M. E. 1997. 脳を観る——認知神経科学が明かす心の謎.養老 孟・加藤雅子・笠井澄登(訳).日経サイエンス社.東京.

ザイデル,D. W.(編).1998.神経心理学——その歴史と臨床の現状.河内十郎(監訳).産業図書.東京.


### 引用文献

Bruce C., Desimone R., Gross C. G. 1981. Visual properties of neurons in a polysensory area in superior temporal sulcus of the macaque. *Journal of Neurophysiology*, 46: 369–384.

Dorevets, W. C., Videen, T. O., Price, J. L., Preskorn, S. H., Carmichael, S. T., & Raichle, M. E. 1992. A functional anatomy of unipolar depression. *Journal of Neuroscience*, 12: 3628–3642.

川島隆太.2002.高次機能のブレインイメージング.医学書院.東京.

Kubota, K. & Niki, H. 1971. Prefrontal cortical unit activity and delayed alternation performance in monkeys. *Journal of Neurophysiology*, .34: 337–347.

# 第14章

# 計算論的学習理論と学習心理学　　　　石川　悟

## 14-1. はじめに

　環境や他者（他個体）に対するヒトや動物の認識は，学習によって得た知識，あるいは表象に基づく予測によって支えられていることを第5章で紹介した．そして「心」あるいは脳が認識のための「モデル」を学習し獲得することが重要である，と考えることができた．では，その「モデル」の学習とはどのようなものなのだろうか？　この章では，「モデル」の学習過程について心理学とは違ったやり方で取り組んできた研究をのぞきながら，ヒトや動物の「モデル」の学習過程についてもう1歩踏み込んで考えていく．普段の心理学の教科書では見ることのない言葉が途中に現れても身構えずに考えていこう．

## 14-2. 計算としての学習と心理学

　第4章で，学習において「刺激」・「反応」・「結果（報酬）」の3種類の事象（3項随伴性）が重要であることを紹介した．この考え方にならって，ヒトや動物ではなく機械，あるいは人工的主体：エージェント（agent）を学習させる方法が考え出された．ヒトや動物の学習でも使われる言葉なので紛らわしいが，「強化学習（reinforcement learning）」と呼ばれている．「計算論的学習理論」とも呼ぶ．人工的なエージェントにはヒトや動物が持つような脳はない．そのかわり計算をすることによって学習を実現する．さまざまな取り組みがこれまで行われているが，1980年代以降現在までとくに活発に研究が進んだ

(詳しくはサットンとバルト（1998）を参照のこと）．その中身をすこしだけのぞいてみよう．

### 14-2-1. 計算としての強化学習と「刺激」「行動」「結果」

　ヒトや動物とは異なる仕組みを持つエージェントに，いったいどのように学習させたらよいのだろうか？　3項随伴性と同じような仕組みを持たせることができるとうまくいきそうだが，どうしたらよいだろう．「刺激」「行動」「結果」のそれぞれがうまく表現されること，そしてそれぞれの関係を上手に表現できること，ポイントはこの2つになる．

　a)「刺激」「刺激」に相当するものは何だろうか？　ヒトや動物が受け取る刺激は様々である．感覚器が受け取るさまざまな信号の変化（例：「色」），その信号を処理することによって認識される事物（例：目の前の「木の葉」）や，それらの事物の集合体（例：「桜の木」）．このどれもが刺激として働く可能性がある．この中のどれが学習時に必要な「刺激」であるかは，学習する内容に依存する．「木の葉」を見つけるのであれば，色や形ではなく「木の葉」をきちんと「刺激」として扱えなければいけない．

　ではこの学習に必要な「刺激」をどのように表現すると人工的なエージェントは上手に学習できるだろう．弁別する「木の葉」ははっきり木の葉とわかるような特徴を持っているわけではない．色，大きさ，形が対称かどうか，あるいは手触りなどたくさんの手掛かりを他の事物との区別に使うことができる．たとえば「木の葉」は，緑色で左右対称な楕円形をしている事物として表せる．このようにいくつかの手掛かりを組み合わせて表現することでさまざまな「刺激」が扱える．

　引き続き「木の葉」を例として考えていこう．「木の葉」は「緑色で左右対称な楕円形」として表せた．図14-1のように，X軸に色，Y軸に対称性，Z軸に形（丸み度合い）という手掛かりをとって，立方体として描いてみる．するとおおまかではあるけれども，用意した立方体のどこかの場所に「木の葉」を表現することができる．いろいろな種類の「木の葉」は，だいたい○で囲まれたあたりに集まるだろう．このような「刺激」が表現される空間を状態空間，あるいは単に状態（state）と呼び，この状態空間の中で「刺激」（「木の葉」）

を弁別できるようになることがエージェントにとっての「学習」である，といえる．

b)「行動」「行動」はどうなるだろう？　弁別学習の場面を思い浮かべてみよう．「木の葉」に見えたらキーを押す，それ以外のものが見えたらキーを押さない，そういう場面だ．図 14-1 で

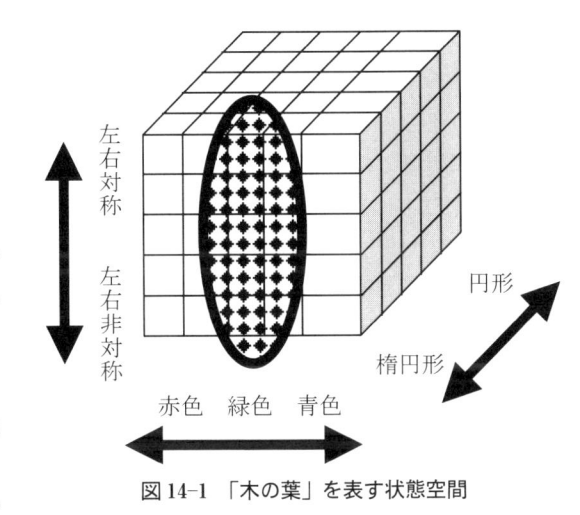

**図 14-1　「木の葉」を表す状態空間**

示した状態空間で考えると，○の範囲にある「木の葉」が見えたらキーを押す，○の範囲外にある「木の葉」ではない事物，たとえばお皿とか携帯電話とか靴とかが見えたらキーを押さない，そのような場面になる．エージェントの学習として考えると，実際のキーを押す行動ではないが○の範囲内にあれば「YES」，なければ「NO」と判断することが「行動」である，と考えられる．

別のパタンの「行動」も考えられる．ひとめ見て，アクセサリーの値段や人の年齢を当てる場面を考えてみよう．値段や年齢を適当に見積もって答えてみて，うまくいかなかったらつぎに答えるときは見積もり方を変えて答えてみる．「木の葉」を弁別する例で考えると，図の状態空間にあるいろいろな事例を見せられたときにそれぞれがどのくらい「木の葉」らしいか見積ってみる，そして答えた後で見積もり方を修正してみる，ということになる．このような見積もりと見積もり方の修正に基づいて行われる判断も，エージェントの「行動」と考えられる．

c)「結果」　では最後に「結果」について見てみよう．2 種類の「行動」が考えられたのでそれぞれの「行動」ごとに考えてみる．前者の場合は「行動」，つまり「YES」か「NO」の判断をするたびに，その「行動」が正解か不正解か教えていく．正解だったら正の強化が，不正解だったら正の罰が与えられ，これが「結果」となる．つまり状態空間に存在するそれぞれの事例について，

「行動」と「結果」の組み合わせを覚えていくことがエージェントの学習になる．でもこの学習方法では，状態空間のあらゆる場所についてしらみつぶしに○×の判断をしていくことになり，効率がよくない．

　後者の「行動」の場合はどうだろう．エージェントは状態空間に存在する事例を観察し，その事例の「木の葉」らしさを見積もっていく．実際の「木の葉」を観察しているときに，エージェントが正しく「木の葉」らしいと見積もることができるとその見積もり方を強化し，逆に上手に見積もれなかったときには強化しない，そのように「結果」を与える．するとエージェントはたった今観察した事例が占めている状態空間上での位置と，自分が行った見積もり方の相応しさについて学習する．それと同時によりよく見積もるための修正方法も学習する．見積もりが大きすぎたらつぎは小さく，小さすぎたらつぎは大きく見積もることができるように自分の見積もり方を変えていく．このようにして学習が進行すると，すでに学習した事例だけではなく学習した事例に類似した事例，つまり状態空間の中ではごく近い位置にある事例に対しても，上手に「木の葉」らしさを見積もれるようになる．

### 14-2-2. モデルの獲得

　人工的なエージェントの学習が2種類考えられることを示した．1つは事例と行動の関係を律儀に覚えていくやり方，もう1つは観察している事例の学習かどうか判断するため上手に「学習対象」らしさを見積もる方法を学習するやり方である．前者の学習のしかたは学習に関わる事例の数が少ない場合は問題が生じないが数が増えていくと学習が難しい．新しい事例が現れたときには最初から学習し直さなければならずせっかく学習した内容を使い回せない．

　後者の学習ではエージェントは学習対象かどうか判断する過程を持っている．では，この「学習対象かどうか判断する過程」とはいったいどうなっているのだろう？　ヒトや動物に即して考えてみよう．もう一度「木の葉」の弁別に戻ってみる．ヒトや動物は目の前の事例を観察し，観察したものが『自分が知っている「木の葉」』かどうか判断できる．つまり，頭の中に『自分が知っている「木の葉」』という像（表象）を持ちそれに基づいて目の前の事例を認識していると考えられる．『自分が知っている「木の葉」』を表象として持っている

こと，そして『自分が知っている「木の葉」』をどのような表象として表現しているか，この点が対象の認識には大切だと考えられる．

　『自分が知っている「木の葉」』の表象のような対象の認識に必要となる対象についての知識は，機械学習においてモデル（model）と呼ぶものに相当する．したがって，人工的なエージェントの学習過程は，正しい「行動」ができるようにモデルを獲得し修正することであると言える．

　エージェントが学習すべきモデルは，じつは解くべき課題と強く関係している．「木の葉」を弁別することがエージェントの解くべき課題であるときには，エージェントは「木の葉」のモデルを学習しなければならない．弁別する対象が「木の葉」から「フランスパン」に変わったら，エージェントは「フランスパン」のモデルを学習することになる．弁別する課題だけではない．第5章で見たようにヒトや動物がやっているようなカテゴリ，概念，あるいは社会的なやりとりをする相手の認識など，必要な課題に応じて学習すべきモデルは異なりそれぞれのモデルを学習しなければならない．相手との社会的やりとりをする課題であれば，エージェントが学習すべきモデルはやりとりする相手を認識するために必要なモデルの学習だけではなく，相手の行動や意図を表現するモデルの学習も求められる．

　このようなモデルを持っていると時間的に状況が変化する課題，たとえば寄り道しながら目的地まで行く，あるいは他者（他個体）と継続的にやりとりするような課題をエージェントに与えたときに，面白いことができるようになる．いったいなんだろう？　「じゃんけん」で考えてみよう．絶対に勝ちたいじゃんけんをするとしよう．相手がつぎに何を出すかわかれば勝つ確率は高くなる．初めてじゃんけんする相手であれば，つぎの手を予測するのは難しい．でも，いつもじゃんけんをしている相手であればどうだろう？　何度もじゃんけんをしている間に，相手が出してきそうな手が何となくわかってくる．「最初にチョキを出しやすい」とか，「パーの後は必ずチョキ」とか，いろいろあるだろう．このように相手の出す手について知識を手に入れたら，じゃんけんについて「相手のモデル」を学習したといえる．

　「相手のモデル」を手に入れると頭の中で練習ができるようになる．「最初はチョキで，つぎはわからないけれど，そのつぎはグーで……」．練習をするこ

とで自分がどの手を出すか決められる．いわゆるシミュレーション（simulation）だ．これがモデルを持つことによってできるようになる点である．正確なモデルであればあるほど正確にシミュレーションでき，時間的に後続する状況，すなわち将来が予測できるようになる．そして予測によって得られた将来起こりそうな出来事に対して，今の自分の行動を決められる（遠山ら，2003）．つまり，モデルを学習することは，状況の認識だけではなく将来の予測ができ，その予測に基づいて現在の行動を決めることを可能にする（川人，1996；稲邑ら，2004）．このような人工的なエージェントの学習／振る舞いを知ることにより，ヒトや動物の学習をより良く理解できるのではないかと考えられるようになってきた（大森・下斗米，2000；フリスとウォルパート，2003）．

### 14-2-3. 学習する機械とヒト

人工的なエージェントをヒトや動物と同じように行動させるにはどのようにしたらよいか，そしてよりよく振る舞うためのモデルを学習することの利点について考えてきた．しかし本当に人工的なエージェントは，ヒトや動物と同じように行動できるのだろうか？

じつはいまだ解かれていない大きな問題が残っている．ヒト，動物，あるいは人工的なエージェントが，「問題をどうやって発見するのか」という問いである．問題を解く人工的なエージェントの場合，エージェントに対して人（研究者）が問題を用意している．そしてエージェントが学習するモデルも大まかな部分は人（研究者）が作っている．しかしヒトに問題を教えてくれる人はいないしモデルを作ってくれる人もいない．動物についても同じである．それでも自分が向かい合っている問題は何か，そしてその問題をどう解いたらよいかという事態を，ヒトや動物はなにげなく解決する．

この問題に対して，表象や認識のみではなく，身体も加えて扱えるモデルを獲得できるようなエージェントの設計が試みられている（國吉，2003）．ヒトにおける問題の発見ならびに解の発見に至る過程を，従来の機械学習の枠組みを拡張することで表現する試みも進められている（大東ら，2005）．一方で，計算論的な学習がヒトや動物の学習とどのように異なるのか議論されるようにもなってきた（今井ら，2003）．ヒトあるいは動物の学習過程を計算という視点から

問い直しより深く理解しようとする研究は，今まさに始まったばかりである．これからの研究が，ヒトや動物の心が学習する仕組みをきっと解き明かしていくに違いない．

### 参考文献

今井むつみ・野島久雄（編著）．2003．人が学ぶということ．北樹出版．東京．
けいはんな社会的知能発生学研究会（編著）．2004．知能の謎．講談社．東京．
守　一雄・都築誉史・楠見　孝（編著）．2001．コネクショニストモデルと心理学．北大路書房．京都．
乾　俊郎・安西祐一郎（編著）．2001．運動と言語．岩波書店．東京．

### 引用文献

Furith, C. & Wolpert, D. (Eds.). 2003. *The Neuroscience of Social Interaction*. Oxford University Press. New York.
今井むつみ・山川　宏・岩橋直人・麻生英樹・有村博紀・原口　誠・古川康一・佐藤　健・浅田　稔・岡田浩之・大森隆司・松原　仁・坂上雅道・針生悦子・野島久雄．2003．特集：「機械学習，それが人に及ばざる理由」．人工知能学会誌，18: 517-585.
Inamura, T., Toshima, I., Tanie, H., & Nakamura, Y. 2004. Embodied symbol emergence based on Mimesis Theory. *International Journal of Robotics Research*, 23: 363-377.
川人光男．1996．脳の計算理論．産業図書．東京．
國吉康夫．2003．ロボットの知能——創発実体主義の挑戦．計測と制御，42: 497-503.
大東　優・大森隆司・石川　悟・森川幸治．2005．部分環境モデルの組み合わせによるすばやいタスクモデルの構築と多重タスク学習への適用．電子情報通信学会技術研究報告，104 (758): 153-158.
大森隆司・下斗米貴之．2000．文法を利用した語彙獲得における加速現象の脳モデル化．認知科学，7: 223-235.
Sutton, R. S. & Barto, A. G. 1998. *Reinforcement Learning*. MIT Press. Massachusetts. 三上貞芳・皆川雅章（共訳）．2000．強化学習．森北出版株式会社．東京．
遠山修治・大森隆司・岡　夏樹・森川幸治．2003．協調タスクにおける他者の意図の認識と学習．電子情報通信学会技術研究報告，102 (730): 101-106.

# 索 引

## ア 行

IPSP　108
アスペルガー障害　200
アニマルセラピー　163
アリストテレス　7, 9
アルツハイマー病　101
アルバート坊や　39
α波　116
アンダーマイニング効果　134
ERF　119
ERP　118
EEG　115
イオン・チャンネル　105
イオン・ポンプ　103
意識　14
維持要因　153
異食症　165
1次条件づけ　40
1次性強化　59
1次性強化子　59, 173
1次性の条件刺激　40
偽りの記憶　190
意図の認識　79
EPSP　108, 122
意味記憶　87
隠蔽　37, 175
ウェルトハイマー　15
ウェルニケの中枢　114
ウォルピ　158
ヴント　8, 11
英国経験論　8, 10
H. M.　122
鋭敏化　24
S—R 連合学習　18
S—O—R　18
エピソード記憶　87

エビングハウス　11
fMRI　120, 207
MRI　119
MEG　119
LTP　122
エーレンフェルス　15
OR　27
オペラント　45
オペラント条件づけ　17, 45, 152, 168
オペラント水準　51, 172

## カ 行

外因性成分　118
外制止　30
改訂版学習性無力感　57
概念　69
海馬　100, 112, 122
外発的動機づけ　133
回避学習　152
学習　4, 23, 85
学習障害　201
学習性行動　3
学習性絶望感　57
学習性無力感　56, 57, 172
学習のシナプス仮説　121
学習の転移　93
獲得　29
仮現運動　15
加算平均　118
画像化　116, 119, 207
可塑性　121
学校ぎらい　141
活動電位　103, 106, 116
カテゴリ　68
過分極　106
ガリレオ　9
ガルシア　35

ガルシア効果　36
感覚記憶　86
間隔強化スケジュール　52
感覚様相　66
間欠強化スケジュール　51
観察学習　72
干渉　97
感性予備条件づけ　42
記憶　85
記憶痕跡　97
記憶術　95
記憶の範囲　86
疑似条件づけ　37
帰属理論　150
期待―価値モデル　131
拮抗条件づけ　37
機能局在　114
機能的核磁気共鳴画像法　91
機能的磁気共鳴画像法　120
逆行条件づけ　34
逆向性健忘　100
逆向抑制　97
逆制止　158
強化　29, 49
強化学習　215
驚愕反応　23
強化子　49
強化スケジュール　51
強化相対理論　60
凶器注目効果　184
恐怖症　39
恐怖条件づけ　39
局所強調　73
近赤外線トポグラフィー法　120
空腹中枢　135
グランド・セオリー　18
クロルプロマジン　167
系統的脱感作　175
ケイミン　38
系列位置効果　97
系列学習　97
系列予言法　89
ゲシュタルト心理学　15

結果　49, 217
結果予期　134
欠乏価値　131
ケーリング　35
原科学主義　8
顕在記憶　87
検索　85
検索誘導性忘却　190
見当識障害　101
健忘症　100
効果の法則　11, 47
交感神経系　113
高次条件づけ　41
甲状腺ホルモン　202
構成主義　14
向精神薬　166, 167
行動　217
行動奇形学　201
行動主義の心理学　16
行動毒性学　197
行動変容　166
後頭葉　112
行動療法　18
広汎性発達障害　200
抗不安薬　167
興奮　33
興奮性シナプス後電位　108, 122
効力予期　134
心の理論　80
骨相学　113
固定間隔強化スケジュール　52
固定比率強化スケジュール　52
古典的条件づけ　17, 26, 46, 152, 168
痕跡条件づけ　34
コンピュータ断層撮影　119
コンプレックス　99

**サ　行**

再獲得　29
再認法　89
細胞体　103
作用心理学　15
3項随伴性　49, 215

3次条件づけ　40
CR　28
CER　39
CS　28
自我の防衛機制　182
時間条件づけ　34
磁気共鳴画像法　119
軸索　103
刺激　49, 216
刺激性制御　57
刺激般化　30, 58, 174
刺激法　116
試行錯誤学習　13, 47
自己効力感　134
自己刺激　135
事後情報効果　188
視床　101, 111
視床下部　111, 135
事象関連電位　118, 211
事象関連脳磁場　119
自傷行為　165
（自然）科学革命　9
視線恐怖　154
自然条件づけ　17
自尊心　156
θ波　118
CT　119
シックハウス症候群　196
実験行動分析　195
実験神経症　32, 172, 174
実験的消去　29
シナプス　103, 108
シナプス後性説　122
シナプス小胞　108
シナプス前性説　122
自発的回復　29, 54, 157
自発的回復現象　173
シミュレーション　220
社会恐怖　154
社会的学習　72
社会的促進　74
社会的要求　128
シャトルボックス　56

自由再生法　89
集中学習　92
樹状突起　103
主張性訓練　158
種の起源　13
受容体　105
馴化　24
順向抑制　97
瞬目条件づけ　40
障害者乗馬　163
消去　29, 152
消去スケジュール　54
消去手続き　173
条件刺激　28, 169
条件性強化　173
条件性強化子　59
条件性恐怖　39
条件性情動反応　39, 62
条件性抑制　38
条件反射　16
条件反応　28, 169
情緒的混乱　145
常同行動　165
初頭効果　97
ジョン・ロック　10
自律神経系　110, 113, 169
新近性効果　97
神経回路網モデル　121
神経化学的測定法　116
神経細胞　103
神経伝達物質　105, 108
新生児模倣　76
真の模倣　75
随意反応　49
髄鞘　103
随伴性　58
スキナー箱　47
スキーマ　185
すくみ反応　145
スクール・カウンセラー　145
スクール・サイコロジスト　146
スコポラミン　97
スコラ哲学　8

ステレオタイプ　186
精気　7
精気論　10
制止　33
静止膜電位　105
脆弱要因　154
精神物理学要綱　11
精神分泌　17
成長価値　133
生得性行動　3
生得的観念　10
生得的観念論　7
生得的性質　166
正の強化　56
正の強化子　49, 169
正の転移　93
正の罰　56
生物学的制約　67
生理心理学　14
生理的要求　128
脊髄　110
赤面恐怖　154
摂食障害　137
全か無かの法則　108
全強化スケジュール　51
漸近値　29
前向性健忘　100
潜在記憶　87
全習法　92
前頭葉　112
前頭連合野　208
走性　3
側頭葉　112
損傷法　116
ソーンダイク　11

## タ 行

怠学　141
対人不安　154
体制化　95
体性神経系　109, 113
大脳　110
大脳辺縁系　112

大陸合理論　7
対話恐怖　154
脱馴化　25
脱制止　30
脱分極　106
短期記憶　86, 210
探索行動　48
遅延条件づけ　33, 174
遅延反応　210
遅延見本合わせ　197
知覚学習　4
逐次接近法　55
チャールズ・ダーウイン　12
チャンク　87
注意欠陥・多動性障害　201
中央実行系　208
中枢神経系　109
中性化　166
長期記憶　86
長期増強　122
跳躍伝導　107
直接強化　59
貯蔵　85
陳述的記憶　123
定位反応　27, 49
定時強化スケジュール　53
低反応率分化強化スケジュール　53
低頻度分化強化　203
手掛かり刺激　49
デカルト　9
テタヌス刺激　122
手続き的記憶　123
$\delta$波　118
電気的活動記録法　116
トイレット・トレーニング　177
動因　127
動因低減説　128
糖感受性神経細胞　137
動機づけ　127
道具的条件づけ　152
道具の使用　78
登校拒否　141
登校刺激　156

統合失調症　166
洞察　16
同時条件づけ　33
糖受容性神経細胞　137
同調　191
頭頂葉　112
動物介在活動　163
動物介在教育　163
動物介在療法　163
動物精気論　7
鍍銀法　114
トークン強化子　60
トルエン　196

ナ　行

内因性成分　118
内観　14
内潜的条件づけ　152
内発的動機づけ　133
内分泌攪乱化学物質　201
2次条件づけ　40
2次性強化子　59, 173
2次性の条件刺激　40
ニュートン　9
人間白紙（誕生）説　8
認識　66
ネコの問題箱実験　46
ネズミ用スキナー箱　47
脳　110
脳幹　110
脳磁図　119, 210
脳磁図法　91
脳波　115, 116, 210

ハ　行

ハイパームネジア　189
パヴロフ　16, 26
場所法　96
長谷川式簡易知能検査　89
罰　56, 169, 172
発生要因　153
ハト用のスキナー箱　47
パブロフ型条件づけ　26

ハーベイ　9
バラード−ウイリアムズ現象　94
般化　31, 67
般化勾配　31
反射　3
反対条件づけ　175
反応形成　55
反応頻度　51
万有引力　9
BIOL　76
比較心理学　13
非随意性反応　49
ヒッポクラテス　7, 10
ヒトと動物の関係学　163
ヒトと動物の相互作用国際学会　163
比率強化スケジュール　52
フェヒナー　11
不応期　107
副交感神経系　113
復唱　87
符号化　85
不登校　141
負の強化　56
負の強化子　49
負の転移　93
負の罰　56
部分強化　51
部分強化消去効果　54, 174
プライミング　90
フラッシュバルブ・メモリー　94, 182
プラトン　7
プレマックの原理　60
ブレンターノ　15
ブローカの中枢　114
ブログデン　42
ブロッキング　38
ブロードマンの脳地図　115
分化　31
分化条件づけ　31
分散学習　92
分習法　92
分離不安　143
並列強化スケジュール　53

ベースライン水準　51
β波　116
PET　120, 207
ペットロス症候群　163
変時強化スケジュール　53
ベンゾジアゼピン　167
変動間隔強化スケジュール　52
扁桃体　112
変動比率強化スケジュール　52
弁別　31, 66
弁別刺激　49, 57
防衛機制　98
忘却　96
放射状迷路　202
報酬　49
ポジトロン断層撮影法　120
ホメオスタシス　128, 135
本能　3

## マ 行

マウンティング　165
末梢神経系　109, 113
マッチング法則　19
満腹中枢　135
味覚嫌悪学習　35
味覚嫌悪条件づけ　36
見本合わせ法　70
無気力　145
無条件刺激　28, 169
無条件反応　28
迷信行動　53
網状説　115
モーガンの公準　14
目標　128
目標模倣　75
モデル　82, 219
モリス型水迷路　88, 196
モリスの水迷路　123

問題解決行動　16
問題行動　18, 163
問題箱　11

## ヤ 行

ヤーキーズ・ドッドソンの法則　171
薬物療法　166
UR　28
誘因　128
有機体（生活体）　18
US　28
要求　128
要素主義　14
用不用説　12
抑圧　98, 182
抑うつ病　166
抑制性シナプス後電位　108
抑制率　39

## ラ，ワ 行

ラマルク　12
リファレンス・メモリー　89, 198
両側性の転移　93
リラクセーション　157
レイナー　39
レスコーラ＝ワグナーモデル　19
レスポンデント条件づけ　26, 152
レミニッセンス現象　94, 189
連合　7
連合主義　10, 16
連合選択性　36
連鎖強化スケジュール　53
連続強化　51
ロイド・モーガン　13
ロマニーズ　13
ワーキング・メモリー　88, 198, 208
ワトソン　17, 39
ワード−ホヴランド現象　94

**執筆者紹介**

岩本隆茂（いわもと　たかしげ）
　1933年生．北海道大学大学院文学研究科博士課程中退
　北海道医療大学客員教授・北海道大学名誉教授

和田博美（わだ　ひろみ）
　1957年生．北海道大学大学院環境科学研究科博士後期課程修了　学術博士
　北海道大学大学院文学研究科教授

石川　悟（いしかわ　さとる）
　1971年生．京都大学大学院文学研究科博士後期課程修了　博士（文学）
　北星学園大学文学部講師

稲田尚史（いなだ　なおふみ）
　1958年生．北海道大学大学院文学研究科博士後期課程中退　博士（医学）
　浅井学園大学人間福祉学部教授

宮崎拓弥（みやざき　たくや）
　1973年生．北海道大学大学院文学研究科博士後期課程単位取得退学
　北海道教育大学教育学部旭川校助教授

森　伸幸（もり　のぶゆき）
　1962年生．北海道大学大学院文学研究科博士後期課程満期退学
　北海道医療大学心理科学部講師

山田弘司（やまだ　ひろし）
　1960年生．北海道大学大学院文学研究科博士後期課程修了
　酪農学園大学酪農学部助教授

行動心理学　社会貢献への道

2006年6月20日　第1版第1刷発行

編者　岩本隆茂
　　　和田博美

発行者　井村寿人

発行所　株式会社　勁草書房

112-0005　東京都文京区水道2-1-1　振替 00150-2-175253
（編集）電話 03-3815-5277／FAX 03-3814-6968
（営業）電話 03-3814-6861／FAX 03-3814-6854
理想社・中永製本

©IWAMOTO Takashige, WADA Hiromi, ISHIKAWA Satoru, INADA Naohumi, MIYAZAKI Takuya, MORI Nobuyuki, YAMADA Hiroshi 2006
ISBN4-326-10103-0　Printed in Japan

JCLS ＜㈱日本著作出版権管理システム委託出版物＞
本書の無断複写は著作権法上での例外を除き禁じられています。
複写される場合は、そのつど事前に㈱日本著作出版権管理システム
（電話 03-3817-5670、FAX03-3815-8199）の許諾を得てください。

＊落丁本・乱丁本はお取替いたします。

http://www.keisoshobo.co.jp

岩本隆茂・高橋雅治
**オペラント心理学** 2940 円
　　　その基礎と応用

岩本隆茂・川俣甲子夫
**シングル・ケース研究法** 4725 円
　　　新しい実験計画法とその応用

C. マイヤー，M. オバーマン／岩本隆茂ほか訳
**わが子を殺す母親たち** 2940 円

尾見康博・進藤聡彦編
**私たちを知る心理学の視点** 2415 円

石田雅人・大淵憲一編
**心の内と外** 2940 円
　　　心理学の諸相

赤林朗編
**入門・医療倫理 I** 3465 円

J. J. ギブソン／境敦史・河野哲也訳
**ギブソン心理学論集　直接知覚論の根拠** 6510 円

K. ダンジガー／河野哲也監訳
**心を名づけること　上・下** 上 3045 円
　　　心理学の社会的構成 下 3150 円

中込和幸・高沢悟・工藤紀子
**メンタルクリニックの脳科学** 3150 円

M. トマセロ／大堀壽夫・中澤恒子ほか訳
**心とことばの起源を探る** 3570 円
　　　文化と認知

＊表示価格は 2006 年 6 月現在。消費税は含まれておりません。